Balkonlesebuch

*Erzählungen und
zwei Gedichte*

*Ausgewählt von
Daniel Kampa*

Diogenes

Nachweis am Schluss des Bandes
Umschlagbild von Jean-Jacques Sempé

Originalausgabe

Alle Rechte an dieser Ausgabe vorbehalten
Copyright © 2010
Diogenes Verlag AG Zürich
www.diogenes.ch
50/10/52/2
ISBN 978 3 257 24044 3

Inhalt

Anstelle eines Vorworts Erich Kästner	*Zwischen hier und dort*	7
Almudena Grandes	*Balkongespräch*	11
Axel Hacke	*Sommerfest bei T.*	37
Hermann Hesse	*Die Frau auf dem Balkon*	41
Alfred Polgar	*Auf dem Balkon*	51
Patricia Highsmith	*Vögel vor dem Flug*	56
Doris Dörrie	*Financial Times*	77
D. H. Lawrence	*Zwei blaue Vögel*	88
Joseph Roth	*Stationschef Fallmerayer*	119
Ingrid Noll	*Die Sekretärin*	162
Kurt Tucholsky	*Lottchen beichtet 1 Geliebten*	171
Jaroslav Hašek	*Mein Geschäft mit Hunden*	176
Bernhard Schlink	*Der Andere*	194
Jakob Arjouni	*Notwehr*	260

Hartmut Lange	*Der Abgrund des Endlichen*　297
Guy de Maupassant	*Das Glück*　329
Arthur Schnitzler	*Die Frau des Weisen*　341
Charles Baudelaire	*Der Balkon*　370
Rainer Maria Rilke	*Dame auf einem Balkon*　372

Nachweis　373

Erich Kästner

Zwischen hier und dort

Die Sonne scheint. Sie streichelt den Balkon. Pola Negri, die samtschwarze Katze aus dem Lande Halbangora, nistet in einem der Blumenkästen zwischen den Stiefmütterchen und tut, als sei sie selber eines, wenn auch, im Gegensatz zu den übrigen, beweglicher und auf Blumenkästen nicht unbedingt angewiesen. Oskar de Mendel, Polas Sohn und vom Vater her persischblauen Geblüts, pflückt gerad wieder ein Büschel knospiger Nelkenstengel und trabt damit, als trüge er einen viel zu großen grüngefärbten Schnurrbart, stolz ins Arbeitszimmer. Sangesfroh, wie er ist, stößt er unterwegs helle, spitze Triumphschreie aus. Es klingt nach Kindertrompete. Die Mama schaut elegisch hinter ihm drein. So blicken die Mütter und Bonnen im Jardin du Luxembourg, wenn die Kinder davonrennen. Dann wendet sich Pola wieder ihrem Roman, ach nein, den Stiefmütterchen zu und schnurrt ein altes Dienstmädchenlied. Der Jardin du Luxembourg...

Dieser Park liegt dicht beim Paradies.
Und die Blumen blühn, als wüssten sie's.
Kleine Knaben treiben große Reifen.
Kleine Mädchen tragen große Schleifen.
Was sie rufen, lässt sich schwer begreifen.
Denn die Stadt ist fremd. Und heißt Paris.

In ein paar Tagen werde ich wieder einmal auf jenen Bänken sitzen. Wie jetzt auf meinem Balkon. Hier ist es schön. Dort wird's schön sein. Wenn nur die Zwischenzeit schon vorüber wäre! Ach, diese miserable Zwischenzeit! Der Pass. Das Visum. Die Devisen. Die Fahrkarten. Die Liste fürs Kofferpacken. Die Hotelbestellungen. Die Karte ans Postamt: »Da ich demnächst verreise, bitte ich Sie, Wert- und Einschreibesendungen bis zum...« Die Miete im Voraus. Die Orders für die Sekretärin. Für die Haushälterin. Die Abfahrt und die Pünktlichkeit. (Zu früh am Zug zu sein ist nicht weniger unpünktlich, als zu spät zu kommen.) Natürlich kein Speisewagen. Dafür die Passkontrolle. Die Devisenkontrolle. Die Zollkontrolle. Hierzulande und dortzulande.

Unvergessliches Lindau! Als ein quarkblasser Grenzer ins Abteil trat, die Tür verschloss, die Vorhänge zog und an mir, dem einzigen Coupébewohner, zum Sherlock Holmes wurde! Als er in die

Aschenbecher kroch, die Polster hochhob, sich auf den Fußboden legte, in meinen Rock- und Hosentaschen kramte und mich nötigte, die Schuhe auszuziehen! Als er, ein gelehriger Schüler Agatha Christies, zwischen meinen Zehen nach Opium, Curare, chiffrierten Notizen und Diamanten grub! Als er, während ich meine kitzligen Zehen wieder in die Schuhe tat, eine harmlose Zwanzigerpackung Laurens aufschnitt und darin nach Mikrofilmen mit Atomformeln suchte! »Um Ihren Beruf beneide ich Sie nicht«, sagte ich, die Schnürsenkel knöpfend. Er nahm's nicht weiter übel. Draußen fuhren im selben Augenblick Güterzüge voller Zigaretten vorüber, ohne Zoll und Banderole, und man muss, auch als Beamter, Haupt- und Nebensachen gewissenhaft auseinanderhalten können.

Reisen ist eine arge Beschäftigung. Das moderne Unterwegs ist womöglich noch schlimmer als das vergangene. Früher wurde man von unkonzessionierten Räubern überfallen und ausgezogen, und man hatte immerhin das Gefühl, dass einem Unrecht geschähe. Das hat sich geändert. Man sollte lieber nicht auf Reisen gehen, sondern auf dem Balkon sitzen bleiben. Wie Pola. Zwischen den Stiefmütterchen. Oder man sollte sich vor der Abreise chloroformieren lassen.

Mir wird die Geschichte jenes großen deutschen

Philosophen aus dem 18. Jahrhundert unvergesslich bleiben, der sich viele Jahre beharrlich sträubte, seine Universitätsstadt auch nur für einen Tag zu verlassen. Als er endlich einmal nachgab und, eines Vortrags wegen, mit der schnellen Post in eine andere Stadt fuhr, blieb er für den Rest des Lebens dort. Der Rest des Lebens betrug in seinem Falle dreißig Jahre. Die Hinreise hatte ihm genügt. Der Mann war konsequent. Das soll bei Philosophen vorkommen. Ich bin keiner.

Almudena Grandes
Balkongespräch

Kein Friedhof ohne Grabesruh, kein Schnösel ohne Collegeschuh, pflegten wir damals zu sagen, aber das Schlimmste waren nicht die abscheulichen, geflochtenen braunen Lederbänder, die erbarmungslos den Rist peinigten, sondern das plumpe Klappern dieser Absätze – tap tap tap tap –, das meinen Schritten viermal am Tag nachstellte, jeden Morgen und jeden Nachmittag, von zu Hause in die Schule, von der Schule nach Hause. Während ich an jeder Ampel den Bürgersteig wechselte, um ihm die Verfolgung wenigstens zu erschweren, fragte ich mich gelegentlich, warum er diese immer makellos glänzenden Sonntagsschuhe, deren Nähte stellenweise schon aufplatzten, so beharrlich Tag für Tag zur Schule anzog. Er hatte diese Absätze nicht nötig, und zu seinen ewiggleichen blauen Nylontrainingshosen wirkten sie ausgesprochen unpassend, aber dieses kleine Detail verwandelte das eher gewöhnliche Rätsel seiner Existenz auch nicht gerade in etwas Geheimnisvolles.

Kein Sender ohne Studio, wie man weiß, und kein Schnösel ohne Radio, und er pflegte sein Radio natürlich in voller Lautstärke ans Ohr gepresst mitzuschleppen, wenn er, an der Ecke zu meinem Elternhaus lauernd, auf mich wartete. Noch bevor ich den Schatten seiner schmalen, traurigen und hochgewachsenen, aber dennoch so merkwürdig schutzlosen Gestalt sehen konnte, kündigte mir an manchen Nachmittagen dieses melancholische, altmodische Lied, das ihm so gefiel, schon seine Anwesenheit an. Anschließend schlug das Tap-tap-tap-tap seiner Absätze den Takt zu der herzzerreißenden Liebesschnulze, die uns begleitete: »Das ist einerlei, nichts mehr ist wichtig«, die San-Bernardo-Straße hinunter und wieder hinauf, »alles geht zu E-e-e-e-n-d-e«, wie eine Prophezeiung, die sich nie erfüllen würde.

»Ich begreife nicht, wie du das aushältst«, sagte meine Cousine Angeles zu mir, die damals schon durchgesetzt hatte, dass alle ihre Bekannten sie Angelines nannten, eine Madrider Verniedlichung, die sie ausgesprochen schick fand: zu Hause hingegen blieb sie sehr zu ihrem Bedauern weiterhin Angelita. »Jetzt fehlt nur noch, dass dem Typ die Los Módulos gefallen.«

Insgeheim gab ich ihr recht, doch manchmal, ohne dass es mir bewusst war, summte ich dieses schreckliche Lied, ohne die Lippen zu bewegen, »Ich spüre, die Zeit ist gekommen, da du dich von mir entfernen wirst«, denn ich war nicht wie Angelita in einem Dorf bei Jaén geboren, sondern im Milagrosa-Krankenhaus mitten im Madrider Stadtviertel Chamberí; deshalb konnte ich mir gewisse Schwächen erlauben, die ich niemals laut zugegeben hätte. Trotzdem hatte Angelita recht, auch wenn sie eine Landpomeranze war. Der »Macker« – wie meine Geschwister ihn zu nennen pflegten, nicht so sehr wegen seiner Körpermerkmale als vielmehr wegen der Hartnäckigkeit seiner ästhetischen Verirrungen – war ein Schnösel. Punkt aus.

Ich habe nie ein Wort mit ihm gewechselt, ich wusste nicht einmal, wie er hieß – Abencio sicherlich oder Aquilino, mutmaßte meine Cousine, vielleicht sogar Dionisio –, noch könnte ich heute sagen, wann genau ich begann, seine auf meinen Rücken gehefteten Augen zu spüren, jenen festen Blick, in dessen verwirrendem, heißen Spiegel ich dreizehn, dann vierzehn, dann fünfzehn und sechzehn Jahre alt wurde. Er war nicht aus unserem Viertel, das wusste ich, er wohnte in Valdeacederas, das ist eine Metrostation ziemlich weit draußen, hinter Tetuán ungefähr, dessen Ruf schon damals so schlecht war, dass es meiner Mutter eine Genugtuung war, sich ihr Leben lang nie aus der unbedeutenden San-Dimas-Straße fortbewegt zu haben.

»Schaut, schaut doch«, pflegte sie auf dem Balkon zu Besuchern zu sagen und sie dazu zu nötigen, den Hals zu verdrehen, bis sie einen ziemlich seltsamen Blickwinkel einnahmen, während sie mit dem Zeigefinger in die Ferne deutete. »Was man da hinten sieht, ist die Kuppel von der Unión & Fénix-Versicherung. Wir wohnen fast an der Gran Viá! Sag ich doch...«

Wir wohnten natürlich nicht an der Gran Viá, sondern in einem alten, kleinen Stadtteil mit vielen Klöstern und Häusern ohne Portiers, ohne Fahrstühle, ohne Zentralheizung und mit mehr als einem Jahrhundert auf dem Buckel, einem Viertel im Zentrum Madrids – manche nannten es Noviciado, andere Malasaña, San Bernardo, Conde Duque bis hin zu Argüelles die Taxifahrer –, das noch heute keinen endgültigen Namen hat. Hier war mein Vater aufgewachsen, und hier war meine Mutter groß geworden, hier haben sie sich kennengelernt, sich gefallen und verlobt. Genau hier, in der Kirche Condadoras, haben sie geheiratet und dann eine große, baufällige Wohnung gemietet, deren Decken sich vom Gewicht des alten, völlig ausgetrockneten Verputzes wölbten und deren Boden aus kleinen rotweißen Fliesen etwas Unruhiges hatte, eine Wohnung, die ich so nicht mehr kannte, weil bei Mama, noch bevor ich meinen Verstand gebrauchen konnte, ein Renovierungswahn ausgebrochen war. Der Flur, in mehrere gleichermaßen absurde Abschnitte unterteilt, blieb so eng wie immer, das ja, und mein Schlafzimmer, das seinen anmutigen Namen »Kabinett« behalten hatte, war in Wirklichkeit ein winziges fensterloses Kämmerchen. Aber all das bedeutete nicht, dass es Arm und Reich nicht mehr gegeben hätte. Das hätte noch gefehlt, wo kämen wir denn da hin?

»Valdeacederas?« Meine Mutter zog übertrieben eine Augenbraue hoch. »Ui! Das ist ein ganz schlimmes Viertel, zur Hälfte Hütten oder so.«

»Valde was?«, mischte sich meine Großmutter ein, die nicht still sein konnte. »Das gehört nicht zu Madrid.«

»Aber sicher, Großmutter! Es gibt sogar eine Metrostation und alles.«

»Metro, Metro! Natürlich wird es eine Metrostation geben, die fährt doch jetzt schon bis Toledo!«

Für Señora Camila, wie sie bis heute im Viertel genannt wird, war Madrid noch immer auf die strikten Grenzen der Stadt beschränkt, in denen sie ihre Jugend verbracht hatte. Es war besser, ihr nicht zu widersprechen, denn schon beim geringsten Anlass erzählte sie dir, wie sie 1932 durch Zuruf zur Miss Chamberí gewählt worden war, wie ihr ein grünes Band mit goldenen Buchstaben um den Hals gehängt wurde, wie sie damit abends in die Kneipe ihres Vaters gekommen war und mein Urgroßvater ihr eine solche Ohrfeige verpasst hatte – wegen der Miss –, dass alle fünf Finger eine Woche lang auf ihrer Wange zu sehen waren. Ich hielt also den Mund und erwähnte nie wieder dieses unansehnliche, geheimnisvolle Gespenst, das nur für meinen Anblick zu leben schien. Der Lauf der Zeit und Conchita, die Bäckersfrau, sollten mich für meine Geduld entschädigen.

Der »Macker« war der Enkel von Señora Fidela, einer rüstigen, zänkischen und ziemlich unverschämten Alten mit einem dreisten Mundwerk, die in der Montserrat-Straße / Ecke Acuerdo-Straße wohnte, einen Katzensprung von meinem Elternhaus entfernt. Ihr Mann, ein unbedeutendes Männchen, dessen Taufnamen selbstverständlich niemand kannte – in meinem Viertel schien dies ein absolutes Privileg der Frauen zu sein, und er war eben nie Señor Fulano, sondern der Mann von Señora Fidela –, hatte sein Leben lang als Schuldiener gearbeitet und dadurch einen Platz in der Schule an der De-los-Reyes-Straße für einen so aberwitzig weit draußen wohnenden Schüler ergattert. Ich, die ich in die Lope-de-Vega-Schule ging, weil mir nichts anderes übrigblieb, musste entdecken, dass diese Augen nicht so sehr meiner bedurften als vielmehr ich vielleicht nur durch sie existierte.

Als ich die Schwelle des Topaz überschritt, betrat ich eine andere Welt. Diese Luxusdiskothek – überall Rauchglas, sogar in den Toiletten, große Spiegel mit Goldrahmen in den Gängen, Sofas so tief wie Ehebetten, sehr schlecht ausgeleuchtete Ecken und, ganz wesentlich, Kellner im Smoking, das Nonplusultra dessen, was ich damals unter vornehm verstand – hatte nichts mehr mit den Kneipen der Innenstadt zu tun, die wir bis dahin auf unseren gemächlichen, stundenlangen Pilgertouren an Freitag- und Samstagabenden wie die Stationen eines Kreuzwegs frequentierten. Natürlich hatten Angelines und ich wenig mit dem Elitevolk aus Chamartín de la Rosa gemein, das in diesem Lokal verkehrte. Ich erinnere mich noch an den ausgesprochen ungemütlichen Eindruck, nicht hierher zu passen; meine Beine kribbelten vor Beschämung, während ich einen Platz suchte, einen Ort, an dem mein Aussehen nicht so hervorstach zwischen den vielen blonden Mädchen und ihren knackigen Hintern in amerikanischen Jeans und tausend Silberringen an jedem Finger und den vielen hochgewachsenen Typen mit gegeltem Haar in marineblauen Blazern mit Goldknöpfen und aufgenähten Ankern. Die Maritim-Mode, die ein paar Jahre später diese allen Meeren ganz und gar ferne Stadt überschwemmte, war damals noch nicht so verbreitet, aber ich konnte ohnehin keinen Seemannsknoten von normal geknoteten Schuhbändern unterscheiden, und das war eine Tragödie, vergleichbar nur mit den erbärmlichen Lois-Jeans, die meine Mutter mir zu der Zeit hartnäckig kaufte.

Die feinen Pinkel schienen jedoch von der Wiege an darauf gepolt zu sein, einen knackigen Hintern auch in unvorteilhafter Verpackung zu erkennen, denn es dauerte nicht lange, bis der erste vor mir stand, hässlicher und kleiner und dicker als ich – viel alberner als ich –, der aber einen Freund hatte, der den Cousin eines anderen Typen kannte, der viel besser war: ein Blonder, der ein sehr buntes Baumwollhemd mit weißem Kragen und einer Nummer auf dem Rücken trug und sich als Rugbyspieler herausstellte. Er hieß Nacho, studierte BWL und Jura an der privaten Universität der Jesuiten, war neunzehn Jahre alt und hatte einen nagelneuen, graumetallic gespritzten Ford Fiesta mit vielen Extras, abgesehen von der wunderbaren Angewohnheit, alle meine Gin Tonics zu bezahlen, nach denen mich zwischen Knutscher und Knutscher, so nannten wir damals unsere Küsse, verlangte. Als wir anfingen, zusammen auszugehen, belehrte er mich als Erstes darüber, dass das Topaz ein echter Schnöselladen sei.

»Zum Anmachen und so ist es nicht schlecht, es gibt jede Menge geile Tanten, aber das Klima ist provinzieller als eine Klatschmohnwiese...«

Damals begann ich, regelmäßig in eine Kneipe in der Nähe zu gehen, im tiefsten Orense, die den Kaschemmen meines Viertels so ähnlich war wie ein Wassertropfen dem anderen. Es war ein sehr kleines Lokal mit ein paar Tischen und einem immer so belagerten Tresen, dass die meisten Gäste ihr Getränk in einem düsteren, unterirdischen Flur mit Zementwänden tranken. Es hatte keinen Namen, aber alle nannten es Pichurri nach dem Rugbyspieler, der es eröffnet hatte, und schon nach kurzer Zeit hatte ich ausreichend Gründe gefunden, die seinen Ruf als erlesenen Ort untermauerten. Und genau dort, als Gipfel meiner Heuchelei, geschah das Unvermeidliche.

»Ich sag dir, dieser Typ geht mir langsam auf den Sack...«

Ich tat so, als bemerkte ich nichts, gemäß den Verhaltensregeln, denen ich unbeirrbar gehorchte, seit ich begriffen hatte, dass ich, so weit ich auch mein Viertel hinter mir ließe, seinen Schatten nie würde abschütteln können. Neben mir rang Angelines so erbittert die Hände, als wolle sie sich wund scheuern, und mein gesunder Menschenverstand sagte mir, dass Nacho recht hatte, dass es reichte: Jeden Abend das gleiche mysteriöse Erscheinen dieser einsamen, scheuen Gestalt, der ich nie entkommen konnte, dieser zusammengekauerte Körper, der an jeder Ecke Schutz zu suchen schien, mit hängenden Armen, eingezogenen Schultern und gesenktem Kopf als perfekte Tarnung für zwei Augen, die sich nie änderten, Augen, so hart wie Steine, so tief wie Brunnen, so leuchtend und schneidend wie zwei Messer. »Was glotzt du so, he, du Scheißkerl? Darf man erfahren, was du so glotzt, he? Ich baller dir gleich eine!«

Ich verzog mich auf die Toilette, um mir das Massaker nicht ansehen zu müssen, aber bevor ich sie erreichte, hörte ich die Schläge und ein ersticktes Aufheulen. Als ich zurückkam, schrie Nacho noch immer, er kreischte wütend wie ein Schwein im Schlachthaus, und bevor der »Macker« mit aufgeplatzter Augenbraue und bluttriefender Nase durch die Gewölbe des Azca davonrannte, hielt er, einen neuerlichen gezielten Schlag riskierend, kurz inne, drehte sich um und sah mich an. Ich fing seinen letzten Blick auf, und plötzlich hätte ich am liebsten losgeheult.

In jener Nacht war ich unfähig, Nacho zu küssen, ihn zu berühren, auf die flüchtigste Liebkosung seiner Finger zu antworten. Ich sagte nichts, denn ich wusste, dass er es nicht verstehen würde. Ich verstand es auch nicht, aber am nächsten Tag machte ich Schluss mit ihm.

Ein paar Monate später lernte ich meinen zweiten Freund kennen, der Borja hieß, ein Segelschiff auf Mallorca hatte und eine große Vorliebe für Pozuelos Terrassencafés pflegte, wo ich in einem davon Charlie kennenlernte, der sein Studium geschmissen hatte, um ein Fitness-Studio zu eröffnen, und der wiederum stellte mich seinem Cousin Jakobo vor, dessen Vater ein ewiger Aspirant auf den Präsidentenplatz von Real Madrid war und der mich einmal in den Sommerferien in ihr riesiges Haus an einem wunderbaren weißen, einsamen Strand am Kantabrischen Meer einlud, wo ich mich den ganzen Monat nicht ein einziges Mal traute zu baden, weil die Wassertemperatur schon die Zehen vor Kälte blau anlaufen ließ.

Ich heiratete weder Jacobo noch Charlie, noch Borja, noch Nacho, aber ich hätte beinahe Miguel geheiratet, wenn er nicht so lange gezögert hätte, mich seinen Eltern vorzustellen, einem Karrierediplomaten und Gattin, denen gegenüber er einen fast an Furcht grenzenden Respekt empfand – ziemlich demütigend für einen fast dreißigjährigen Mann. Ich studierte inzwischen Chemie, doch ungeachtet der Begeisterung meiner Mutter, die mich schon in Weiß in der Jerónimoskirche sah, spürte ich jeden Morgen beim Aufstehen, dass ich meiner Großmutter immer ähnlicher wurde, und ich begriff langsam, dass all diese vermögenden Familien, die fast immer aus Santander stammten, im Grunde so provinziell waren wie Angelita, die sich schließlich in Alcalá de Real einen fabelhaften Freund zugelegt hatte und es sich durchaus vorstellen konnte, eine Zeitlang im Dorf ihres Vaters zu leben, so wie es ihre Mutter früher trotz der pechschwarzen Prognosen meiner Mutter jahrelang getan hatte.

»Wird dir das nicht zu eng, wenn du dahin ziehst?«, fragte ich sie einmal.

»Ich weiß nicht«, antwortete sie. »Also, ich komme eigentlich gar nicht aus dem Bett raus...«

»Du wirst schon rauskommen«, beharrte ich. »Und dann musst du den Klatsch und die Nachbarinnen ertragen, und wenn du zu kurze Röcke trägst...«

»Also, hör auf!«, unterbrach sie mich. »An deinem Aravaca geht es doch den lieben langen Tag um nichts anderes als hier ein Barbecue und dort ein Barbecue und wie viel verdient dein Mann und wie viel meiner und dann ein paar Partien Squash und zum Turnen mit Menganita und dann den Clown anrufen für die Kinderparties, um nicht schlechter dazustehen als Piluca, die einen Magier engagierte... Wenn ich genug habe, packen wir unsere Sachen und kommen her, aber du, wohin wirst du von Aravaca schon gehen? Und ich erwähne gar nicht erst, dass mein Freund viel besser ist als deiner, Schätzchen.«

Das stimmte und fast alles andere auch. Miguel weigerte sich, in der Stadt zu leben, aber was er »Land« nannte, war eine unerträgliche Ansammlung dünkelhafter Villenkolonien. Ich schämte mich, kein efeubewachsenes Haus mit Garten zu haben, kein Fischerdörfchen in der Nähe, keine Weide, keine Wiese, keinen Strand, an dem man Urlaub machen konnte, stattdessen nur einen Balkon, ein winziges gekacheltes Zipfelchen, auf das man in Sommernächten eine kleine Bank stellen konnte, um mit der Großmutter die kühle Abendluft zu genießen, wo der im Winter aus dem Hof aufsteigende Geruch nach gekochten Kichererbsen im Sommer vom gleichförmigen Widerhall des Straßenlärms abgelöst wurde. Ich war noch gar nicht ausgezogen und vermisste schon alles; dennoch war es nicht nur die Landschaft meines Lebens, die nicht stimmte. Ich brauchte lange, bis ich begriff, warum ich mit allzu leichten Schultern herumlief, warum ich den Eindruck hatte, meine Füße trügen kein Gewicht, als wäre kein Körper dazu fähig, sie auf den Boden, den sie beschritten, zu drücken. Alle meine Handlungen erschienen mir wie provisorische Lösungen, Flickwerk, das einen Zusammenbruch nicht verhindern konnte, doch der Boden begann nachzugeben, als ich es am wenigsten erwartete.

Miguel und ich fuhren zum Haus seiner Eltern, die mich endlich zum Abendessen eingeladen hatten. Ich betrachtete durch das Seitenfenster das eintönige Schauspiel der Capitán-Haya-Straße, die aneinandergereihten gläsernen Türme, zu beiden Seiten der Bürgersteige völlig identische Garagen und Gärten, die Palmen vor den Eingängen, Renommierstücke der Neureichen, die mich nicht mehr beeindruckten. Eine Linksdrehung katapultierte mich in eine Straße, in der ich noch nie gewesen war, aber es war mir egal, denn sie sah aus wie alle anderen, und noch mal links und noch weiter und weiter und jetzt langsamer, denn wir suchten einen Parkplatz und fanden keinen, und alle Straßen, alle Fassaden, alle Ecken schienen identisch zu sein, aber plötzlich, nach der zigsten Runde, die um einen luxuriösen Häuserblock herumführte, war ich zu Hause, in einem ursprünglichen Viertel mit einer Anmutung von altem Dorf, das plötzlich wie von Zauberhand aus dem Boden gewachsen zu sein schien: billige Läden, mehrstöckige Gebäude, von den Balkonen klang Rumbamusik herab, und Frauen in Hauskleidern kauften Brot, über dem Eingang einer Metrostation ein vertrauter Name, fünf Silben, die mir schmerzlich ins Auge sprangen.

»Halt an«, sagte ich. »Ich steig hier aus.«

»Wie du willst... Meine Eltern wohnen gleich da hinten, am anderen Ende des Häuserblocks, warte...«

»Du verstehst nicht«, erklärte ich, während ich schon die Tür öffnete. »Ich werde nicht mit zu deinen Eltern kommen. Ich fahre zurück nach Hause, mit der U-Bahn.«

Ich setzte die Füße fest auf, spürte den Asphalt unter meinen Fußsohlen und empfand eine merkwürdige Rührung, als hätte ich beim Entdecken des Geheimnisses dieser Stadt mit den zwei Gesichtern den Schlüssel zu meinem Leben gefunden, und erst da beugte ich mich hinunter, um mich durch das Seitenfenster zu verabschieden. »Du siehst mich nicht, Miguel«, sagte ich langsam, obwohl ich sicher war, dass er mich nicht verstehen würde. »Denn du bist nicht fähig, mich zu sehen.«

Dann schlossen sich die Arme der Metrostation

Valdeacederas um mich, wie es nur Mutterarme können.

II

Beim Schlussverkauf hatte ich noch nie Glück. Während die Rolltreppe meinen Beinen die Arbeit abnahm, fragte ich mich, warum es mir nie gelang, auf den Wühltischen ein Schnäppchen zu machen, warum mir immer eine zuvorkam. Ich versprach mir selbst, nie wieder in die Falle zu tappen, nie wieder vor der Umkleidekabine Schlange zu stehen, als ich auf ein dunkelhaariges Mädchen aufmerksam wurde, das die Haare zu einem langen, dicken Zopf geflochten trug wie ich als Kind, und dann, zwischen dem dritten Stock – Herrenbekleidung – und dem zweiten – Alles für die Dame –, hatte ich das Gefühl, dass ein hinauffahrender Typ sie anstarrte, was mich ärgerte, und dann ärgerte ich mich darüber, dass mich das geärgert hatte, denn diese absurde Reaktion machte mir mein Alter viel deutlicher bewusst als der Badezimmerspiegel an einem verkaterten Morgen. Ich sagte mir, der Typ sei ein Scheißkerl, und hob den Kopf, um ihn anzusehen, aber der hatte gar nicht das Gesicht eines Scheißkerls, und außerdem war es auch noch er.

Unsere Blicke kreuzten sich, er zog die Augenbrauen hoch, wandte dann aber den Blick ab; er hatte mich nicht erkannt, und obwohl ich Angst vor der Antwort hatte, musste ich mich fragen, ob ich mich seit jenem Tag im Sommer siebenundsiebzig oder vielleicht achtundsiebzig – ich erinnerte mich nicht einmal mehr an das genaue Datum – nicht ebenso verändert hatte wie er. Es waren mehr als fünfzehn Jahre vergangen, und wer ihn ansah, wäre nie auf den schändlichen Spitznamen gekommen, den wir ihm als Jugendliche gegeben hatten. Einzig den Ausdruck vorzeitiger Melancholie, der früher alle seine Bewegungen traurig gefärbt hatte, hatte er sich bewahrt; er ging noch immer mit eingezogenen Schultern und gesenktem Kopf, doch sein Haarschnitt, das Sakko aus melierter Wolle, die Schnürlederschuhe, die braune Lederbrieftasche – stark abgenutztes echtes Leder –, die er in der Hand hielt, verrieten jene eigenwillige absichtliche Nachlässigkeit, die immer auch ein bisschen Eleganz birgt. Es geht ihm gut, dachte ich, während ich, immer zwei Stufen auf einmal nehmend, die Rolltreppe in Gegenrichtung hinaufeilte, ohne mir im Klaren darüber zu sein, dass ich ihm nachlief. Ich entdeckte ihn beim Kauf von einfarbigen granatroten, grauen und schwarzen Strümpfen. Er zahlte mit Kreditkarte und ging zu den Rolltreppen zurück, ich hinter ihm her. Ich verließ das Kaufhaus nach ihm in Richtung Preciados-Straße, und ohne ihn aus den Augen zu lassen, wich ich ein paar Straßenmusikanten, einer tanzenden Ziege und dem Stand eines Hütchenspielers aus. Er ging die Gran Vía hinunter, an einem Kino, dann an noch einem und noch einem vorbei, bog in die San-Bernardo-Straße ein, und ich folgte ihm, wir gingen durch dieselbe Straße, durch die wir so oft gegangen waren, aber diesmal unter Umständen, die ich mir damals nie vorzustellen gewagt hätte. Ich duckte mich vorsichtshalber hinter Straßenlaternen, während er ohne sich umzudrehen weiterging bis zur Ecke San-Vicente-Ferrer-Straße, wo er abrupt eine Vierteldrehung machte. Ich blieb stehen und wusste nicht wohin, sah ihn mit vier großen Schritten die Straße überqueren, immer mit starrem Kopf, als ob er sich nicht um den Verkehr kümmerte, und dann blieb er plötzlich auf dem Bürgersteig gegenüber stehen.

Er drehte sich ganz langsam um, hob bedächtig den Kopf, sah mich an, und da wusste ich, dass er mich immer wieder erkennen würde.

Ich brauchte vier Tage und fünf Nächte für meinen Entschluss und noch zwei weitere Morgen, bis ich mich traute, die Tür der Bäckerei aufzustoßen, ohne so richtig zu wissen, was ich sagen würde, wo ich anfangen sollte nach den unerlässlichen Begrüßungsküsschen und Umarmungen, den Beileids- und Glückwünschen, aber Conchita gab mir von sich aus das Stichwort – »Na so was, nicht zu glauben, du bist aber elegant geworden! Kein Wunder, dass du nicht mehr hereinschaust...« – und erhielt zum Ausgleich eine etwas übertriebene Version meines Lebens, die überwiegend aus einer ziemlich dramatischen Beschreibung des viel zu großen Appartements in der Martín-de-los-Heros-Straße bestand, dessen Miete – log ich – mehr als die Hälfte meines Gehalts verschlang.

»Ich bin am Überlegen, ob ich wieder hierher ziehe«, fuhr ich mit einer Unbefangenheit fort, die mich selbst überraschte, »um hier irgendwas Kleineres zu finden... Ich nehme an, ich bin nicht die Einzige, von den Kindern seinerzeit meine ich... Mein Bruder erzählte mir vor ein paar Tagen, dass er den Enkel von Señora Fidela aus einem Hauseingang in der San-Vicente-Ferrer-Straße hat kommen sehen.«

Sie sah mich verständnislos an, und ich sagte mir, es sei vielleicht besser so, aber dann begriff sie und bestätigte Punkt für Punkt alle meine Verdachtsmomente. Natürlich, ja, Juanito sei zurückgekommen.

»Mit anderen Worten«, murmelte ich für mich, »er heißt Juan.«

»Natürlich! Wie schon als Kind. Wie sollte er denn deiner Meinung nach heißen?«

»Natürlich, klar... Und was macht er jetzt?«

»Nun, ich weiß nicht genau. Er gibt Seminare an der Universität oder so was Ähnliches...«

Herauszufinden, was genau er unterrichtete, gestaltete sich etwas komplizierter, denn meine Gesprächspartnerin erinnerte sich nur daran, dass sein Fach mit A begann. »Ich weiß nicht, mein Kind... Ihr habt jetzt alle so seltsame Berufe...« Als Erstes fiel mir Architekt ein – »Nein, Mädchen, sag schon...« Ich fragte, ob er Anwalt sei – »Aber was sagst du da! Nein, nein... Viel wichtiger als das.« Und so schloss ich gemäß ihrer eigenwilligen Prestigeskala Agraringenieur, Arzt, Allergologe, Astrologe, Aerostatiker, Astronaut, Agronom, Anglist, Astronom, Astrophysiker, Archäologe und ich weiß nicht wie viele -ologen aus.

»Aber, meine Liebe«, sagte sie schließlich. »Du musst das doch wissen, die sieht man manchmal auch im Fernsehen, wenn sie von den Wilden und so reden...«

Ich verstand sofort, was sie sagen wollte, konnte aber nicht gleich antworten, als wäre diese Möglichkeit unwahrscheinlicher als die vorher aufgezählten, und ich konnte auch nicht verhindern, dass meine Stimme bei der ersten Silbe ein wenig zitterte.

»An-thro-po-lo-ge?«, fragte ich ganz langsam, und Conchita hob die Hände und stieß einen Jubelschrei aus.

»Genau!«

»Der ›Macker‹ ist Anthropologe?«, fragte ich erneut.

»Ja«, antwortete sie, um dann leicht beleidigt hinzuzufügen: »Ich habe dir doch gesagt, dass er Juanito heißt.«

»Anthropologe, der ›Macker‹!«, flüsterte ich. »Wer hätte das gedacht!«

Conchita zog eine Nagelfeile aus der Kassenschublade, setzte sich auf einen Schemel hinter dem Verkaufstresen und begann ihre Maniküre, als wäre sie allein, aber noch während ich nach einer Abschiedsfloskel suchte, verkündete sie abschließend für mich völlig unerwartet:

»Er ist noch nicht verheiratet.«

»Und warum erzählst du mir das?«

»Nur so…« Sie blickte auf. »Nur so.«

Ich bin sicher, er würde mir nie glauben, dass es Zufall gewesen war, aber es ist trotzdem so, dass ich einen anderen Balkon, eine andere Fassade, eine andere Wohnung vorgezogen hätte, einen geringfügigen Höhenunterschied zumindest, irgendeine Distanz. Es waren noch keine drei Monate vergangen, als mich das Maklerbüro benachrichtigte; ich war nicht mehr sechzehn, die Zeit verging zu schnell und gleichzeitig zu langsam – zu schnell, um sie aufzuhalten, und zu langsam, um an wer weiß was zu verzweifeln, das man nicht vollständig besitzen kann.

Die junge Maklerin zog die Augenbrauen hoch, als ich sie bat, mir die Balkone zu öffnen. Ich wanderte durch die halbdunklen Räume, die auf die Straße hinausgingen – ein Kabinett, das Wohnzimmer, ein weiteres Kabinett, das Schlafzimmer, noch ein Schlafzimmer –, und ohne auch nur einen flüchtigen Blick in die Küche und das Bad zu werfen, die, so frisch renoviert sie auch sein mochten, zu einer unwichtigen kleinen Seitenstraße hin lagen, nickte ich zustimmend. Die Männer des Umzugstransports nötigte ich, bei elektrischem Licht zu arbeiten, danach rückte ich die Möbel bei verschlossenen und verriegelten Fensterläden an ihren Platz, darauf hoffend, dass sie sich in den Raum einfügten. An dem Tag, als ich mich sicher genug fühlte, kaufte ich mir nach der Arbeit einen Blumenstrauß. Ich stellte die Vase auf einen in vorteilhaftem Winkel stehenden Tisch und öffnete erst dann langsam die Fensterläden des Wohnzimmerbalkons.

Auf meinen Lippen zeichnete sich ein Lächeln ab, dessen ich mir nicht wirklich bewusst war. Auf der anderen Straßenseite, auf dem Balkon im dritten Stock eines schräg gegenüberliegenden Gebäudes stand er. Er sah mich an und schien mir zuzulächeln.

Innerhalb kurzer Zeit fand ich eine Menge heraus, aber das war mir schon bald nicht mehr genug. Juan – ich sprach ständig seinen Namen aus, manchmal stumm, manchmal laut, bis ich mich daran gewöhnt hatte, ihn so zu nennen – war sehr unordentlich, aß wenig, schlief noch weniger und ging jeden Abend aus, obwohl er früh aufstehen musste, denn er hatte morgens Unterricht. Nachmittags war er meist zu Hause und schaute zu mir herüber. Gelegentlich kam er mit einem Buch in der Hand an die Balkontür oder redete lange am Telefon, ohne den Blick vom Fenster abzuwenden, und beobachtete die geringste meiner Bewegungen, wie früher, als wir klein waren. Ich hatte die grünen Rollläden immer hochgezogen und verlor schon langsam die Geduld, zweifelte daran, ob ihm der armselige Sieg, mich wie ein dreidimensionales Abziehbild stundenlang auf dem Balkon sitzen zu sehen, genug sei, aber ich bemerkte keinerlei Zeichen weiterer Absichten. Eine Zeit lang blieb ich standhaft. Dann hielt ich es nicht mehr aus und begann, mir eine Reihe möglicher Taktiken auszudenken, alle gleichermaßen unsinnig. Um ein Schild auf den Balkon zu stellen, war ich zu schüchtern, seine Telefonnummer herauszufinden und ihn anzurufen brachte ich nicht über mich, einfach über die Straße zu gehen und um eine Tasse Zucker zu bitten war physisch unmöglich, denn meine Beine wären, noch bevor sie mich zu seinem Eingang getragen hätten, für immer angewurzelt geblieben. Zum Schluss entschied ich mich, mein Wohnzimmer auszuräumen. Ich schob alle Möbel in den Flur, holte aus der Küche einen Hocker, stellte ihn vor das Balkonfenster und setzte mich tatenlos hin. Ich vertraute darauf, dass er dies verstünde, er hatte mein Verhalten immer zu interpretieren gewusst, doch als ich den Kopf hob, hielt sein Blick dem meinen kaum ein paar Sekunden stand.

Ich brauchte mich nicht zu sorgen, denn er kam sofort zurück, öffnete beide Balkonflügel, stützte sich auf die Balkonbrüstung und sah mich an. Ich imitierte seine Bewegungen, eine nach der anderen; anfangs erkannte ich die Melodie nicht wieder, aber meine Erinnerung reagierte schneller als ich, »Ich spüre, die Zeit ist gekommen«, seine Lippen bewegten sich ganz nah auf der anderen Straßenseite, aber ich konnte ihn nicht verstehen, »da du dich von mir entfernen wirst«; mir wurde bewusst, dass ich seine Stimme nicht kannte, dass ich ihn nie hatte sprechen hören, und ich hatte Lust, ihn zu rufen, seinen Namen zu rufen, »das ist einerlei«, aber ich wagte nicht, auch nur einen einzigen Laut von mir zu geben, »nichts mehr ist wichtig«, und erst beim Refrain fiel ich in das Lied ein, »alles geht zu E-e-e-e-n-d-e«. Danach blieb ich eine lange Zeit ruhig stehen, beide Hände an die Brüstung geklammert. Ich schaute ihn an und lächelte ihm beinahe zu.

Es wurde wärmer, und zwischen unseren beiden offenen Balkonen verwandelte sich dieses Lied in eine Losung. Das Übrige geschah später, ganz plötzlich. Es war sehr heiß in jener Juninacht, die Luft war bleiern und stickig, und über dem aufgeheizten Himmel, der nicht dunkel werden wollte, schien der Mond zu pulsieren. Er auf der anderen Straßenseite stellte seine Anlage lauter, und ein Klagelied ertönte, ein herzzerreißendes Klagelied wie das Echo der Verzweiflung. Ich ging auf den Balkon hinaus, und die Stimme des Sängers klang genau wie immer, aber ich hörte sie anders als früher und fing an, meine Bluse aufzuknöpfen, ohne zu bemerken, dass dies die erste spontane Geste war, seit ich in dieser Wohnung wohnte, das erste Wort, das ich nicht geplant, einstudiert und sorgfältig erwogen hatte. Meine Bluse fiel zu Boden, und ich öffnete meinen Rock, er schaute mir zu, seine Augenbrauen waren zwei perfekte gleichförmige Bogen, als hätte sie jemand über seine starren Augen in Stein gemeißelt, ich zog mich ganz aus, ohne den Blick von ihm zu wenden. Er schaute mich weiter an, bewegte sich aber nicht, schaute mich an, aber er stand noch immer auf dem Balkon wie eine Puppe, wie eine Statue, wie ein Toter.

Ich senkte die Lider, Tränen schlüpften unter ihnen hervor, stürzten und kullerten über mein Gesicht, um den endgültigen Misserfolg zu besiegeln. Ich musste mich in meine eigene Haut zurückziehen, gegen die Wehrlosigkeit kämpfen, die mich zu Boden drängte, ich wollte niemanden mehr sehen, nichts, gar nichts, nie wieder, aber dann sah ich den leeren, verlassenen Balkon, und mein Herz schlug rasend bis zum Hals.

Ich schaute über die Brüstung. Mit hocherhobenem Kopf und endlich gestrafften Schultern kam er über die Straße.

Axel Hacke

Sommerfest bei T.

Nun war neulich wieder das jährliche Sommerfest bei T., ganz oben in einem Schwabinger Altbau. Paul und ich wurden von der schwitzenden Menge auf den Balkon hinausgedrängt wie in eine Art Überlaufbecken... oder, es fällt mir gerade ein: War es gar nicht Paul persönlich, sondern sein Sommerfest-Klon? Es können in dieser Stadt zwanzig Sommerfeste am gleichen Abend stattfinden, Paul ist zu jedem eingeladen und auf jedem anwesend, er lässt keines aus. Das legt den Verdacht nahe, dass er zu Haus einige Sommerfest-Klone im Schrank hat, die er bei Einladungen auf die Piste schickt, während er selbst daheim gemütlich ein Weißbier verzehrt, auf dem Balkon.

Wir standen also da wie auf dem dritten Rang in der Oper und guckten in den dunklen Innenhof des alten Hauses, und es war wirklich so, als blicke man in einen Theatersaal ohne Bühne hinab, als finde, was es hier zu sehen gab, auf den anderen Balkonen statt wie auf Minibühnen: die lesende Frau, das essende Paar. Ein wortloses Stück mit wenigen Personen.

Paul (oder Pauls Klon) erzählte, wie er einmal seinen besten Freund mit dessen bester Freundin in ihrer Wohnung betrog, als der Freund von draußen an die Tür hämmerte, Einlass begehrend und behauptend, er wisse, da drin sei ein Mann, er wisse nur noch nicht, welcher. Aber gleich werde er es wissen, im nächsten Moment, wenn er diese Tür eingetreten haben werde – und Paul (oder war es sein Rendezvous-Klon?) machte sich über den Balkon davon, der im ersten Stock lag, kletterte an einem Stahlträger zu Boden und floh wie Romeo vor Julias Mutter in der Balkonszene: »Leb wohl, leb wohl! Ein Kuss! – ich steig hinab.«

Am nächsten Tag, sagte Paul, habe er den Freund getroffen, und er habe ihm die Geschichte aus seiner Sicht erzählt. Er habe gesagt, er hätte schwören können, dass sie ihn betrüge und dass da jemand gewesen sei, aber sie sei allein gewesen, er müsse sich geirrt haben, und es sei noch eine schöne Nacht geworden. Wir schauten auf die anderen Balkons hinab, dann wurde Paul von der Partymenge wieder in die Wohnung hineingesaugt, und ich blieb allein. Ich dachte daran, dass neulich auf meinem eigenen Balkon zwei Tauben nisteten und dass ich in einer Ecke ihr gemeinsames Ei gefunden und mit einer Fußbewegung vom Balkon geschubst hatte. Das Geräusch der platzenden Schale ging mir seitdem nicht aus dem Kopf, und ich fühlte mich wie ein Schwein. Aber ich würde es wieder tun, denn die Taube hat in der Stadt zu wenig natürliche Feinde. Es braucht Freiwillige, die ihr den Habicht machen. Außerdem ist der Balkon ein Außenposten meiner Wohnung. Da scheißt mir keiner rein, auch kein Turteltäubchen.

Im Sommer saßen Paola und ich abends wieder oft auf unserem Balkon, beobachteten und wurden beobachtet, sahen der Klematis beim Blühen zu und horchten auf das feucht quietschende Geräusch, das Fleißige Lieschen beim Wachsen machen. Irgendjemand spielt bei uns in irgendeiner Wohnung immer Klavier, sehr gut, Gott sei Dank. Und irgendwo gibt es immer einen schönen Ehestreit, den anzuhören sich lohnt.

Neulich knallten im Hinterhaus die Türen. Eine Nachbarin stürzte in den Hof, rief mit schriller Stimme zu uns hinauf, sie habe sich gerade von ihrem Mann getrennt und wir sollten uns über den Lärm keine Sorgen machen, »er zerlegt die Einrichtung«. Aber dann hörten wir nichts und machten uns Sorgen, weil wir dachten, er bringt sich vielleicht um, der Arme. Wie schön es wäre, dachten wir, gäbe es Balkone, die beweglich wären wie solche Hebebühnen, von denen aus Straßenlampen repariert werden: Man könnte damit direkt vor die Wohnungsfenster anderer Leute fahren und ein bisschen hineinglotzen. Aber so weit ist die moderne Balkontechnik noch nicht, leider.

Hermann Hesse
Die Frau auf dem Balkon

Als ich neulich bei der großen Hitze in der Gegend von Mailand unterwegs war, fiel es mir wieder ein. Es ist nun schon manche Jahre her.

Es war im Spätsommer des Jahres 1911, ich war in der weiß lodernden Hitze jenes brennenden Sommers an vielen ausgetrockneten Flussbetten vorübergefahren, belästigt von der Hitze, aber unbelästigt vom Strom der Reisenden, der sonst diese Gegenden zu überschwemmen pflegt. Auf den Feldern war kein Mensch zu sehen, die Bahnhöfe waren wie ausgestorben. In meinem Zug aber saß ein älterer Herr aus Norddeutschland, mit dem traf ich seit zwei Tagen da und dort bei kleinen Anlässen immer wieder zusammen. Er reiste in der ersten Klasse, ich in der dritten, aber wir fanden uns im Speisewagen und an anderen Orten doch immer wieder zusammen, seine kühlkluge, etwas gallige Konversation gefiel mir. Er mochte etwa so alt sein, wie ich heute selber bin, und ich kam mir neben ihm wie ein Knabe vor.

Mailand lag verödet; kein Lärm am Bahnhof, niemand in den Straßen, kaum eine Droschke zu sehen. Hinter staubigen Jalousieläden sah man Menschen in Hemdsärmeln sich träg und schattenhaft bewegen.

Der alte Herr, den ich vor zwei Stunden im Speisewagen wieder getroffen hatte, stieg richtig auch aus; ein Hoteldiener nahm sein Gepäck in Empfang. Der Herr nickte mir flüchtig zu, rief »Auf Wiedersehen!« und verschwand in einem der eleganten Hotels an den Anlagen, während ich auf die Trambahn stieg und das alte Logierhaus aufsuchte, das ich seit meiner ersten Italienreise jedes Mal zu besuchen pflegte.

Die Gasse war ausgestorben, und vor meinem verräucherten Gasthöfchen war kein Mensch zu sehen als ein alter verlumpter Miserabile, der mit einem Stäbchen gebückt und missmutig im weißen dicken Straßenstaub nach Zigarrenresten angelte. Der Padrone meiner Herberge zeigte sich nicht, ein Hausknecht führte mich in mein Stübchen, wo ich mich entkleidete und wusch und den ganzen Nachmittag hinter geschlossenen Läden im Hemde mit Lektüre und einer Limonade zubrachte. Abends aber, obwohl es noch kaum kühler geworden war, strömte das Volk, und ich mit ihm, nach den Anlagen und Promenaden, Zeitungsverkäufer brüllten ihr Lied, Orangenhändler und Hausierer mit feuchten Melonenscheiben belebten die Straße. Herrschaftskutscher, deren Herren in der Sommerfrische waren, führten in schönen Equipagen ihre Freundinnen und Freunde spazieren. Automobile sah man damals noch wenige.

Von einer schlaflosen Nacht geschwächt und um nichts vergnügter geworden, fuhr ich am Nachmittag des nächsten Tages weiter. Hitze, Staub und Müdigkeit lagen schwer auf mir. Aber wenigstens wollte ich vor der Rückreise nach Deutschland noch einmal eine Nacht richtig schlafen und einen Abend lang italienische Luft atmen. So beschloss ich, in Como auszusteigen. Ich tat es, und als ich kaum den sonnigen Bahnhof verlassen hatte und mit meiner Reisetasche in der Hand in das Städtchen eingebogen war, nickte mir aus einem Zweispänner mein Bekannter von vorgestern zu.

»Er beginnt unvermeidlich zu werden«, dachte ich, aber im Grunde hatte ich nichts dagegen, meinen alten Herrn hier wieder anzutreffen. Einstweilen fuhr er in seinem weich federnden Wägelchen rasch um die Ecke, während ich gegen den Dom und dann gegen den hübschen kleinen Platz am See zusteuerte, um mir eine Schlafgelegenheit zu suchen. Das war bald getan, Como war leer und Platz genug in jedem Gasthause.

Wie nun die Sonne sich neigte und ein reicher, üppiger Abend aus dem See stieg und die fernen Ufer mit violettem Staub überflog, da wurde mir wohl, und ich freute mich, vor der Heimkehr noch einmal italienischen Sommer zu atmen. Dankbar wanderte ich durch das hübsche Städtchen, wo aus den abendlichen Häusern die verschlafene Menschheit hervorkroch. Frauen wandelten zum Dom und blinzelten gegen die Sonne, die wohlhabende Jugend fuhr mit Geräusch in Einspännern vor die Stadt hinaus oder bummelte in Strohhüten und weißen Beinkleidern, mit gelben Schuhen, eine Nelke im Knopfloch und eine Virginia im Mundwinkel, durch die erwachenden Gassen. Eine Mundharmonika klang auf, ein Stiefelputzer bezog seinen jetzt schattig gewordenen Stand und fand Zulauf, die kleinen Cafetiers zogen ihre Markisen hoch und wischten die Marmortischchen vor ihren Buden ab. In einer Viertelstunde war die ganze schläfrige Stadt verändert und zu Leben erwacht, Kellner balancierten Eisportionen und Wermutflaschen zwischen besetzten Tischen, Mädchen zogen in langen lachenden Reihen durch die Strassen, bald einmütig in herausforderndem Hochmut, bald verschämt und flüchtig vor der männlichen Jugend.

Und plötzlich kam an einer Ecke der Piazza ein Drehklavier aufgefahren, und zu dem grellen Geklimper tanzten schöne junge Menschen schön und prahlend.

Dies alles war für mich eine Wiederkehr wohlbekannter Bilder und Gefühle, das einsame Schlendern auf der Schattenseite abendlich-froher Straßen, der Tanz an der Straßenecke, der Wermut am staubigen Marmortischchen, der Anblick schöner Mädchen und der Klang ihrer Stimmen, wenn sie den Vers eines Tanzliedchens kühn und erwartungsvoll in den Abend hineinsangen. Das sind die Stunden, wo der junge Reisende aus dem Norden verträumt und selig durch die Gassen bummelt, den Mädchen nachsieht und den Tänzen zuschaut, bis die Fülle und Verlockung bitter zu schmecken beginnt, bis der junge Mann sich einsam fühlt und viel dafür gäbe, für eine Stunde daheim und ein Mitberechtigter und Zugehöriger auf dem kleinen frohen Markt der Eitelkeit und der Liebe zu sein. Der junge Deutsche pflegt sich dann früh in eine stille Pinte zurückzuziehen, mit Wehmut ein Risotto zu essen und den Abend nachdenklich bei einer großen Flasche Landwein hinzubringen.

Ich kannte das alles, und ich wandelte durch das hübsche, erregende Getriebe mit lächelnder Überlegenheit, vieler ähnlicher Abende eingedenk. Und schließlich setzte ich mich in eine Osteria, aß ein Risotto und trank ein paar Gläser Landwein. Dann fühlte ich mich stark genug, dem Abendleben wieder als wunschloser Beobachter beizuwohnen, und setzte mich vor das Café an der Ecke des reizenden Platzes am See. Ich trank langsam ein Glas Eiswasser, sah den See in Dämmerung sinken und die Berge kühlblau werden, rauchte eine Brissago und wehrte mich gegen die süße Verlockung, die von der flanierenden Menge, den trällernden Mädchen, vom heißen Lachen der Tänzer ausging.

»Guten Abend«, sagte jemand neben mir, und der alte Herr stand da, dem ich nun schon so oft begegnet war. Er trug einen hellen Sommeranzug und rauchte eine schöne, solide, importierte Zigarre, und sprach sein kühlklares, nördlich gefärbtes Deutsch, und ich freute mich wahrhaftig, ihn dazuhaben. Er setzte sich zu mir. Er bestellte eine Limonade, und ich ließ mir eine Flasche Rebbiolo geben. Bald waren wir im Gespräch. Dieser kluge alte Herr hatte alles, was ich erlebt und gedacht, längst auch erlebt und auch gedacht, nur klüger, kühler und bestimmter.

»Gewiss haben Sie in Italien auch schon Liebesabenteuer gehabt«, sagte er wohlwollend. »Das gehört ja dazu.«

Ich sagte langsam und träumerisch: »Nun ja –.«

Und er lächelte wieder und sagte: »Nicht wahr? Es ist leider immer dasselbe. Da streicht man an diesen schönen Abenden so hinter den italienischen Mädeln her, und jede ist zum Verlieben, und wenn es je einmal glückt und man eine in den Arm bekommt, dann merkt man plötzlich, dass es eine ist, die Geld will. Ja, es ist schade.«

Ich schwieg bekümmert. Dieser Mann war kein Freund der Illusionen. Ich trank von dem guten Wein und blickte über den abendlichen Platz hinweg, und da sah ich mir gegenüber im oberen Stockwerk eines Hotels, eine Frau auf den schmalen Balkon treten, eine weißgekleidete große Gestalt mit blassem Gesicht und dunklen Haaren, schon von der Dämmerung halb verwischt. Sie trat mit kleinem Schritt vor und legte beide Arme auf die eiserne Brüstung, und sie tat es mit einer großzügigen edlen Bewegung, die mich packte.

»Ist der Wein gut?«, fragte der alte Herr freundlich. Ich empfahl ihn sehr und ließ ein Glas für ihn bringen. Er probierte einen Schluck und lobte das Getränk, ich füllte sein Glas, und eben während ich das tat, sah ich, dass auch er auf die Frau am Balkon blickte. Doch sagte er nichts, und nun taten wir eine Weile nichts als in den Stühlen lehnen und dort hinaufschauen, wo die einsame schlanke Gestalt weiß im zunehmenden Dunkel stand.

»Die ist auch ganz allein«, sagte der alte Herr. Ich gab keine Antwort. Wir blickten beide da hinauf und nahmen dazwischen hie und da einen Schluck von dem guten Wein.

»Ja«, fing er wieder an, »da sollte man nun hinaufgehen und sich ein bisschen um die Frau Mühe geben, nicht? Für einen hübschen jungen Kerl müsste es selbstverständlich sein, dass eine junge schöne Frau nicht des Willens ist, den ganzen Abend allein auf einem Balkon im dritten Stock zu stehen und zuzusehen, wie unten getanzt wird.«

Ich trank ein Glas Wein. Die Flasche war leer. Ich ließ eine neue kommen und füllte unsere Gläser. Es war Nacht geworden, und der Platz wurde stiller, die Tische vor den Cafés waren noch alle besetzt, aber es tanzten draußen nur noch wenige Paare. Oben auf dem Balkon stand immer noch weiß und allein die fremde Frau. Bedächtig leerte der alte Herr sein Glas. »Der Wein ist wirklich gut«, sagte er mit seiner klaren Sprache, die jeder kleinsten Wahrheit erst die letzte Weihe und Bestätigung gab. Ich begann, ihn zu hassen, den alten Kiebitz.

Da legte er mir plötzlich eine Hand auf die Schulter, in der unverschämt wohlwollenden Art, durch die sich alte Leute an jungen dafür rächen, dass sie selber nicht mehr jung sind.

»Ich will heimgehen«, sagte er. »Es wird nun wohl kühl genug zum Schlafen sein.«

»Ja«, sagte ich gedankenlos.

»Gewiss. Und Sie werden ja wohl noch eine Weile sitzen bleiben und Ihren Wein trinken und da hinaufstarren, nicht wahr? Viel Glück! Die Frau sieht gut aus, das muss wahr sein. – Aber wissen Sie, mein lieber Freund, ich bin alt genug, ich kann trotzdem vortrefflich schlafen. Es war nicht immer so. Als ich jünger war, war ich genau wie Sie. Sehen Sie, ich habe Sie diesen Abend beobachtet, und ich muss sagen, Sie haben mich fabelhaft an meine eigene Jugend erinnert. Wir beide gehören nicht zu den Männern, die auf Abenteuer ausgehen und Frauen erobern. Wir gehören zu denen, die an Balkonen hinaufschauen und unten traurig sind und Wein trinken. Sie wissen das vielleicht selbst noch nicht so recht. Aber glauben Sie mir, das wird nicht mehr anders, ich habe das oft beobachtet.

In der allerfrühesten Jugend könnte man vielleicht noch etwas dagegen tun, durch Erziehung, wenn wir Erzieher hätten, die uns wirklich zum Glücklichsein erziehen wollten. Nachher bleibt man, wie man ist, und Sie werden morgen und später vor anderen Balkonen nicht anders sitzen als heute vor diesem. Es ist mir ebenso gegangen. Als ich jung war, glaubte ich, meine Schüchternheit komme davon, dass ich arm sei. Aber ich wurde reich, und nichts hat sich geändert. – Nun, ich gehe jetzt, gute Nacht!«

Da ging er hin, der verfluchte Kerl. Ich hatte ihn zehnmal unterbrechen und mir seine Weisheit verbitten wollen, aber ich war nicht dazu gekommen, ich war wie gelähmt und gebannt gewesen. Der Satan! Ich rief den Kellner her. Der alte Herr hatte seine paar Soldi für die Limonade pünktlich bezahlt; die zwei Flaschen Wein waren meine Sache.

Als ich aufstand, ging mein Blick wider meinen Willen nochmals zu dem Balkon hinauf. Er hing klein und wesenlos an der dunklen Fassade. Die Frau war hineingegangen.

Alfred Polgar
Auf dem Balkon

Auf dem Balkon des hoch überm See gelegenen friedvollen Häuschens, dessen Fenster die Sommerabendsonne spiegelten (wie in ruhigen Atemzügen entließ der Schornstein Rauch), tranken gute Menschen guten Wein. Es war eine Gesellschaft von geistig anspruchsvollen Leuten, bewandert in den Vergnügungen des Denkens, gewohnt, hinter die Dinge zu sehen, nicht nur aus dem Glauben, sondern auch aus dem Zweifel Süßes zu schmecken und an der Wirklichkeit die Unwirklichkeit, die in ihr steckt, mit wahrzunehmen. Die auf dem Balkon waren nicht taub für den Jammer heutiger Welt, und wenn ihr Herz auch zuweilen, müde des Gefühls, in harten Schlaf sank – die Natur fordert ihre Rechte, sagt man in solchem Fall –, so war es doch ein Schlaf, der sich mit qualifizierten Träumen ausweisen konnte, Träumen von Gutsein oder zumindest von Gutseinwollen.

Die Aussicht vom Balkon war zauberisch schön,

besonders für den Hausherrn, der ein reicher Mann war, vor gemeinen Nöten sicher, soweit das die aus allen Fugen geratene Wirtschaft der aus allen Fugen geratenen Zeit zuließ. Er sah über den kleinen europäischen See hinüber bis nach Südafrika, wo ihm in blühenden Kupferminen die Dividende reifte.

Die Sonne war von dem Häuschen weggeglitten, sie färbte nur noch die westlichen Gipfel, und langsam überschleierte das durchlässige Dunkel der Julinacht Tal und Berg. Man machte Licht. Gewiss wären die Falter hineingeflogen und verbrannt, wenn es nicht Licht von Glühbirnen gewesen wäre, die so poetischen Faltertod nicht ermöglichen. Das enttäuschte Kleingetier wurde lästig. »Die Natur hat leider ihre Mucken und Mücken«, sagte jemand. Aber das verdarb den anderen die gute Laune nicht.

Tief unten, am andern Ufer des Sees, ringelte sich (ein gliederreiches Würmchen, jetzt Glühwürmchen) der Eisenbahnzug die vorgezogene Spur entlang. Aus der weiten Schau betrachtet, kam er äußerst langsam vorwärts trotz seinen hundert Kilometern Geschwindigkeit.

Die Dame in der Gesellschaft fand, er sähe aus wie ein Spielzeug. Das konnte man wohl sagen, ja das musste geradezu gesagt werden.

Trotzdem nahm die Konversation eine Wendung ins Ernste. Man sprach vom Elend der Welt. Ein wenig passendes Thema für solch freundliche Stunde. Sie machte es so leicht, fernen Jammer zu vergessen, dass es fast wie Taktlosigkeit gegen sie erschien, sich seiner zu erinnern.

Unten am jenseitigen Seeufer schlupfte der Glühwurm-Express in ein Erdloch; man sah auf der andern Lehne des Bergs das Loch, aus dem er wieder herauskommen musste. »Wie ein Maulwurf gräbt er sich durch«, sagte die Dame.

Man sprach von Greueltaten, im Nachbarland an Schuldlosen verübt. Man sprach nicht von der schauerlichen Seelenruhe der andern anderswo, die es, ungestörten Schlafs und ungestörter Verdauung, geschehen ließen.

Der Schriftsteller unter den Gästen äußerte: »Wer seine Kinder liebt, setzt sie nicht in die Welt.« – »Zumindest nicht in diese«, fügte ein anderer Gast hinzu.

Die Luft roch nach Sommer-Quintessenz, auch zart nach Gebratenem.

Unten kroch das Bähnlein aus der Erdhöhle. Putzig und lieblich war das. Der Dame fiel nichts dazu ein, sie guckte mit stummer Frage den Schriftsteller an, der leicht und ein wenig beschämt die Achseln hob und wieder fallen ließ. Es kam jetzt von der entgegengesetzten Seite her auch ein Eisenbahnzug, in weiten Kehren bergabwärts. Er sah aus wie eine Schlange, hell punktiert, mit feuerroter Schwanzspitze.

Dann geschah etwas Überraschendes. Die beiden Züge glitten nicht, wie zu erwarten war, aneinander vorbei, sondern geradewegs aufeinander los, Kopf gegen Kopf. Und plötzlich erloschen in beiden Zügen die Lichter. Abendschatten und Nebel über der Szene verhinderten zu sehen, was dort sich ereignet hatte.

Ein Unglück ohne Zweifel, ein Eisenbahnzusammenstoß. Der Gesellschaft auf dem Balkon schien es, als wehe der Abendwind etwas von den Geräuschen des Krachens und Splitterns her, die solchen Vorfall begleiten. Alle waren aufgesprungen, standen an der Brüstung des Balkons, starrten, hoffnungslos bemühten Blicks, zu dem Schauplatz der Katastrophe hinüber. Wisse vielleicht jemand von einem ihm Nahestehenden, der Passagier eines der beiden Züge gewesen sein könnte? Nein, glücklicherweise. Nur ganz fremde Menschen – die Gesellschaft fühlte das mit Beruhigung und Dankbarkeit – fielen der Katastrophe da unten zum Opfer. Vielleicht nicht einmal Landsleute. Man stellte sich vor: Tote und Verstümmelte – aber, gottlob, man sah sie nicht; Schmerz und Qual – aber man spürte sie nicht; Jammer und Hilferufe – aber man hörte sie nicht.

So verblassten die Unglücksbilder bald wieder. Und der Wein in den Gläsern wurde durch sie nicht sauer. Lieber Himmel, wenn einen alles aufregen wollte, was Gott und die Menschen über die Menschen verhängen! Man muss es hinnehmen und denken: Heute dir, morgen, hoffentlich erst übermorgen oder womöglich gar niemals, mir.

»Von so weit gesehen«, sagte die Dame, »schien selbst der Zusammenstoß eine Spielzeugaffäre.« Der Hausherr präzisierte den Eindruck ähnlich, etwa so, dass aus der Ferne auch das Grausige nicht grausig wirke.

Damit kehrte das Gespräch zwanglos zu den früheren Themen zurück, die eines politischen Beigeschmacks nicht entbehrten.

Patricia Highsmith
Vögel vor dem Flug

Jeden Morgen sah Don im Briefkasten nach, aber nie war ein Brief von ihr da.

Sie hatte keine Zeit gehabt, sagte er sich dann. In Gedanken rekapitulierte er alles, was sie tun musste – ihre sämtlichen Habseligkeiten von Rom nach Paris schaffen, in Paris eine Wohnung suchen und einen neuen Job finden, bevor sie sich hinsetzen und seinen Brief beantworten konnte. Alle erdenklichen Hindernisse erwog er – anfangs verletzt und verärgert und dann, je mehr Zeit verstrich, mit wachsender Besorgnis, denn sie waren alles, woran er sich klammern konnte.

Doch schließlich war selbst die großzügigste Zeitspanne, die sich für diese Hindernisse veranschlagen ließ, überschritten, und zwar schon um drei Tage, und noch immer war kein Brief von ihr da.

»Sie will in Ruhe darüber nachdenken«, sagte er sich. »Natürlich will sie sich ihrer Gefühle sicher sein, bevor sie schreibt.«

Don hatte ihr vor dreizehn Tagen geschrieben, dass er sie liebe und sie heiraten wolle. Selbstverständlich machte es ihm nichts aus zu warten. Er wollte sie nicht drängen.

Seit seiner Rückkehr aus Europa vor zwei Wochen hatte er nur wenige seiner Freunde gesehen. An Rosalind zu denken war ihm Beschäftigung genug. Er hatte den Eindruck, als könne er sein Glück noch gar nicht fassen. Jeder Tag war, als werde ein Vorhang, hinter dem sich eine herrliche Landschaft entfaltete, ein Stück höher gehoben. Er wollte, dass sie bei ihm war, wenn er das ganze Panorama sehen konnte. Nur eines hielt ihn davon ab, beglückt und zuversichtlich diese Landschaft zu betreten: der Umstand, dass er nicht einmal einen Brief von ihr mitnehmen konnte. Er schrieb noch einmal nach Rom und vermerkte »Bitte weiterleiten« auf dem Umschlag. Gewiss hatte sie eine Anschrift hinterlegt, an die ihre Post nachgesendet werden sollte.

Am fünfzehnten Tag war noch immer kein Brief von ihr da. Es gab nur einen Brief von seiner Mutter in Kalifornien, die Reklame eines Spirituosengeschäfts und eine Wahlwerbung. Mit einem verzerrten und erschrockenen Lächeln klappte er den Briefkasten zu, schloss ihn ab und ging zur Arbeit. Der Moment, wenn er feststellte, dass kein Brief gekommen war, stimmte ihn nie traurig. Es war eher ein lustvolles Erschrecken, als wolle sie ihn foppen und halte deshalb den Brief noch einen Tag länger zurück. Dann senkte sich die Erkenntnis, dass er neun Stunden warten musste, bis er nach Hause kommen und nachsehen konnte, ob eine Eilsendung eingetroffen war, wie eine schwere Last auf ihn, und ganz unvermittelt fühlte er sich erschöpft, unglücklich und lustlos. Rosalind würde ihm keinen Eilbrief schicken, nicht nach so langer Zeit. Es blieb ihm nichts anderes übrig, als auf den nächsten Morgen zu warten.

Am nächsten Morgen sah er einen Brief im Briefkasten. Es war nur eine Einladung zu einer Vernissage. Er zerriss sie in kleine Fetzen, die er zusammenknüllte.

Im Briefkasten daneben steckten drei Briefe. Die waren doch schon seit gestern Morgen dort. Was für ein Bursche war dieser Dusenberry, dass er es nicht für nötig befand, seinen Briefkasten zu leeren?

An diesem Vormittag kam ihm im Büro die Erleuchtung, die sofort seine Lebensgeister weckte: Vielleicht war ihr Brief versehentlich in den Briefkasten neben seinem gelangt. Der Briefträger öffnete alle Briefkästen gleichzeitig, in einer Reihe, und hin und wieder hatte Don Briefe für jemand anderen in seinem Briefkasten vorgefunden. Seine Gedanken begannen, einen optimistischen Reigen zu tanzen. In ihrem Brief würde stehen, dass sie ihn auch liebte. Wie sollte es anders sein, wo sie doch in Juan-les-Pins so glücklich gewesen waren? Er würde »Ich liebe Dich, ich liebe Dich« zurücktelegrafieren. Nein, er würde sie anrufen, denn auf ihrem Brief würde ihre Pariser Adresse stehen, so dass er wüsste, wo er sie erreichen konnte.

Er hatte Rosalind vor zwei Jahren in New York kennengelernt; sie waren einmal essen und ins Theater gegangen. Seine nächsten Einladungen hatte sie abgelehnt, und Don hatte daraus geschlossen, dass es jemand anderen auf der Bildfläche gab, den sie lieber mochte. Damals hatte ihn das nicht weiter gestört. Doch als sie ihm in Juan-les-Pins über den Weg gelaufen war, hatte die Sache anders ausgesehen. Es war Liebe auf den zweiten Blick gewesen, unerwartet, überwältigend und unstreitig. Der Beweis war, dass Rosalind sich von den drei anderen, mit denen sie gekommen war – einem Mädchen und zwei Männern –, abgesetzt hatte, sie allein nach Cannes hatte fahren lassen und mit ihm in Juan-les-Pins geblieben war. Es waren fünf ausgesprochen paradiesische Tage gewesen, und Don hatte gesagt: »Ich liebe dich«, und Rosalind hatte es auch einmal gesagt. Aber Zukunftspläne hatten sie nicht geschmiedet, und er hatte nicht vom Heiraten gesprochen. Jetzt wünschte er, er hätte es getan.

An diesem Abend suchte Don Dusenberrys Klingel auf der Liste gegenüber den Briefkästen und drückte sie entschlossen.

Keine Reaktion.

Dusenberry oder Familie Dusenberry waren offensichtlich verreist.

Würde ihn der Hausmeister wohl – ganz gewiss nicht. Außerdem hatte der Hausmeister keinen Generalschlüssel für die Briefkästen.

Inzwischen steckten vier Briefe in Dusenberrys Kasten, nur zwei Fingerbreit von seinen Fingern entfernt, und einer dieser Briefe konnte ihrer sein. Er hatte das Recht, sich zu vergewissern. Dusenberry hatte heute offenbar zweimal Post bekommen. Es war zum Rasendwerden. Er steckte einen Finger in einen der Schlitze der glatten Metalltür und versuchte sie aufzuziehen. Er zwängte seinen eigenen Schlüssel ins Schlüsselloch und versuchte ihn gewaltsam zu drehen. Das Schloss klickte, und der Riegel bewegte sich ein Stück. Dann steckte Don seinen Haustürschlüssel in den Spalt und benutzte ihn als Hebel. Der Riegel brach ab, und der Briefkasten war offen. Er nahm die Briefe heraus. Keiner war für ihn bestimmt. Er sah sie zweimal durch, zitternd wie ein Dieb. Dann steckte er einen in seine Manteltasche, legte die anderen zurück und ging zum Aufzug.

Sein Herz klopfte, als er die Wohnungstür hinter sich schloss. Warum hatte er bloß den Brief genommen? Es war eine ganz automatische Handlung gewesen, so als hätte er, nachdem er den Kasten aufgestemmt hatte, auch etwas mitnehmen müssen. Selbstverständlich würde er den Brief zurücklegen. Er betrachtete die Anschrift in zarter blauer Handschrift. Und den Absender in der linken oberen Ecke: Edith W. Whitcomb, 717 Garfield Drive, Scranton, Pa. Dusenberrys Liebste, dachte er sofort. Jedenfalls zweifellos ein persönlicher Brief. Ein dicker Brief in einem quadratischen Umschlag. Er würde ihn sofort zurückbringen. Und der demolierte Briefkasten? Tja, gestohlen hatte er schließlich nichts.

Er nahm einen Anzug aus dem Schrank, den er sowieso in die Reinigung bringen wollte, und griff nach Dusenberrys Brief. Doch sobald er den Brief in der Hand hielt, war er plötzlich neugierig auf den Inhalt. Bevor er sich dafür schämen konnte, trat er zum Herd und setzte Wasser auf. Die Umschlaglasche rollte sich im Dampf sauber zurück. Der Brief bestand aus drei handgeschriebenen Seiten.

»Liebster«, begann er.
»Du fehlst mir so sehr, dass ich Dir schreiben

muss. Bist Du Dir wirklich sicher, was Du fühlst? Du hast gesagt, für beide von uns würde sich alles in Luft auflösen. Weißt Du, wie mir zumute ist? Genauso, wie mir an dem Abend zumute war, als wir auf der Brücke standen und sahen, wie in Bennington die Lichter angingen...«

Gebannt und ungläubig las er weiter. Das Mädchen war bis über beide Ohren in ihn verliebt. Sie wartete nur auf eine Antwort, auf ein Zeichen. Sie schrieb von dem Ort in Vermont, wo sie gewesen waren, und er fragte sich, ob sie sich dort kennengelernt hatten oder gemeinsam hingefahren waren. Mein Gott, dachte er, wenn nur Rosalind ihm so einen Brief schreiben würde! Dusenberry würde ihr vermutlich nicht antworten, denn dem Brief nach zu schließen, hatte er ihr bisher kein einziges Mal geschrieben.

Don steckte den Brief in den Umschlag zurück. Der letzte Absatz ging ihm nicht aus dem Sinn:

Ich hätte nicht gedacht, dass ich Dir noch einmal schreiben würde. Jetzt habe ich es getan. Ich muss ehrlich sein. Ich kann nicht anders.

Und Don hatte das Gefühl, dass auch er nicht anders konnte.

Erinnerst Du Dich, oder hast Du's vergessen? Willst Du mich wiedersehen oder nicht? Wenn ich in den nächsten Tagen nichts von Dir höre, weiß ich Bescheid.

In Liebe, Liebster,
Edith.

Er sah nach dem Datum des Poststempels. Der Brief war vor sechs Tagen aufgegeben worden. Und er malte sich aus, wie sie die Tage dehnte und in die Länge zog und sich einzureden versuchte, dass die Verzögerung seiner Antwort gewichtige Gründe hatte. Sechs Tage. Doch natürlich hoffte sie immer noch. Hoffte in diesem Augenblick dort in Scranton, Pennsylvania. Was war dieser Dusenberry bloß für ein Mensch. Ein Casanova? Ein verheirateter Mann, der einen in seinen Augen törichten Flirt beenden wollte? Welcher der sechs oder acht Männer, die ihm in diesem Haus aufgefallen waren, mochte Dusenberry sein?

Ihm stockte der Atem. Einen Augenblick spürte er die Einsamkeit des Mädchens wie am eigenen Leib, den Hoffnungsschimmer, wie er ein letztes Mal aufflackerte. Mit einem Wort konnte er sie so glücklich machen. Oder vielmehr, Dusenberry konnte es.

»So ein Schwein!«, flüsterte er.

Er trat zum Schreibtisch, nahm ein Blatt Papier und schrieb »Edith, ich liebe Dich« darauf. Es gefiel ihm, die Worte geschrieben zu sehen, lesbar und an sie gerichtet. Er hatte das Gefühl, damit eine wichtige Sache entschieden zu haben, die zuvor gefährlich in der Schwebe gewesen war. Er zerknüllte das Blatt und warf es in den Papierkorb.

Dann ging er hinunter, steckte den wiederzuklebenden Brief in den Briefkasten und brachte seinen Anzug in die Reinigung. Er wanderte lange die Second Avenue hinauf, wurde müde und ging weiter, bis er in Harlem ankam, wo ihn die vielen Lichter störten und er einen Bus nach Downtown nahm. Er war hungrig, hatte aber keinen Appetit auf irgendetwas. Er bemühte sich, an nichts zu denken. Er wartete darauf, dass die Nacht verging und der Morgen die nächste Postsendung brachte. Undeutlich dachte er an Rosalind. Und an das Mädchen in Scranton. Zu traurig, dass die Leute so unter ihren Gefühlen zu leiden hatten. Wie er. Denn obwohl Rosalind ihn so glücklich gemacht hatte, konnte er nicht leugnen, dass die letzten Wochen eine wahre Folter gewesen waren. Ja, siebzehn Tage, wahrhaftig! Er empfand eine merkwürdige Scham bei dem Eingeständnis, dass es jetzt siebzehn Tage waren. Merkwürdig? Genau besehen, war daran nichts merkwürdig. Er schämte sich bei der Vorstellung,

Rosalind möglicherweise verloren zu haben. Er hätte ihr in Juan-les-Pins ohne Umschweife sagen sollen, dass er sie nicht nur liebte, sondern heiraten wollte. Vielleicht hatte er sie jetzt verloren, weil er das nicht getan hatte.

Bei diesem Gedanken hielt es ihn nicht mehr im Bus. Die schreckliche, tödliche Vorstellung verbannte er aus seinen Gedanken und hielt sie sich vom Leibe, indem er zu Fuß ging.

Plötzlich kam ihm ein Einfall. Unausgegoren zuerst und vage, aber immerhin etwas, womit er sich heute Abend beschäftigen konnte. Er begann damit, dass er sich auf dem Nachhauseweg so genau wie möglich vorzustellen versuchte, was Dusenberry Miss Whitcomb schreiben würde, wenn er ihren letzten Brief gelesen hätte, und ob er ihr schreiben würde, dass er sie zwar nicht unbedingt liebe, sie ihm aber so viel bedeute, dass er sie wiedersehen wolle.

Er brauchte eine Stunde, um den Brief aufzusetzen. Er schrieb, er habe die ganze Zeit nichts von sich hören lassen, weil er sich weder seiner noch ihrer Gefühle sicher gewesen sei. Er wolle sie wiedersehen, bevor er mehr sagen könne, und fragte, wann sie ihn treffen könne. Er konnte sich nicht an Dusenberrys Vornamen erinnern oder daran, ob das Mädchen ihn in ihrem Brief überhaupt verwendet hatte, erinnerte sich aber an die Initialen R. L. Dusenberry auf dem Umschlag und unterschrieb einfach mit »R.«.

Während er den Brief schrieb, hatte er nicht ernsthaft beabsichtigt, ihn abzuschicken. Doch als er die anonymen, mit Schreibmaschine geschriebenen Worte las, wurde er unschlüssig. Es war so wenig und kam ihm so harmlos vor. Andererseits war es völlig sinnlos. Dusenberry machte sich offenkundig nichts aus ihr, und daran würde sich auch nichts ändern. Schickte er den Brief ab, nährte er nur Illusionen, falls Dusenberry nicht dort weitermachte, wo er aufhörte. Er starrte die Unterschrift »R.« an, und in seinem Herzen wusste er, dass er unbedingt eine Antwort von ihr haben wollte, eine einzige bejahende, glückliche Antwort.

»P. S.«, fügte er noch an: »Wegen Komplikationen, die ich jetzt nicht erklären kann, bitte ich Dich, mir unter der Anschrift c/o Brantner Associates, Chanin Building, New York, zu schreiben.«

So würde der Brief schon irgendwie zu ihm gelangen. Es würde nur dieser eine Brief sein. Und einige Tage später würde ihr Schweigen bedeuten, dass Dusenberry ihr tatsächlich geschrieben hatte. Und falls doch noch ein Brief von ihr kommen sollte, würde er die Sache von sich aus so sauber und schmerzlos wie möglich beenden. Doch der

Brief, den er da eben geschrieben hatte, der konnte unmöglich groß Schaden anrichten.

Nachdem er ihn abgeschickt hatte, fühlte er sich völlig befreit und in gewisser Weise auch erleichtert. Wahrhaftig, er fühlte sich insgesamt besser. Er schlief gut, und als er erwachte, glaubte er felsenfest, dass ihn im Briefkasten unten ein Brief erwartete. Als er sah, dass keiner da war, befiel ihn jähe Enttäuschung oder etwas wie Erbitterung, die ihm in diesem Zusammenhang neu war. Jetzt gab es einfach keinen Grund mehr, warum er keinen Brief bekommen sollte.

Mittwochvormittag erwartete ihn im Büro ein Brief aus Scranton.

»Liebster«, begann der Brief, und Don, dem es fast peinlich war, die sentimentalen Ergüsse zu lesen, faltete das Blatt zusammen, bevor irgendjemand in der Konstruktionsabteilung, in der er arbeitete, ihn bei der Lektüre ertappen konnte.

Es gefiel ihm und missfiel ihm zugleich, den Brief in der Tasche zu haben. Er sagte sich immer wieder, dass er nicht wirklich einen Brief erwartet hätte, wusste aber, dass er sich etwas vormachte. Warum hätte sie nicht antworten sollen? Sie schlug vor, am nächsten Wochenende irgendwohin zu fahren (offenbar war Dusenberry Herr seiner Zeit), und bat ihn, Zeit und Ort zu nennen.

Er dachte an sie, während er über seiner Arbeit saß, an dieses leidenschaftliche, bebende, gesichtslose weibliche Wesen in Scranton, das er mit einem Wort manipulieren konnte. Welche Ironie! Er, der sie nicht dazu bewegen konnte, ihm aus Paris zu antworten! »Mein Gott!«, murmelte er und stand auf. Grußlos eilte er aus dem Büro.

Ihm war soeben etwas Schreckliches eingefallen. Ihm war soeben der Gedanke gekommen, dass Rosalind möglicherweise die ganze Zeit überlegte, wie sie ihm zartfühlend eröffnen konnte, dass sie ihn nicht liebte, nie geliebt hatte und nie lieben würde. Jetzt sah er statt ihrer glücklichen, ratlosen oder insgeheim amüsierten Miene vor seinem inneren Auge, wie sie mit gerunzelter Stirn über der unangenehmen Aufgabe brütete, einen Brief zu verfassen, in dem sie mit ihm Schluss machte. Er spürte, wie sie über die Sätze nachgrübelte, mit denen das am schonendsten zu bewerkstelligen wäre.

Dieser Gedanke war so verstörend, dass er an diesem Abend zu nichts mehr imstande war. Je länger er darüber nachdachte, desto wahrscheinlicher erschien es ihm, dass sie ihm gerade schrieb oder schreiben wollte, um Schluss zu machen. Er konnte sich ausmalen, wie sie Schritt für Schritt zu ihrem Entschluss gelangt war: Nach dem ersten kurzen und intensiven Trennungsschmerz hatte sie offenbar gemerkt, dass sie ohne ihn leben konnte, abgelenkt durch ihre Arbeit und ihre Freunde in Paris, wie er sich lebhaft vorstellen konnte. Dann der gewichtige Umstand, dass er in Amerika war und sie in Europa und dass zwangsläufig einige Zeit vergehen würde, bis sie einander wiedersahen. Und schließlich die tiefgreifenden Veränderungen, die einer von ihnen auf sich nehmen musste, wenn sie zusammenleben wollten. Aber mehr als all das wog ihre Erkenntnis, dass sie ihn nicht wirklich liebte. Das zumindest musste stimmen, denn niemand versäumte es so lange, jemandem zu schreiben, an dem ihm lag.

Unvermittelt stand er auf und starrte die Uhr an, als müsse er ihr die Stirn bieten. Zwanzig Uhr siebzehn am 15. September. Ihr ganzes Gewicht lastete auf seinem verspannten Körper und seinen verkrampften Händen. Neunzehn Tage, soundsoviele Stunden und soundsoviele Minuten... Sein Geist schüttelte das unerträgliche Gewicht ab und heftete sich an das Mädchen in Scranton. Er fand, dass er ihr eine Antwort schuldete. Er las ihren Brief noch einmal, sorgfältiger, verweilte versonnen bei mancher Formulierung, als berühre ihre hoffnungslose und anhängliche Liebe ihn zutiefst, fast wie seine eigene. Hier war jemand, der ihn anflehte, ihm Zeit und Ort für ein Treffen zu nennen. Leidenschaftlich, inbrünstig, eine Gefangene ihrer selbst, war sie wie ein Vogel, der die Flügel breitet. Plötzlich trat er ans Telefon und gab ein Telegramm auf:

Treffpunkt Freitag achtzehn Uhr Grand Central Station Ausgang Lexington Avenue. In Liebe, R.

Freitag war übermorgen.

Am Donnerstag kam wieder kein Brief, kein Brief von Rosalind, und mittlerweile hatte er weder den Mut noch die Kraft, sich in Bezug auf sie noch irgendetwas auszumalen. Nur seine Liebe erfüllte ihn, ungemindert und so schwer wie ein Pflasterstein. Freitagmorgen dachte er schon beim Aufstehen an das Mädchen in Scranton. Jetzt würde sie wohl aufstehen und packen und dann, falls sie überhaupt zur Arbeit ging, den ganzen Tag in ihrer Dusenberry-Traumwelt verbringen.

Als er nach unten kam, lugte der rot-blaue Rand eines Luftpostbriefs aus seinem Briefkasten, und ihn beschlich ein fast schmerzhaftes Entsetzen. Er öffnete den Kasten und fischte den länglichen dünnen Umschlag heraus; seine Hände zitterten so sehr, dass er die Schlüssel fallen ließ. Es waren nur etwa zwanzig getippte Zeilen.

15. September

Don,

Wie soll ich mir je verzeihen, dass ich so lange gewartet habe, bis ich Dir schreibe – aber hier geht alles drunter und drüber. Bin erst heute überhaupt in der Lage, mit der Arbeit zu beginnen. Zuerst in Rom aufgehalten, dann die katastrophale Wohnungssituation hier wegen neuer algerischer Einwanderer, usw.

Don, Du bist ein Schatz, das weiß ich und werde es nie vergessen. Auch Juan-les-Pins werde ich nie vergessen. Aber Liebling, trotzdem kann ich mich nicht so recht mit dem Gedanken anfreunden, mein ganzes Leben auf den Kopf zu stellen und hier oder sonstwo zu heiraten. Weihnachten kann ich unmöglich in die Staaten kommen, ich habe einfach zu viel zu tun. Und bis dahin oder bis Du diesen Brief erhältst, haben sich Deine Gefühle vielleicht auch ein bisschen verändert.

Schreibst Du mir trotzdem wieder? Und versprichst Du mir, dass mein Brief Dich nicht traurig macht? Können wir uns irgendwann wiedersehen? Vielleicht so unerwartet und wunderbar wie in Juan-les-Pins?

Rosalind

Er stopfte den Brief in die Tasche und stürzte zur Tür hinaus. Seine Gedanken waren ein einziges Chaos, Signale einer tödlichen Verwundung, stumme Todesschreie, wirre Befehle an eine versprengte Armee, sich zu sammeln, bevor es zu spät war, nicht aufzugeben, nicht zu sterben.

Nur ein Gedanke drang deutlich durch: Er hatte sie verschreckt. Sein törichter, plumper Antrag und seine maßlosen Zukunftspläne hatten sie zweifellos abgeschreckt. Hätte er nur halb so viel gesagt, wäre ihr klargeworden, wie sehr er sie liebte. Aber er war mit der Tür ins Haus gefallen.

Er hatte geschrieben: »Liebling, ich bin verrückt nach Dir. Kannst Du Weihnachten nach New York kommen? Wenn nicht, kann ich nach Paris fliegen. Ich will Dich heiraten. Wenn Du in Europa leben willst, kann ich es einrichten, dort zu leben.«

Was für ein Idiot war er gewesen!

Im Geist korrigierte er seinen Fehler bereits und setzte den nächsten unaufgeregten, liebevollen Brief auf, der ihr mehr Luft zum Atmen lassen würde. Er wollte ihn noch heute Abend schreiben. Er würde Stunden darüber verbringen und genau den richtigen Ton treffen.

Am Nachmittag verließ er das Büro verhältnismäßig früh, und um zehn vor fünf war er zu Hause. Die Uhr erinnerte ihn daran, dass das Mädchen aus Scranton um sechs Uhr am Grand Central warten würde. Er dachte, er müsse hingehen und sie treffen, obwohl er nicht wusste, warum. Ansprechen würde er sie jedenfalls bestimmt nicht. Er würde sie ja nicht einmal mit Sicherheit erkennen, wenn er sie sah. Und dennoch, der Grand Central Terminal – nicht etwa das Mädchen – zog ihn sanft und stetig an wie ein Magnet. Er begann sich umzuziehen, schlüpfte in seinen besten Anzug, fingerte zögernd am Krawattenhalter und zerrte schließlich ein solides Stück aus blauer Seide herunter. Er fühlte sich unsicher und schwach, ganz so, als wäre er dabei, sich zu verflüchtigen wie der kühle Schweiß, der sich fortwährend auf seiner Stirn bildete und verdunstete.

Er ging in Richtung Forty-second Street.

Am Ausgang des Bahnhofs zur Lexington Avenue sah er mehrere junge Frauen, die Edith W. Whitcomb hätten sein können. Er achtete darauf, ob eine von ihnen irgendetwas mit Initialen bei sich hatte, aber das war nicht der Fall. Dann wurde eines der Mädchen von der Person abgeholt, auf die es gewartet hatte, und plötzlich war er überzeugt, dass Edith das blonde Mädchen im schwarzen Stoffmantel und mit der schwarzen Baskenmütze mit Militärabzeichen war. Ja, in ihren aufgerissenen runden Augen lag ein Sehnen, das einzig in der Vorfreude auf einen Menschen gründen konnte, den sie liebte, sehnsüchtig liebte. Sie sah aus wie zweiundzwanzig, unverheiratet, frisch und voller Hoffnung – Hoffnung, das war ihr Hauptcharakteristikum –, und sie hatte einen kleinen Koffer bei sich, genau richtig für ein Wochenende. Er hielt sich ein paar Minuten lang in ihrer Nähe auf, ohne dass sie ihn im Geringsten beachtete. Sie stand innen am rechten Eingang und reckte sich hin und wieder auf die Zehenspitzen, um über die eiligen, drängelnden Menschenmassen hinwegzusehen. Der Lichtschein von drinnen zeigte ihre rundlichen, rosigen Wangen, ihr schimmerndes Haar, die Inbrunst in ihrem suchenden Blick. Es war bereits fünf nach halb sieben.

Vielleicht war sie es auch gar nicht, dachte er. Dann verlor er plötzlich das Interesse, schämte sich auch ein wenig und ging zur Third Avenue, um etwas zu essen oder wenigstens eine Tasse Kaffee zu trinken. Er betrat eine Cafeteria. Er hatte eine Zeitung gekauft, die er auf dem Tisch anlehnte und zu lesen versuchte, während er auf die Bedienung wartete. Doch als sie kam, wurde ihm klar, dass er nichts wollte, und er stand mit einer hingemurmelten Entschuldigung auf. Er wollte zurückgehen und nachsehen, ob das Mädchen noch immer wartete, dachte er. Er hoffte, dass sie nicht mehr da war; er hatte ihr einen ausgemacht schäbigen Streich gespielt. Sollte sie noch immer warten, müsste er ihr eigentlich reinen Wein einschenken.

Sie wartete noch immer. Als er sie erblickte, ging sie mit ihrem Köfferchen zum Informationsschalter. Er beobachtete, wie sie um den Schalter herumging und wieder herauskam, zuerst zur gleichen Stelle an der Tür ging und sich dann auf die andere Seite stellte, als bringe das mehr Glück. Und nun waren die schöngeschwungenen Linien ihrer Augenbrauen ganz gerunzelt vom quälenden Warten, vom beinahe hoffnungslosen Hoffen.

Doch ein Rest Hoffnung bleibt immer, dachte er, und so schlicht dieser Gedanke war, erschien er ihm als die unumstößlichste Wahrheit und die überzeugendste Erkenntnis, die ihm je untergekommen war.

Er ging dicht an ihr vorbei, und diesmal sah sie ihn flüchtig an und sogleich an ihm vorbei. Jetzt starrte sie über die Lexington Avenue ins Leere. In ihren jungen, geweiteten Augen schimmerten Tränen.

Mit den Händen in den Taschen schlenderte er vorbei, sah ihr direkt ins Gesicht, und als sie ihn mit einem gereizten Blick bedachte, lächelte er sie an. Ihr Blick kehrte schockiert und verletzt zu ihm zurück, und er lachte, ein kurzes Lachen, das er nicht unterdrücken konnte. Doch er hätte ebenso gut in Tränen ausbrechen können, dachte er. Stattdessen hatte er eben gelacht. Er wusste, was das Mädchen empfand. Er wusste es ganz genau.

»Tut mir leid«, sagte er.

Sie zuckte zusammen und blickte ihn verwirrt und überrascht an.

»Tut mir leid«, wiederholte er.

Als er zurückschaute, sah sie ihm mit verblüfftem Stirnrunzeln nach, so verwirrt, dass es fast schon so aussah, als fürchtete sie sich. Dann wandte sie den Blick ab und reckte sich auf die Zehenspitzen, um über das Gewirr der Köpfe zu spähen – und das Letzte, was er von ihr sah, waren ihre entschlossenen, in sinnloser, selbstvergessener Hoffnung glänzenden Augen.

Als er die Lexington Avenue entlangging, weinte er. Jetzt, das wusste er, sahen seine Augen genauso aus wie die des Mädchens, glänzend und voll unerschütterlicher Hoffnung. Stolz hob er den Kopf. Heute Abend würde er den Brief an Rosalind schreiben. Und er begann, sich die Worte zurechtzulegen.

Doris Dörrie

Financial Times

Ich mache das nur als Übergang, verstehen Sie? Man muss noch nicht mal jung dafür sein oder besonders hübsch. Manche sind vierzig und drüber, irgendwie attraktiv und gebildet sollte man sein, das verlangt die Agentur, sonst nehmen sie einen nicht. Ich habe ihnen erzählt, ich hätte einen Magister in Kunstgeschichte, stimmt natürlich nicht, aber vier Semester habe ich immerhin studiert. Es reicht, wenn man die Zeitung liest, dann findet sich schon was, worüber man reden kann. Die meisten finden es auch ganz charmant, wenn man nicht so besonders gut Bescheid weiß. Sie wollen sich ja entspannen. Ich verhandle nicht mit ihnen, das macht die Agentur. Und die wird von den Hotels angerufen, nur von den ganz teuren, den anderen geben sie gar nicht erst ihre Telefonnummer. Ich habe mir deshalb einen Anrufbeantworter gekauft, denn wer lässt sich schon gern einen runden Tausender für ein paar Stunden Arbeit entgehen? Meistens gehe ich nur mit ihnen essen, zu allem andern sind sie dann viel zu müde. Und wenn sie doch wollen, kann ich es ablehnen, die Agentur ist da fair, sie zwingt keinen. Gestern Abend wollte ich eigentlich zu den ›Pretenders‹ gehen, ich schwärme für ihre Musik, aber da rief eben die Agentur an. Sie sagen einem nur den Vornamen und die Uhrzeit. Daniel, 20 Uhr, Hotel Kurfürst. Sein Name hat mir schon gut gefallen, sonst heißen sie meist Peter oder Fritz, Männer, die so viel Macht haben, müssten was Besonderes sein, denkt man am Anfang, die meisten haben gute Manieren, aber mehr auch nicht. Hässlich sind sie auch, die meisten. Ich erkenne sie inzwischen auf der Straße. Sie haben immer die gleichen Schuhe an, maßgefertigte mit so durchlöcherten Laschen, braun oder schwarz. Ihre Haut ist schlecht, viele rauchen. Die jungen haben keinen Bauch, weil das nicht dynamisch ist, die älteren fast immer, die haben so viel Macht, dass sie darauf nicht mehr achten müssen. Ihre Anzüge schillern immer ein bisschen, daran erkennt man den guten Stoff. Alle essen viel zu schnell, weil sie daran gewöhnt sind, keine Zeit zu haben. Und in ihren Anzugtaschen steckt meist die abgerissene Bordkarte.

Ich habe also ein langes Bad genommen und mir eine Schönheitsmaske aufgelegt. Manchmal habe ich überhaupt keine Lust, dann rede ich mir ein, ich sei mit meinem Traummann verabredet, wenn man es ohne Lust tut, wird es zur Qual. Mein saphirgrünes Kleid habe ich angezogen, das steht mir besonders gut, es unterstreicht die Farbe meiner Augen. Die Klamotten sind natürlich eine Investition, ich habe mir das Geld von meiner Mutter geliehen, für Bücher fürs Studium, habe ich ihr erzählt. Ich möchte nie alt werden und Krampfadern kriegen wie meine Mutter. Wie Schlangen kringeln sie sich um ihre Beine, ein schwaches Bindegewebe hat sie, das habe ich von ihr geerbt. Manchmal sehe ich schon die dunklen Schatten von den Adern an meinen Beinen, und dabei bin ich erst 26. Mit spätestens 28 höre ich auf damit und mache was Vernünftiges. Was das sein soll, keine Ahnung, ich übe einen sozialen Beruf aus, ich verschaffe Geschäftsleuten einen angenehmen Abend, so sehe ich das.

Der Portier hat mir zugenickt, er kennt mich schon, und die Männer in der Lounge haben sich nach mir umgedreht. Wenn ich will, sehe ich klasse aus.

Ich habe mich auf eine Couch gesetzt und die *Financial Times* durchgeblättert. Die mag ich, weil sie rosa ist, die Überschriften habe ich mir eingeprägt, das reicht meistens, wenn man die Überschriften zitiert, sie reden dann von alleine. ›Coca-Cola zieht sich aus Südafrika zurück‹ beispielsweise, so eine Überschrift ist Gold wert.

Dazu können sie alle was erzählen, ob sie nun aus Politik oder Wirtschaft kommen.

Fräulein Carla?, fragte er. Das ist natürlich nicht mein richtiger Name, man siezt den Kunden und nennt sich beim Vornamen, so will es die Agentur. Ich habe ihn zweimal fragen lassen, bevor ich die Zeitung gesenkt habe, so ein bisschen müssen sie sich auch um einen bemühen, dann fühlen sie sich nachher besser, und sie vergessen, dass sie einen schließlich bestellt haben. Er war nicht besonders groß und auffallend gutaussehend für einen Mann mit Macht. Seine Haare waren graumeliert wie sein Bart und halblang. Das mag ich, wenn diese Männer ihre Haare lang tragen, es gibt ihnen etwas Verwegenes. Bis zum Gürtel hatte er dieses leicht Verwegene, die Hosen hatte er allerdings so weit nach oben gezerrt, dass sie ihm fast unter den Achseln saßen, das wirkte einfach spießig, das kenne ich sonst nur von meinem Vater. Wir gaben uns die Hand, wir gingen durch das Foyer, er legte seinen Arm um meine Schultern. Das tun sie alle, sie wollen den Eindruck erwecken, man kenne sich schon länger, vielleicht sieht sie ja ein Geschäftspartner.

Ich sage Ihnen, es gibt auf die Dauer nichts Langweiligeres als teures Essen. Immer gibt es irgendwas mit Lachs, und die Soßen sind immer so raffiniert, dass mir ganz mulmig wird davon. An alles tun sie

Alkohol, und dieses Getue von den Kellnern geht mir immer mehr auf die Nerven. Wir hatten also Platz genommen in diesem Drei-Sterne-Restaurant, die Kellner schubsen einem immer den Stuhl unter den Hintern, als wäre man zu blöd, sich alleine hinzusetzen, wir saßen so da und studierten die Speisekarte, da sagte Daniel, er hätte eigentlich unbändige Lust auf Spinat mit Spiegeleiern und Bratkartoffeln. Er war mir gleich sympathisch. Nur Männer wie er bringen es fertig, aus so einem Restaurant wieder rauszugehen, daran erkennt man Klasse.

Ich hätte auf Politiker getippt, aber er war Chef einer großen Uhrenfirma, die kennen Sie sicher, aber Diskretion ist nun einmal das Geheimnis meines Jobs. Er war hier, um einem bekannten Fernsehmoderator einen Werbevertrag anzubieten. Das ist natürlich nicht erlaubt, aber das machen alle, sagte er. Und was meinen Sie, auf was die Fernsehzuschauer achten? Die registrieren jede Kleinigkeit. Er sei einmal mit einer Frau befreundet gewesen, die die Zuschauerpost eines Fernsehsenders beantwortet hatte, die habe ihm das erzählt, was den Zuschauern alles auffällt und dass sie dann schreiben, die Krawatte des Nachrichtensprechers am Dienstag um 20 Uhr 15 hätte ihnen aber gar nicht gefallen, da sei die vom andern Kanal sehr viel geschmackvoller gewesen. Wir lachten beide, er sah trotz seiner grauen Haare sehr jung aus. Ich schätzte ihn auf etwa Mitte vierzig. Die Spiegeleier aß er nur mit der Gabel, so wie es sich gehört. Wir sprachen über Filme, da kenne ich mich gut aus, ich stelle den Fernseher schon morgens an. Ich mag es einfach, wenn die Bilder laufen und ich nicht ganz allein in meinem Zimmer bin. Ob ich gern allein sei, fragte er mich. Wer ist das schon, sagte ich. Es gebe einen Unterschied zwischen einsam und allein, sagte er, immer hofft man, nach oben zu kommen, und wenn man da ist, ist die Luft dort dünn, und man ist entsetzlich einsam. Das sagen sie alle, das kenne ich schon. Ich kann es mir nicht wirklich vorstellen, ich lächle dann immer mitfühlend, und manchmal nehme ich ihre Hand. Seine nicht, er war nicht der Typ dazu. Das Gefährliche an der Macht, sagte er, das Gefährliche ist, dass man nicht mehr die üblichen Umwege zu gehen braucht, um etwas zu erreichen. Weder im Beruflichen noch im Privaten. Ein Anruf genügt. Man bekommt es. Ohne Hoffen, ohne Angst, ohne Widerstände. Das ist sehr praktisch und macht am Anfang großen Spaß. Man fühlt sich wirklich mächtig. Und dann merkt man, dass man zwar alles bekommt, aber um seine Gefühle betrogen wird, verstehen Sie, was ich meine? Es ist gefährlich, auf diese Fragen zu antworten, denn ganz gleich, was man sagt, sie fühlen sich unverstanden. Ich sagte also nichts, sah ihn nur an. Dann reden sie meist weiter. Er auch. Ich kann mich erinnern, dass ich, als ich meinen ersten großen Werbevertrag für eine ganz kleine Firma nicht bekommen habe, danach in meinem Hotelzimmer auf dem Bett saß, das war eher eine schäbige Pension als ein Hotel, und geheult habe. Für mich war in dem Moment alles zu Ende, ich wollte meine Sachen packen und aussteigen. Ich versuche, bei allem, was ich jetzt tue, nie zu vergessen, wie ich mich damals gefühlt habe, denn irgendwie werde ich das Gefühl nicht los, dass ich damals besser dran war.

Ich mochte ihn, weil er damals geheult hatte. Manchmal erzählen sie solche Geschichten, um einen ins Bett zu kriegen. Er nicht. Danke fürs Zuhören, sagte er. Es war ein schöner Abend gewesen, und als ich ihn im Taxi zum Hotel zurückbegleitete, war ich fest entschlossen, nach Hause zu fahren. Er drückte mir fest die Hand und stieg aus. Ich winkte. Da machte er die Tür wieder auf und fragte, ob ich vielleicht Lust hätte, noch einen Drink an der Bar zu nehmen. Ich wusste, dass die Bar schon zuhatte.

Er hatte eine Suite, daran kann man sie am Ende immer richtig einstufen. Manche erzählen einem, dass sie in Wirklichkeit das Land regieren, und dann haben sie nur ein Einzelzimmer. Ich mag die, die ihre Macht eher untertreiben, lieber. Er hatte also eine Suite. Am Anfang saß er mir gegenüber, und wir unterhielten uns über Stilmöbel. Ich weiß nicht, warum ich mich so angestellt habe, er war mir sympathischer als die meisten, sympathischer als alle anderen jemals, vielleicht war es gerade deshalb. Als er sich zu mir auf die Couch setzte, hätte ich sofort gehen oder einwilligen sollen. Stattdessen sagte ich, ich könne so was nicht, nur für eine Nacht. Er wunderte sich nicht, was mich wunderte, er sagte etwas ganz Seltsames, er sagte: Jede lange Beziehung fängt mit einer einzigen Nacht an. Daraufhin wurde ich richtig schüchtern. Er versuchte, mich zu küssen, lange wand ich mich wie ein kleines Mädchen. Ich mochte ihn einfach zu sehr, verstehen Sie? Wenn ich schüchtern werde, benehme ich mich ganz kühl. Eine lange Beziehung?, sagte ich ironisch, hören Sie auf mit diesem Zuckerguss. Sie haben mich bestellt, ich habe Ihnen zugehört, das ist alles. Ja?, sagte er, so ein ganz langgezogenes, leises Ja. Ich konnte einfach nicht gehen. Er gehörte zu den guten Küssern, davon gibt es nicht viele, die meisten können überhaupt nicht küssen. Es geht nicht, sagte ich. Das ist in Ordnung, sagte er, ich möchte dich nur küssen.

Erst um vier Uhr morgens zog ich mich aus. Er

legte seine Kleider ganz sorgfältig zusammen, dann hob er meine Stöckelschuhe auf und stellte sie ordentlich nebeneinander.

Ich mag Männer, die ein bisschen Fleisch auf den Knochen haben, so wie er, und ein ganz bisschen schon aus der Façon. Das rührt mich. So junge, knackige Muskelmänner stoßen mich eher ab, ich mag's, wenn's ein bisschen traurig ist, das Fleisch, nicht zu viel natürlich. Er nannte mich seinen Liebling, und normalerweise hätte ich auf so einen Quatsch überhaupt nicht reagiert. Aber ich war wirklich in dem Moment sein Liebling. Sein Gesicht über mir sah plötzlich älter aus, weil die Haut dann so nach unten hängt, ich frage mich, ob das bei mir auch schon so ist.

Ich sage Ihnen, es macht einfach Spaß, wenn die Männer mit Macht plötzlich weich und hilflos werden wie kleine Babies. Für eine kleine Weile besitze ich sie, und das kann mir keiner wieder wegnehmen. Er lag an meiner Brust und murmelte etwas, was ich nicht verstand, dann schlief er ein. Das wäre nun wirklich der ideale Moment gewesen, um ganz leise zu verschwinden. Ich ging ins Bad und rauchte eine Zigarette. Seinen Toilettenbeutel sah ich mir an. Da erfährt man mehr über einen Menschen als durch seinen Pass. So eine ganz kleine Schere und eine Bürste hatte er in einem Etui, wohl für seinen Bart. Und Feuchtigkeitscreme, eine sehr teure. Vitaminkapseln. Die haben sie immer alle dabei. Und eine Tönungswäsche für Silberreflexe in grauem Haar. Ich finde das gar nicht unmännlich, ich mag es, wenn Männer eitel sind. Er tönt sich also seine Haare. Liebling. Ganz eng neben ihm habe ich gelegen und mir vorgestellt, wir seien verheiratet. Nur so, zum Spaß. Um sechs rief der Weckdienst an. Er umarmte mich fest. Es war langsamer als beim ersten Mal, sehr gefühlvoll. Mittendrin klingelte das Telefon. Er blieb bei mir, während er telefonierte. Es ging um Geld. Er gab kurze Anweisungen, klang sehr kühl und sachlich. Ich lächelte vor mich hin, das können sie, die Mächtigen, ganz gleich, in welcher Situation, immer klingen sie wach, kühl und sachlich.

Das Telefongespräch dauerte zu lange. Danach ging es nicht mehr. Er entschuldigte sich.

Ich hatte Angst vor dem Moment, wo er in Eile geraten würde, mich kaum noch ansehen und auch mit mir kühl und sachlich sprechen würde. Ich war so sicher, dass es passieren musste, es gibt immer einen Grund, warum sie oben sind. Irgendwann fangen sie alle an, wie Maschinen zu funktionieren, manche kommen etwas langsamer in Gang als andere, aber sie tun es alle. Er nicht.

Wir frühstückten zusammen wie ein altes Ehepaar, er im Morgenmantel und ich in Unterhose und BH. Das war vielleicht das Schönste, wir sprachen nicht viel, irgendwann nahm er meine Beine auf seinen Schoß und streichelte sie. Dann sagte er: Du bist etwas ganz Besonderes. Na ja.

Er hat mir seine Uhr geschenkt. Ich liege auf meinem Bett, die Vorhänge habe ich zugezogen. Ich sehe auf das Zifferblatt seiner Uhr und spüre, wie wir zusammen immer älter werden.

D. H. Lawrence

Zwei blaue Vögel

Es war einmal eine Frau, die liebte ihren Mann, aber sie konnte nicht mit ihm leben. Der Mann wiederum hing aufrichtig an seiner Frau, doch er konnte nicht mit ihr leben. Beide waren noch nicht vierzig, beide waren hübsch und anziehend. Sie hegten die aufrichtigste Achtung voreinander und glaubten sich seltsamerweise auf ewig verbunden. Sie kannten sich intimer, als sie sonst irgendjemanden kannten, und sie fühlten sich vom andern besser verstanden als von sonst irgendjemandem.

Und doch konnten sie nicht miteinander leben. Meistens wahrten sie einen Abstand von tausend Meilen – im geographischen Sinne. Doch wenn er in Englands Nebellandschaft saß, war er sich im Hintergrund seines Denkens stets mit einer gewissen grimmigen Treue seiner Frau bewusst, seiner Frau und ihrer seltsamen Begier, treu und anhänglich zu sein, und dabei hatte sie irgendwo im Süden, in der Sonne, ihre galanten Freunde. Und wenn sie auf der Terrasse über dem Meer saß, ihren Cocktail trank und ihre grauen, spöttischen Augen auf das kräftige, dunkle Gesicht ihres Verehrers richtete, den sie eigentlich sehr gern mochte, dann kreisten ihre Gedanken um die scharf geschnittenen Gesichtszüge ihres hübschen jungen Gatten, und wie er wohl gerade seine Sekretärin bat, etwas für ihn zu erledigen – es mit der gutgelaunten, zuversichtlichen Stimme eines Mannes erbat, der genau weiß, dass seine Bitte nur zu gern erfüllt wird.

Die Sekretärin betete ihn natürlich an. Sie war äußerst tüchtig und sehr jung, und sie sah recht gut aus. Sie betete ihn an. Doch das taten schließlich all seine Angestellten, besonders die weiblichen. Seine männlichen Bedienten beschwindelten ihn wahrscheinlich.

Wenn ein Mann eine Sekretärin hat, die ihn anbetet, und wenn man die Frau dieses Mannes ist – was soll man dann tun? Nicht etwa, dass es zwischen ihnen nicht ganz sauber zuginge, falls ihr wisst, was ich meine! Da war nichts, was man als Ehebruch bezeichnen konnte, um es beim rechten Namen zu nennen. Nein, nein! Sie waren einfach der junge Hausherr und seine Sekretärin. Er diktierte ihr, sie rackerte sich für ihn ab und betete ihn an, und alles ging reibungslos.

Er ›betete‹ sie nicht an. Ein Mann braucht seine

Sekretärin nicht anzubeten. Aber er verließ sich auf sie. »Auf Miss Wrexall kann ich eben bauen!« Und auf seine Frau konnte er niemals bauen. Bis er dann endlich begriffen hatte, dass es auch gar nicht in ihrer Absicht lag, man solle auf sie bauen.

Daher blieben sie Freunde – in jener grauenhaften, unausgesprochenen Vertrautheit ehemals miteinander verheiratet gewesener Menschen.

Für gewöhnlich gingen sie jedes Jahr zusammen in Urlaub, und wären sie nicht Mann und Frau gewesen, hätten sie viel Spaß und Anregung aneinander gefunden. Die Tatsache, dass sie verheiratet waren und während der letzten drei oder vier Jahre nicht miteinander hatten leben können, verdarb ihnen das Vergnügen am andern. Jeder nährte insgeheim bittere Gefühle über den Partner.

Immerhin waren beide furchtbar nett. Er war ein Muster an Großzügigkeit und empfand eine wirklich zärtliche Achtung vor ihr, einerlei, wie viel galante Freundschaften sie hatte. Ihre galanten Freundschaften waren einfach eine Seite ihrer modernen Lebensbedürfnisse. »Schließlich muss ich doch *leben!* Ich kann mich nicht innerhalb von fünf Minuten in eine Salzsäule verwandeln, nur weil du und ich nicht miteinander leben können! Eine Frau wie ich braucht Jahre, um sich in eine Salzsäule zu verwandeln! Wenigstens hoffe ich es!«

»Sehr richtig!«, erwiderte er. »Sehr richtig! Du musst sie unbedingt in Essig konservieren, mach nur Essiggurken daraus, ehe du anfängst, Kristalle anzusetzen! Das empfehle ich dir!«

So war er immer: so grässlich gescheit und rätselhaft! Die Idee mit den eingelegten Essiggurken konnte sie noch halbwegs begreifen, aber das Kristalle-Ansetzen – was mochte das bloß bedeuten?

Oder wollte er ihr damit zu verstehen geben, dass er selber wohl konserviert war und dass für ihn ein weiteres Einlegen in Essig unterbleiben müsse, weil es nur sein Aroma verderben könnte? Hatte er etwa das gemeint? Und sie selber – wäre sie demnach die Salzlake und das Tränental?

Man wusste ja nie, wie falsch ein Mensch sein konnte, wenn er wirklich gescheit und unergründlich war, und daneben ein bisschen spitzbübisch. Er war so reizend spitzbübisch, wenn er den ausdrucksvollen, eitlen Mund mit der langen Oberlippe verzog, die all seine Eitelkeit verriet! Denn schließlich – ein hübscher junger Mann mit gut geschnittenem Schauspielergesicht – musste der nicht eitel werden? Die Frauen machten ihn ja so!

Ach, die Frauen! Wie nett wären die Männer, wenn es keine andern Frauen gäbe!

Und wie nett wären die Frauen, wenn es keine andern Männer gäbe! Das ist das Beste an einer

Sekretärin: sie hat vielleicht einen Ehemann, aber ein Ehemann ist der reinste Niemand, verglichen mit dem Chef, dem Boss, dem Mann, der einem diktiert und dessen Worte man getreulich im Stenogramm aufnimmt und dann ins Reine schreibt. Stellt euch eine Ehefrau vor, die alles getreulich festhielte, was ihr Mann sagt! Dagegen eine Sekretärin! Jedes seiner *und* und *aber* bewahrt sie für alle Ewigkeit auf. Was sind – im Vergleich dazu – kandierte Veilchen?

Nun ist es aber so eine Sache, in der Sonne des Südens galante Freundschaften zu haben, wenn man weiß, dass irgendwo hoch oben im Norden in dem Haus, das man als sein Heim betrachten sollte, ein Gatte lebt, den man liebt und der einer Sekretärin diktiert, die man zu verächtlich findet, um sie zu hassen, die man jedoch immerhin verachtet, obwohl man zugibt, dass sie ihre guten Seiten hat. Eine galante Freundschaft nützt einem nicht viel, wenn man ein Staubkorn im Auge hat. Oder irgendwo in einem Herzwinkel.

Was kann man da tun? Der Gatte schickt seine Frau natürlich nicht fort.

»Du hast deine Arbeit und deine Sekretärin«, sagt sie. »Für mich ist kein Platz da!«

»Ein Wohnzimmer und ein Schlafzimmer sind ganz für dich allein da«, erwidert er. »Und ein

Garten und ein halbes Auto! Aber tu ganz, was dir beliebt! Tu das, was dir am meisten Freude macht!«

»In dem Fall«, sagt sie, »geh ich über den Winter in den Süden!«

»Ja, tu das!«, erwidert er. »Du genießt es immer so.«

»Ja, ich genieße es immer«, wiederholt sie.

Sie trennten sich mit einer gewissen Unnachgiebigkeit, hinter der ein Anflug wehmütiger Sentimentalität steckte. Sie begab sich zu ihren galanten Freundschaften, die, wie das Ei des Pfarrers, nur teilweise schmackhaft waren. Und er klemmte sich hinter die Arbeit. Wie er sagte, hasste er es, zu arbeiten, doch tat er nie etwas anderes. Zehn oder elf Stunden täglich. Das nennt man dann: sein eigener Herr sein!

Der Winter verging also, und der Frühling kam – der Frühling, wenn die Schwalben heimwärts ziehn, oder gen Norden, in unserm Fall. Dieser letzte Winter – einer in einer Reihe ähnlicher Winter – war ziemlich schwer zu überstehen gewesen. Das bisschen Staub im Auge der galanten Dame hatte sich tiefer eingefressen, je mehr sie zwinkerte. Sonnengebräunte Gesichter mögen noch so braun sein, und eisgekühlte Cocktails mögen Glanzlichter aufsetzen: Sie mochte nach Kräften zwinkern, um das kleine Staubkorn loszuwerden, aber umsonst! Unter den duftenden Perlchen der Mimosen dachte sie an ihren Gatten, der zu Hause in seiner Bibliothek saß, oder an seine ordentliche, tüchtige, aber so *gewöhnliche* Sekretärin, die unentwegt niederschrieb, was er sagte!

›Wie ein Mann so was nur *aushalten* kann? Wie sie so was aushalten kann, selbst wenn sie noch so gewöhnlich ist – das ist mir ein Rätsel!‹, klagte die Frau vor sich hin.

Sie meinte die ganze Diktiererei, das tägliche, zehn Stunden während Beisammensein *à deux* – und nichts, das sie verband, nichts als ein Bleistift und ein Schwall von Worten.

Was kann man da tun? Die Situation hatte sich verschlimmert, anstatt besser zu werden. Die kleine Sekretärin hatte ihre Mutter und ihre Schwester ins Haus geholt. Die Mutter war eine Art Haushälterin, die auch kochte, und die Schwester war eine Art Zimmermädchen: Sie besorgte die feine Wäsche, kümmerte sich um seine Anzüge und war der beste Diener. Es war wohl eine glänzende Lösung. Die alte Mutter war eine ausgezeichnete Köchin, die Schwester war alles, was man von einem Diener, einer Feinwäscherin, einem Zimmermädchen und einem Tischkellner erwarten konnte. Und bei alledem war es noch recht vorteilhaft. Sie kannten seine Verhältnisse in- und auswendig. Die Sekretärin eilte in die Stadt, wenn ein Gläubiger gefährlich wurde, und *stets* konnte sie die finanzielle Krise überbrücken.

Natürlich hatte ›er‹ Schulden, und er arbeitete, um sie abzutragen. Und wenn er ein Märchenprinz gewesen wäre, der die Ameisen zu Hilfe rufen konnte, dann hätte er nicht größere Wunder verrichten können, als indem er sich diese Sekretärin und ihre Familie sicherte. Die Entschädigung, die sie erhielten, war nicht der Rede wert. Und sie schienen tagtäglich das Wunder der Speisung der Viertausend zu wiederholen.

›Sie‹ war natürlich die Frau, die ihren Gatten liebte, ihn jedoch in weitere Schulden stürzte, und sie war und blieb ein kostspieliger Posten. Doch wenn sie in ihrem ›Heim‹ erschien, empfing die Sekretärsfamilie sie mit ausgesuchtester Ehrerbietung. Der von den Kreuzzügen heimkehrende Ritter konnte keine größere Geschäftigkeit verursachen. Sie kam sich wie die Königin Elizabeth in Kenilworth vor, eine Herrscherin, die ihre getreuen Untertanen mit einem Besuch beehrt. Aber vielleicht drohte schon von jeher das Haar in der Suppe: Ob sie sich nicht freuen, wenn sie mich wieder los sind?

Doch sie widersprachen: Nein! Nein! Sie hatten gewartet und gehofft und gebetet, dass sie käme und die Verantwortung übernähme: sie, die Herrin, ›seine‹ Frau! Ah, ›seine‹ Frau!

›Seine‹ Frau. Sein Heiligenschein war ihr wie ein Kübel über den Kopf gestülpt. Die Köchin-Mutter stammte ›aus dem Volk‹, daher kam die Zimmermädchen-Tochter und erkundigte sich nach ihren Wünschen.

»Was wünschen Sie morgen zum Mittagessen und zum Abendbrot, Mrs. Gee?«

»Was haben Sie denn *meistens*?«

»Oh, wir möchten, dass Sie es bestimmen!«

»Aber was haben Sie denn meistens?«

»Ach, nichts Bestimmtes. Mutter geht und besorgt das Beste, was sie finden kann – alles, was frisch und gut ist. Ich dachte nur, Sie könnten ihr jetzt sagen, was sie besorgen soll!«

»Oh, das weiß ich nicht! Ich versteh mich nicht so darauf! Sagen Sie ihr nur, sie möchte einfach wie bisher weitermachen; ich bin überzeugt, dass sie's am besten versteht!«

»Vielleicht möchten Sie gern eine Süßspeise vorschlagen?«

»Nein, ich mache mir nichts aus Süßspeisen, und Mr. Gee auch nicht, wie Sie wohl wissen. Also keine Süßspeise für mich.«

Es war nicht zu glauben! Das Haus war blitzsauber, und alles lief wie am Schnürchen; wie konnte da eine unpraktische und verschwenderische Gattin es wagen, sich angesichts von so viel erstaunlicher und fast begeisterter Fürsorge noch einzumischen? Und dabei führten sie den ganzen Haushalt fast für umsonst!

Einfach prachtvolle Menschen! Und wie sie ihr schmeichelten!

Doch dabei kam sie sich höchstens lächerlich vor.

»Findest du nicht, dass die Familie den Haushalt sehr gut führt?«, ließ er einen Versuchsballon steigen.

»Unglaublich gut! Beinahe phantastisch gut!«, antwortete sie. »Und du bist wohl restlos glücklich?«

»Ich fühle mich äußerst wohl dabei«, erwiderte er.

»Das sieht man dir an«, entgegnete sie. »Erstaunlich! So viel Wohlbehagen ist mir ganz unheimlich! Bist du sicher, dass es dir nicht schadet?«

Sie warf einen verstohlenen Blick auf ihn. Er sah sehr gut und – auf seine romantische Art – unwahrscheinlich hübsch aus. Er war verblüffend gut angezogen und gepflegt. Und er hatte das elegante Auftreten und die glänzende Laune, die einem Mann so gut stehen und die sich nur dann einstellen, wenn er der Hahn im Korb ist und von seinen Hennen vergöttert wird.

»Ja«, sagte er, nahm die Pfeife aus dem Mund und warf ihr einen spitzbübischen Blick zu. »Seh ich etwa so aus, als schade es mir?«

»Nein, bestimmt nicht«, entgegnete sie sofort und dachte logischerweise – wie man es heutzutage von einer Frau erwartet – an seine Gesundheit und seine Bequemlichkeit, die offenbar die Grundlage allen Glücks sind.

Doch dann wurde sie natürlich in die Gegenströmung hineingerissen:

»Aber für deine Arbeit ist es vielleicht nicht so gut wie für dich persönlich«, sagte sie mit betont zaghafter Stimme. Sie wusste, dass er es nicht ertragen konnte, wenn sie sich auch nur eine Sekunde lang über seine Arbeit lustig machte. Und er kannte diese betont zaghafte Stimme.

»Inwiefern?«, fragte er, und all seine Stacheln sträubten sich.

»Oh, ich weiß nicht«, antwortete sie nachlässig. »Vielleicht ist es nicht gut für die Arbeit eines Mannes, wenn er es zu behaglich hat!«

»Das möchte ich sehr bezweifeln!«, sagte er, stolzierte selbstbewusst durch die Bibliothek und sog an seiner Pfeife. »Wenn man in Betracht zieht, dass ich buchstäblich zwölf Stunden täglich arbeite und, selbst wenn ich mir einen kurzen Tag mache, noch zehn Stunden schaffe, dann kannst du wohl kaum behaupten, dass ich vor lauter Wohlbehagen verkomme!«

»Nein, eigentlich nicht«, gab sie zu.

Aber sie glaubte es doch. Seine Behaglichkeit bestand nicht so sehr in gutem Essen und einem weichen Bett als vielmehr darin, dass keiner, einfach gar keiner, ihm jemals widersprach. »Ich freue mich so in Gedanken, dass ihm jeder Ärger aus dem Weg geräumt wird«, hatte die Sekretärin zu seiner Frau gesagt.

»Dass ihm jeder Ärger aus dem Weg geräumt wird!« Was für eine Situation für einen Mann! Verhätschelt von Frauen, die darauf achten, dass ihm jeder Ärger aus dem Weg geräumt wird! Wenn überhaupt etwas seine gekränkte Eitelkeit ärger machen konnte, dann doch wohl das!

Seine Frau jedenfalls glaubte es. Aber was konnte man da tun? In der mitternächtigen Stille hörte sie in der Ferne seine diktierende Stimme, wie die Stimme Gottes, die an Samuel erging, eintönig und allein, und im Geist sah sie die kleine Sekretärin, die emsig an ihrem Stenogramm kritzelte. In den sonnigen Morgenstunden dann, wenn er noch im Bett lag – er stand nie vor dem Mittagessen auf –, ertönte aus einer andern Richtung das scharfe Insektengezirp der Schreibmaschine – einem riesigen Heupferdchen gleich, zirpend und scheppernd. Es war das arme Geschöpf, die Sekretärin, die sein Diktat ins Reine tippte. Diese Sekretärin – sie war erst achtundzwanzig – schuftete sich wirklich ab, bis sie nur noch Haut und Knochen war. Sie war klein und gepflegt, aber sie war buchstäblich verbraucht. Sie leistete viel mehr Arbeit als er, denn sie musste nicht nur alle Worte aufnehmen, die er äußerte, sondern sie auch tippen und drei Durchschläge anfertigen, während er sich noch ausruhte.

›Was sie bloß davon hat‹, dachte die Gattin, ›kann ich mir einfach nicht vorstellen. Sie arbeitet sich halbtot, und für ein erbärmlich niedriges Gehalt, und er hat sie nie geküsst und wird's auch nie tun, wie ich ihn kenne – oder ich müsste mich sehr täuschen.‹

Ob es dadurch schlimmer oder besser wurde, dass er sie nie geküsst hatte (die Sekretärin nämlich), das machte sich die Gattin nicht klar. Er küsste nie jemanden. Ob sie (die Gattin nämlich) von ihm geküsst werden wollte – auch darüber war sie sich nicht im Klaren. ›Wohl lieber nicht‹, meinte sie.

Was, um Himmels willen, wollte sie denn dann? Sie war seine Gattin. Was, um Himmels willen, wollte sie von ihm?

Bestimmt wollte sie nicht Stenogramm aufnehmen und dann all seine Worte tippen. Und sie wollte eigentlich auch nicht, dass er sie küsste; sie kannte ihn zu gut. Ja, sie kannte ihn zu gut. Wenn man einen Menschen zu gut kennt, möchte man sich nicht von ihm küssen lassen.

Was also dann? Was wollte sie? Warum hatte sie seinetwegen einen so unerhörten Katzenjammer? Nur weil sie seine Frau war? Warum ›genoss‹ sie (und sie war, was Genuss betraf, sehr kritisch) das Zusammensein mit andern Männern, ohne sie je ernst zu nehmen? Und warum musste sie *ihn* so verdammt ernst nehmen, obwohl sie das Zusammensein mit ihm doch nie richtig ›genoss‹?

Natürlich hatte sie es früher mal *nett* mit ihm gehabt – früher, bevor – ach, bevor sich tausenderlei Kleinigkeiten ereigneten, die im Grunde belanglos waren. Und jetzt genoss sie ihn nicht mehr. Sie genoss es nicht einmal, mit ihm zusammenzusein. Eine ewige, unausgesprochene Spannung bestand zwischen ihnen, die nie nachließ, selbst wenn sie tausend Meilen voneinander getrennt waren.

Scheußlich! So was nannte man Verheiratetsein! Was konnte man nur tun? Lächerlich, so gut im Bilde zu sein und gar nichts unternehmen zu können! Wieder einmal kehrte sie zurück, wieder einmal war sie in ihrem eigenen Haus eine Art Supergast – sogar für ihn. Und die Sekretärsfamilie opferte sich für ihn auf.

Sie opferten sich für ihn auf! Buchstäblich! Drei Frauen opferten ihm Tag und Nacht ihr ganzes Leben. Und was erhielten sie dafür als Entgelt? Keinen einzigen Kuss! Sehr wenig Geld, denn seine Schulden waren ihnen ja bekannt, und sie hatten es sich zur Lebensaufgabe gemacht, sie abzutragen. Keine Hoffnungen! Täglich zwölf Stunden Arbeit! Isolierung von der Umwelt, denn er empfing keinen Menschen.

Und außerdem? Nichts! Vielleicht ein erhebendes Gefühl der Wichtigkeit, wenn sie manchmal seinen Namen und sein Bild in einer Zeitung sahen. Aber konnte man sich vorstellen, dass ihnen so etwas genügte? Und doch genossen sie es. Sie schienen eine tiefe Genugtuung daraus zu ziehen – wie etwa Leute mit einer geheimen Mission. Unerhört!

Aber gut – mochten sie nur! Es waren natürlich ziemlich einfache Leute aus dem Volk – vielleicht waren sie von solchem Glanz betört?

Doch ihm schadete es. Daran war nicht zu zweifeln. Er wurde weitschweifig in seinen Ausführungen und verlor an Qualität, was kein Wunder war. Sein ganzer Stil wurde platter, gewöhnlicher... Natürlich schadete es ihm!

Da sie seine Gattin war, fand sie, dass sie etwas tun müsse, um ihn zu retten. Aber wie konnte sie das tun? Wie konnte sie auf die so durch und durch ergebene, wunderbare Sekretärsfamilie einen Vorstoß unternehmen? Und doch hätte sie gar zu gern alle zum Teufel gejagt! Natürlich schadeten sie ihm: Sie ruinierten sein Werk, seinen Ruf als Schriftsteller, sein Leben. Sie ruinierten ihn mit ihren sklavenhaften Diensten.

Natürlich sollte sie einen Sturmangriff gegen sie unternehmen. Aber wie konnte sie? Angesichts von so viel Aufopferung! Und was hatte sie an deren statt zu bieten? Bestimmt keine sklavenhafte Aufopferung – weder ihm noch seinem Wortschwall gegenüber! Bestimmt nicht!

Sie malte sich's aus – er entblößt, seiner Sekretärin und seiner Sekretärsfamilie beraubt – und schauderte. Das hieße ja, ein nacktes Baby in die Mülltonne werfen! So was tat man nicht!

Und doch musste etwas getan werden! Sie spürte es. Es juckte sie, noch weitere tausend Pfund Schulden zu machen und wie bisher die Rechnung zu schicken – oder sie ihm schicken zu lassen. Aber nein! Es musste drastischer sein!

Drastischer – oder vielleicht sanfter. Sie schwankte zwischen dem einen und dem andern. Und weil sie schwankte, tat sie zunächst gar nichts, kam zu keinem Entschluss, trödelte müßig von Tag zu Tag und wartete auf genügend Energie, um wieder Abschied zu nehmen.

Es war Frühling. Wie dumm sie gewesen war, im Frühling herzukommen! Und sie war vierzig! Was für ein Kamel war sie doch, schon vierzig zu werden!

An einem Nachmittag ging sie durch den Garten, als die Vögel laut in ihrem Laubversteck zwitscherten und der Himmel schwer und warm war und sie nichts zu tun hatte. Der Garten war voller Blumen. Er liebte sie, weil sie sich so romantisch zur Schau stellten: Flieder und Schneeball und Goldregen und Rotdorn, Tulpen und Anemonen und rosige Gänseblümchen. Eine Fülle von Blumen. Ganze Beete voller Vergissmeinnicht. Blauäuglein. Was für verrückte Namen manche Blumen hatten! Sie hatte sie einfach blaue Knöpfe und gelbe Kleckse und weiße Rüschen genannt. Bitte ein bisschen weniger sentimental, ja?

Der Frühling hatte immer etwas Albernes an sich, all das Zurschaustellen, all das Gepränge mit seinen sprießenden Blättern und Ballettröckchen-Blumen – es sei denn, man hätte etwas Entsprechendes im eigenen Herzen. Hatte sie aber nicht.

Ach du liebe Güte! Hinter der Hecke hörte sie eine Stimme, eine gleichmäßige, ziemlich theatralische Stimme. Ach du liebe Güte! Er diktierte seiner Sekretärin im Garten! Lieber Himmel, war man denn nirgends davor sicher?

Sie blickte sich um: Es gab allerdings noch viele Zufluchtswinkel. Aber was nützte es, dorthin zu flüchten? Er würde ewig so weitermachen. Sie trat leise an die Hecke und hörte zu.

Er diktierte einen Artikel über den modernen Roman – für eine Zeitschrift. »Was dem modernen Roman fehlt, ist Architektonik.« Lieber Himmel: Architektonik! Ebenso gut könnte er sagen: Was dem modernen Roman fehlt, ist Fischbein – oder ein Teelöffel – oder ein plombierter Zahn.

Doch die Sekretärin nahm alles auf, nahm alles auf, nahm alles auf. Nein, das durfte nicht so weitergehen! Es war mehr, als Fleisch und Blut ertragen konnten!

Sie ging leise die Hecke entlang. Es lag etwas Wölfisches in der Art, wie sie sich näherschlich, die breite, kräftige Frau in dem teuren senfgelben Seidenpullover und dem sahneweißen Faltenrock. Ihre Beine waren lang und schön, und ihre Schuhe waren kostbar.

Mit einer merkwürdig wölfischen Heimlichkeit ging sie um die Ecke herum und blickte auf den schmalen, schattigen Rasen, wo sich die Gänseblümchen in unverschämter Fülle breitmachten. Unter der rotblühenden Rosskastanie saß ›er‹: halb zurückgelehnt in einem bunten Liegestuhl, in weißen Wollstoff gekleidet, dazu trug er ein feines gelbes Leinenhemd. Seine elegante Hand hing lose über die Armlehne und schlug gewissermaßen den Takt zu seinen Worten. An einem kleinen grünen Korbtisch neigte die kleine Sekretärin in einem grünen Jerseykleid den dunklen Kopf über ihren Stenoblock und schrieb fleißig all die abscheulichen Kurzschriftkrakel hin. Es war nicht schwierig, seinem Diktat zu folgen, denn er sprach langsam und wahrte eine Art Rhythmus, zu dem die herunterbaumelnde Hand den Takt schlug.

»Jeder Roman muss einen klar herausgestellten Helden haben, womit wir sympathisieren – mit dem wir sympathisieren – selbst wenn wir erkennen – auch wenn wir uns seiner menschlichen Schwächen durchaus bewusst sind...«

›Jeder sein eigener Held‹, dachte die Gattin ergrimmt und vergaß dabei ganz, wie sehr jede Frau ihre eigene Heldin ist.

Aber was sie dann erschreckte, war ein blauer Vogel, der dicht vor den Füßen der konzentriert ihr Stenogramm kritzelnden kleinen Sekretärin herumhüpfte. Es war zwar bloß eine Blaumeise, blau mit Grau und ein wenig Gelb. Doch der Gattin kam sie im saftstrotzenden Frühling und an diesem schimmernden Nachmittag rein blau vor. Der blaue Vogel umflatterte die netten, aber ziemlich *gewöhnlichen* Füße der kleinen Sekretärin.

›Der blaue Vogel! Der blaue Glücksvogel! Oh, ich habe Glück, ich habe Glück‹, dachte die Gattin.

Und da sie Glück hatte, erschien noch ein zweiter blauer Vogel, das heißt noch eine Blaumeise, und begann sich mit der ersten Blaumeise zu streiten. Ein Paar blaue Glücksvögel, die sich stritten! ›Oh, ich habe wirklich Glück!‹

Sie stand nicht gerade in der Blickrichtung des in die Arbeit versunkenen Menschenpaars. Doch ›ihn‹ störten die kämpfenden blauen Vögel, deren kleine Federn herumzustieben begannen.

»Geht weg!«, sagte er milde und verscheuchte sie mit seinem dunkelgelben Taschentuch. »Tragt euren kleinen Streit anderswo aus, ihr lieben kleinen Kampfhähne, und bringt eure Privatangelegenheiten nicht gerade hier in Ordnung!«

Die kleine Sekretärin blickte rasch auf, denn sie hatte schon angefangen, es niederzuschreiben. Er bedachte sie mit seinem schiefen, kapriziösen Lächeln.

»Nein, das müssen Sie nicht schreiben«, sagte er freundlich. »Haben Sie die beiden Meisen gesehen, wie sie aufeinander losgingen?«

»Nein«, antwortete die kleine Sekretärin und blickte sich strahlend um – mit Augen, die von der Arbeit noch halb blind waren.

Was sie jedoch sah, war die eigenartige, kraftvolle, elegante Wolfsgestalt der Gattin, und ihre Augen weiteten sich entsetzt.

»Aber *ich* hab sie gesehn!«, sagte die Gattin und trat mit den schön geformten, seltsam wölfischen Beinen näher, die unter dem sehr kurzen Rock hervorschauten.

»Sind es nicht erstaunlich boshafte kleine Biester?«, sagte er.

»Ja, erstaunlich«, wiederholte sie, bückte sich und hob eine kleine Brustfeder auf. »Erstaunlich! Da sieh, wie die Federn fliegen!«

Und sie nahm die Feder zwischen die Fingerspitzen und betrachtete sie. Dann blickte sie die Sekretärin an, und dann blickte sie ihn an. Zwischen ihren Augenbrauen stand ein sonderbarer, werwolfartiger Ausdruck.

»Ich finde«, begann er jetzt, »das sind die herrlichsten Nachmittage, wenn kein direktes Sonnenlicht da ist, jedoch alle Töne und Farben und Gerüche in der Luft verschmelzen, verstehst du, wenn die ganze Geschichte vom Frühling durchtränkt ist. Dann ist's, als wäre man innen drin, du weißt wohl, wie ich's meine, wie innen im Ei, und bereit, die Schale aufzupicken.«

»Ja, genau so«, pflichtete sie ihm bei, ohne davon überzeugt zu sein.

Eine kleine Pause entstand. Die Sekretärin sagte

nichts. Sie warteten darauf, dass die Gattin wieder ginge.

»Vermutlich bist du furchtbar beschäftigt«, sagte sie, »wie meistens?«

»So ungefähr«, erwiderte er und verzog abweisend den Mund.

Wieder eine leere Pause, in der er nur darauf wartete, dass sie ginge.

»Ich weiß, dass ich dich gestört habe«, sagte sie.

»Eigentlich«, erwiderte er, »hatte ich gerade die beiden Blaumeisen beobachtet.«

»Zwei kleine Teufelchen!«, sagte die Frau und blies die gelbe Feder von ihrer Fingerspitze fort.

»Richtig!«, sagte er.

»Aber dann will ich lieber gehen, damit du mit deiner Arbeit vorankommst«, meinte sie.

»Es eilt nicht«, entgegnete er mit wohlwollend nachlässigem Tonfall. »Ich glaube eigentlich nicht, dass es sehr fördernd ist, im Freien zu arbeiten.«

»Warum hast du's denn getan?«, fragte die Gattin. »Du weißt doch, dass du's nie konntest!«

»Miss Wrexall schlug es vor, weil sie meinte, es könnte anregend sein. Aber ich glaube nicht, dass es irgendwie förderlich ist, nicht wahr, Miss Wrexall?«

»Es tut mir sehr leid!« flüsterte die kleine Sekretärin.

»Warum soll es *Ihnen* leidtun?«, fragte die Gattin und blickte beinah gütig auf sie herab, wie etwa ein Wolf auf einen kleinen schwarzbraunen Straßenköter. »Sie haben es sicher nur zu seinem Besten vorgeschlagen.«

»Ich dachte, die frische Luft könnte ihm guttun«, gab die kleine Sekretärin zu.

»Warum denken Menschen wie Sie niemals an sich selber?« fragte die Gattin.

Die Sekretärin blickte sie scharf an.

»Das tun wir, glaube ich, doch – wenn auch auf andere Art«, erwiderte sie.

»Auf *sehr* andere Art!«, bemerkte die Gattin ironisch. »Warum bringen Sie ihn nicht dahin, dass er an *Sie* denkt?«, fuhr sie langsam und mit schleppender Stimme fort. »An einem so milden Frühlingsnachmittag sollten Sie ihn dahin bringen, Ihnen an Sie gerichtete Gedichte zu diktieren, die von den blauen Glücksvögeln handeln, wie sie Ihre zierlichen kleinen Füßchen umflattern! Ich würde das bestimmt tun, wenn ich seine Sekretärin wäre.«

Eine drückende Pause folgte. Die Gattin stand unbeweglich wie eine Statue in einer Haltung da, die bezeichnend für sie war: Halb hatte sie sich der kleinen Sekretärin zugewandt, halb kehrte sie ihr den Rücken. So machte sie es immer: kehrte allem ein wenig den Rücken. Die Sekretärin blickte ihn an.

»Ich schrieb nämlich gerade einen Aufsatz über die Zukunft des Romans«, sagte er.

»Ich weiß, ich weiß!«, sagte die Gattin. »Das macht es ja so schlimm! Warum nicht etwas Lebendiges aus dem Leben eines Romanschriftstellers?«

Diesmal entstand ein längeres Schweigen, während sich ein leidender und irgendwie abwesender, statuenhafter Ausdruck bei ihm zeigte. Die kleine Sekretärin ließ den Kopf hängen. Die Gattin schlenderte gemächlich von dannen.

»Wo waren wir stehengeblieben, Miss Wrexall?«, ließ sich seine Stimme vernehmen.

Die kleine Sekretärin zuckte zusammen. Sie war zutiefst empört! Ihre wunderschöne Beziehung – die zwischen ihm und ihr – so zu verderben!

Doch bald lavierte sie auf dem Gefälle seiner Worte wieder stromabwärts und war zu emsig bei der Sache, um irgendwelche Gefühle zu haben, ausgenommen das einer großen Emsigkeit.

Die Teestunde war da; ihre Schwester trug das Teebrett in den Garten hinaus. Und sofort erschien auch die Gattin. Sie hatte sich umgezogen und trug jetzt ein Kleid aus zichorienblauem, feinem Tuch. Die kleine Sekretärin raffte ihre Papiere zusammen und wollte auf ihren ziemlich hochhackigen Schuhen davonstöckeln.

»Bleiben sie, Miss Wrexall!« sagte die Gattin.

Die kleine Sekretärin blieb augenblicklich stehen und zauderte dann. »Meine Mutter erwartet mich«, wandte sie ein.

»Erklären Sie ihr, Sie kämen nicht. Und bitten Sie Ihre Schwester, noch eine Tasse Tee zu bringen. Ich möchte, dass Sie mit uns Tee trinken.«

Miss Wrexall warf einen Blick auf den Mann, der sich im Liegestuhl auf den einen Ellbogen stützte und eine rätselhafte Hamlet-Miene aufgesetzt hatte.

Er warf ihr einen raschen Blick zu und verzog dann, gleichgültig wie ein Knabe, seinen Mund. »Ja, bleiben Sie doch einmal, um mit uns Tee zu trinken«, sagte er. »Ich sehe Erdbeeren und weiß, dass Sie gern davon picken würden!« Sie blickte ihn an, lächelte gezwungen und eilte dann fort, um ihrer Mutter Bescheid zu geben. Sie blieb sogar lange genug weg, um sich ein anderes Kleid überzuwerfen.

»Oh, wie elegant Sie sind!«, rief die Frau, als die kleine Sekretärin in ihrer zichorienblauen Seide auf dem Rasen erschien.

»Ach, es lohnt sich nicht, mein Kleid anzusehen – neben Ihrem!«, entgegnete Miss Wrexall. Die beiden Kleider waren tatsächlich von der gleichen Farbe.

»Wenigstens haben Sie sich Ihres verdient, und das ist mehr, als ich von meinem behaupten kann«, sagte die Gattin, während sie den Tee eingoss. »Trinken Sie ihn stark?«

Sie blickte aus ihren schweren Augen auf das kleine, überarbeitete junge Ding, ein blaugekleidetes Vögelchen, und ihre Augen sprachen Bände – so dunkel und rätselhaft blickten sie.

»Ach, danke, einfach, wie es kommt!«, antwortete Miss Wrexall und beugte sich nervös vor.

»Er ist sehr stark – falls Sie Ihre Gesundheit ruinieren wollen?«

»Oh, dann möchte ich ihn mit etwas Wasser.«

»Finde ich auch.«

Während sie Tee tranken und die beiden Frauen gegenseitig ihre blauen Kleider betrachteten, fragte die Gattin: »Wie ging's mit der Arbeit – gut?«

»Ach«, erwiderte er, »nicht besser, als zu erwarten war! Nichts als Geschwafel! Aber gerade das wollen sie haben. Ein furchtbarer Blödsinn, nicht wahr, Miss Wrexall?«

Miss Wrexall rückte unbehaglich auf ihrem Stuhl hin und her. »Es hat mich interessiert«, sagte sie, »wenn auch nicht so sehr wie der Roman.«

»Der Roman? Welcher Roman?«, fragte die Gattin. »Ein neuer?« Miss Wrexall blickte ihn an. Nicht um die Welt würde sie etwas aus seinem dichterischen Schaffen verraten.

»Ach, ich hatte Miss Wrexall nur erst den Gedankengang skizziert«, erklärte er.

»Erzähl mal!«, rief die Gattin. »Miss Wrexall,

erzählen Sie uns mal, um was es geht!« Sie drehte sich auf ihrem Stuhl ein wenig um und fixierte die kleine Sekretärin.

Miss Wrexall wand sich verlegen: »Oh, ich hab's leider nicht sehr gut begriffen!«

»Ach was, nur zu! Dann erzählen Sie uns eben das, was Sie begriffen haben.«

Miss Wrexall saß stumm und verärgert da. Sie spürte, dass ihr eine Falle gestellt wurde. Sie blickte auf die blauen Falten ihres Rockes.

»Ich fürchte, ich kann es nicht«, erklärte sie.

»Warum befürchten Sie es denn? Sie sind so *überaus* tüchtig. Bestimmt können Sie alles nur so aus dem Ärmel schütteln. Ich vermute sogar, dass *Sie* einen großen Teil von Mr. Gees Büchern für ihn schreiben! Er skizziert die Umrisse, und Sie füllen alles aus. So haben Sie es doch gemacht, nicht wahr?« Sie sprach lustig, und als wollte sie ein Kind necken. Und dann blickte sie auf die feinen Falten in ihrem eigenen blauen Kleid, das so vornehm und so kostbar war.

»Sie können unmöglich im Ernst sprechen!«, entgegnete Miss Wrexall nun ganz erbittert.

»Doch, natürlich. Ich habe es längst vermutet, das heißt, seit einiger Zeit schon, dass Sie einen großen Teil von Mr. Gees Büchern für ihn schreiben – seinen Anweisungen folgend!«

Es wurde in spöttischem Ton geäußert, doch die Worte waren brutal.

»Ich würde mich sehr geschmeichelt fühlen«, entgegnete Miss Wrexall und richtete sich auf, »wenn ich nicht wüsste, dass Sie mich nur demütigen wollen.«

»Sie demütigen? Aber nein, mein liebes Kind – nichts könnte mir ferner liegen! Sie sind doppelt so gescheit wie ich und millionenmal klüger! Nein, mein liebes Kind, ich hege die größte Bewunderung für Sie! Ich möchte nicht tun, was Sie tun – nicht für alle Schätze Arabiens! Ich könnt's auch gar nicht ...«

Miss Wrexall verkapselte sich und schwieg.

»Willst du etwa sagen, meine Bücher läsen sich, als hätte ...«, begann er mit zermarterter Stimme und richtete sich auf.

»Ja, sicher«, erwiderte die Gattin. »*Genau so* sind sie, als hätte Miss Wrexall sie nach deinen Anweisungen geschrieben! Ich habe es *allen Ernstes* geglaubt, dass sie es tut – vielleicht, wenn du zu beschäftigt bist ...«

»Wie gescheit von dir«, sagte er.

»Sehr«, erwiderte sie. »Besonders, falls ich mich getäuscht habe!«

»Das hast du!«, sagte er.

»Wie äußerst seltsam!«, rief sie. »Dann hätte ich mich also wieder einmal getäuscht!«

Eine völlige Stille trat ein.

Sie wurde von Miss Wrexall unterbrochen, die nervös an ihren Fingern zupfte. »Sie wollen verderben, was zwischen mir und ihm ist, das ist mir ganz klar«, sagte sie bitter.

»Aber liebes Kind, was *ist* denn zwischen Ihnen und ihm?«, fragte die Gattin.

»Ich war *glücklich,* mit ihm zu arbeiten und für ihn zu arbeiten! Ich war *glücklich,* für ihn zu arbeiten!« rief Miss Wrexall, und vor Kummer und zorniger Empörung stiegen ihr die Tränen in die Augen.

»Mein liebes Kind!«, rief die Gattin mit geheuchelter Begeisterung. »Sie müssen weiterhin glücklich sein, für ihn zu arbeiten, Sie müssen glücklich sein, solange Sie's können! Wenn es Sie glücklich macht – oh, dann genießen Sie es! Natürlich! Glauben Sie, ich wäre so grausam und wollte es Ihnen nehmen? Dass Sie mit ihm arbeiten? Ich kann weder stenographieren noch tippen noch doppelte Buchführung oder wie man das nennt. Ich versichere Ihnen, dass ich durch und durch unfähig bin. Ich habe noch nie Geld verdient. Ich bin der Schmarotzer auf der britischen Eiche – wie die Mistel. Der blaue Glücksvogel flattert nicht um *meine* Füße. Wahrscheinlich sind es zu große Treter.«

Sie blickte auf ihre teuren Schuhe. »Wenn ich

überhaupt ein kritisches Wort zu äußern hätte«, sagte sie und wandte sich an ihren Mann, »dann beträfe es dich, Cameron, weil du so viel von ihr entgegennimmst und ihr nichts gibst!«

»Aber er gibt mir alles, alles!« rief Miss Wrexall. »Er gibt mir alles!«

»Was meinen Sie mit ›alles‹?« fragte die Gattin und blickte sie streng an.

Miss Wrexall zügelte sich sofort. Irgend etwas peitschte durch die Luft, und die Stromrichtung wechselte.

»Ich meine damit nichts, um das *Sie* mich beneiden müssten!«, erklärte die kleine Sekretärin ziemlich hochmütig. »Ich habe mich noch nie billig gemacht!«

Ein verblüfftes Schweigen folgte.

»Mein Gott!«, rief die Gattin dann. »Wenn Sie das nicht billig nennen? Ich muss wirklich feststellen, dass Sie überhaupt nichts von ihm bekommen, sondern nur immer geben! Und wenn Sie das nicht ›Sich-billig-Machen‹ nennen – mein Gott!«

»Wir sehen eben die Dinge von ganz verschiedenen Standpunkten aus!«, erklärte die Sekretärin.

»Allerdings tun wir das – Gott sei Dank!«, sagte die Gattin.

»Wem zuliebe dankst du Gott?«, fragte er sarkastisch.

»Jedermann zuliebe, scheint mir! Deinetwegen, weil du alles ohne Gegenleistung erhältst, und Miss Wrexalls wegen, weil ihr das ja offenbar gefällt, und meinetwegen, weil ich mir das alles als Außenseiter ansehen kann!«

»Sie *brauchten* kein Außenseiter zu sein«, rief Miss Wrexall großmütig, »wenn Sie sich nicht selber zum Außenseiter gemacht hätten!«

»Besten Dank, mein liebes Kind, für Ihr Entgegenkommen«, sagte die Gattin und erhob sich, »aber ich fürchte, kein Mann kann erwarten, dass zwei blaue Glücksvögel um seine Füße flattern und sich gegenseitig die kleinen Federn ausreißen!«

Und damit ging sie weg.

Nach einer verkrampften und verzweifelten Stille rief Miss Wrexall:

»Auf mich braucht doch wirklich keine Frau eifersüchtig zu sein?«

»Stimmt!«, sagte er.

Und das war alles, was er sagte.

Joseph Roth
Stationschef Fallmerayer

Das merkwürdige Schicksal des österreichischen Stationschefs Adam Fallmerayer verdient, ohne Zweifel, aufgezeichnet und festgehalten zu werden. Er verlor sein Leben, das, nebenbei gesagt, niemals ein glänzendes – und vielleicht nicht einmal ein dauernd zufriedenes – geworden wäre, auf eine verblüffende Weise. Nach allem, was Menschen voneinander wissen können, wäre es unmöglich gewesen, Fallmerayer ein ungewöhnliches Geschick vorauszusagen. Dennoch erreichte es ihn, es ergriff ihn – und er selbst schien sich ihm sogar mit einer gewissen Wollust auszuliefern.

Seit 1908 war er Stationschef. Er heiratete, kurz nachdem er seinen Posten auf der Station L. an der Südbahn, kaum zwei Stunden von Wien entfernt, angetreten hatte, die brave und ein wenig beschränkte, nicht mehr ganz junge Tochter eines Kanzleirats aus Brünn. Es war eine »Liebesehe« – wie man es zu jener Zeit nannte, in der die sogenannten »Vernunft-Ehen« noch Sitte und Herkommen waren. Seine Eltern waren tot. Fallmerayer folgte, als er heiratete, immerhin einem sehr maßvollen Zuge seines maßvollen Herzens, keineswegs dem Diktat seiner Vernunft. Er zeugte zwei Kinder – Mädchen und Zwillinge. Er hatte einen Sohn erwartet. Es lag in seiner Natur begründet, einen Sohn zu erwarten und die gleichzeitige Ankunft zweier Mädchen als eine peinliche Überraschung, wenn nicht als eine Bosheit Gottes anzusehen. Da er aber materiell gesichert und pensionsberechtigt war, gewöhnte er sich, kaum waren drei Monate seit der Geburt verflossen, an die Freigebigkeit der Natur, und er begann, seine Kinder zu lieben. Zu lieben: das heißt: sie mit der überlieferten bürgerlichen Gewissenhaftigkeit eines Vaters und braven Beamten zu versorgen.

An einem Märztag des Jahres 1914 saß Adam Fallmerayer, wie gewöhnlich, in seinem Amtszimmer. Der Telegraphenapparat tickte unaufhörlich. Und draußen regnete es. Es war ein verfrühter Regen. Eine Woche vorher hatte man noch den Schnee von den Schienen schaufeln müssen, und die Züge waren mit erschrecklicher Verspätung angekommen und abgefahren. Eines Nachts auf einmal hatte der Regen angefangen. Der Schnee verschwand. Und gegenüber der kleinen Station, wo die unerreichbare, blendende Herrlichkeit des Alpenschnees die ewige Herrschaft des Winters versprochen zu haben schien, schwebte seit einigen Tagen ein unnennbarer, ein namenloser graublauer Dunst: Wolke, Himmel, Regen und Berge in einem.

Es regnete, und die Luft war lau. Niemals hatte der Stationschef Fallmerayer einen so frühen Frühling erlebt. An seiner winzigen Station pflegten die Expresszüge, die nach dem Süden fuhren, nach Meran, nach Triest, nach Italien, niemals zu halten. An Fallmerayer, der zweimal täglich, mit leuchtend roter Kappe grüßend, auf den Perron trat, rasten die Expresszüge hemmungslos vorbei; sie degradierten beinahe den Stationschef zu einem Bahnwärter. Die Gesichter der Passagiere an den großen Fenstern verschwammen zu einem grauweißen Brei. Der Stationschef Fallmerayer hatte selten das Angesicht eines Passagiers sehen können, der nach dem Süden fuhr. Und der »Süden« war für den Stationschef mehr als lediglich eine geographische Bezeichnung. Der »Süden« war das Meer, ein Meer aus Sonne, Freiheit und Glück.

Eine Freikarte für die ganze Familie in der Ferienzeit gehörte gewisslich zu den Rechten eines höheren Beamten der Südbahn. Als die Zwillinge drei Jahre alt gewesen waren, hatte man mit ihnen eine Reise nach Bozen gemacht. Man fuhr mit dem Personenzug eine Stunde bis zu der Station, in der die hochmütigen Expresszüge hielten, stieg ein, stieg aus – und war noch lange nicht im Süden. Vier Wochen dauerte der Urlaub. Man sah die reichen Menschen der ganzen Welt – und es war, als seien diejenigen, die man gerade sah, zufällig auch die reichsten. Einen Urlaub hatten sie nicht. Ihr ganzes Leben war ein einziger Urlaub. Soweit man sah – weit und breit –, hatten die reichsten Leute der Welt auch keine Zwillinge; besonders nicht Mädchen. Und überhaupt: die reichen Leute waren es erst, die den Süden nach dem Süden brachten. Ein Beamter der Südbahn lebte ständig mitten im Norden.

Man fuhr also zurück und begann seinen Dienst von neuem. Der Morseapparat tickte unaufhörlich. Und der Regen regnete.

Fallmerayer sah von seinem Schreibtisch auf. Es war fünf Uhr nachmittags. Obwohl die Sonne noch nicht untergegangen war, dämmerte es bereits, vom Regen kam es. Auf den gläsernen Vorsprung des Perrondachs trommelte der Regen ebenso unaufhörlich, wie der Telegraphenapparat zu ticken pflegte – und es war eine gemütliche, unaufhörliche Zwiesprache der Technik mit der Natur. Die großen, bläulichen Quadersteine unter dem Glasdach des Perrons waren trocken. Die Schienen aber – und zwischen den Schienenpaaren die winzigen Kieselsteine – funkelten trotz der Dunkelheit im nassen Zauber des Regens.

Obwohl der Stationschef Fallmerayer keine phantasiebegabte Natur war, schien es ihm dennoch, dass dieser Tag ein ganz besonderer Schicksalstag sei, und er begann, wie er so zum Fenster hinausblickte, wahrhaftig zu zittern. In sechsunddreißig Minuten erwartete er den Schnellzug nach Meran. In sechsunddreißig Minuten – so schien es Fallmerayer – würde die Nacht vollkommen sein – eine fürchterliche Nacht. Über seiner Kanzlei, im ersten Stock, tobten die Zwillinge wie gewöhnlich; er hörte ihre trippelnden, kindlichen und dennoch ein wenig brutalen Schritte. Er machte das Fenster auf. Es war nicht mehr kalt. Der Frühling kam über die Berge gezogen. Man hörte die Pfiffe rangierender Lokomotiven wie jeden Tag und die Rufe der Eisenbahnarbeiter und den dumpf scheppernden Anschlag der verkoppelten Waggons. Dennoch hatten heute die Lokomotiven einen besonderen Pfiff – so war es Fallmerayer. Er war ein ganz gewöhnlicher Mensch. Und nichts schien ihm sonderbarer, als dass er an diesem Tage in all den gewohnten, keineswegs überraschenden Geräuschen die unheimliche Stimme eines ungewöhnlichen Schicksals zu vernehmen glaubte. In der Tat aber ereignete sich an diesem Tage die unheimliche Katastrophe, deren Folgen das Leben Adam Fallmerayers vollständig verändern sollten.

II

Der Expresszug hatte schon von B. aus eine geringe Verspätung angekündigt. Zwei Minuten bevor er auf der Station L. einlaufen sollte, stieß er infolge einer falsch gestellten Weiche auf einen wartenden Lastzug. Die Katastrophe war da.

Mit eilig ergriffener und völlig zweckloser Laterne, die irgendwo auf dem Bahnsteig gestanden hatte, lief der Stationschef Fallmerayer die Schienen entlang dem Schauplatz des Unglücks entgegen. Er hatte das Bedürfnis gefühlt, irgendeinen Gegenstand zu ergreifen. Es schien ihm unmöglich, mit leeren, gewissermaßen unbewaffneten Händen dem Unheil entgegenzurennen. Er rannte zehn Minuten, ohne Mantel, die ständigen Peitschenhiebe des Regens auf Nacken und Schultern.

Als er an der Unglücksstelle ankam, hatte man die Bergung der Toten, der Verwundeten, der Eingeklemmten bereits begonnen. Es fing an, heftiger noch zu dunkeln, so, als beeilte sich die Nacht selber, zum ersten Schrecken zurechtzukommen und ihn zu vergrößern. Die Feuerwehr aus dem Städtchen kam mit Fackeln, die mit Geprassel und Geknister dem Regen mühsam standhielten. Dreizehn Waggons lagen zertrümmert auf den Schienen. Den Lokomotivführer wie den Heizer – sie waren beide tot – hatte man bereits fortgeschafft. Eisenbahner und Feuerwehrmänner und Passagiere arbeiteten mit wahllos aufgelesenen Werkzeugen an den Trümmern. Die Verwundeten schrien jämmerlich, der Regen rauschte, die Fackelfeuer knisterten. Den Stationschef fröstelte im Regen. Seine Zähne klapperten. Er hatte die Empfindung, dass er etwas tun müsse wie die andern, und gleichzeitig Angst, man würde es ihm verwehren zu helfen, weil er selbst das Unheil verschuldet haben könnte. Dem und jenem unter den Eisenbahnern, die ihn erkannten und im Eifer der Arbeit flüchtig grüßten, versuchte Fallmerayer mit tonloser Stimme irgendetwas zu sagen, was ebenso gut ein Befehl wie eine Bitte um Verzeihung hätte sein können. Aber niemand hörte ihn. So überflüssig in der Welt war er sich noch niemals vorgekommen. Und schon begann er zu beklagen, dass er sich nicht selbst unter den Opfern befinde, als sein ziellos umherirrender Blick auf eine Frau fiel, die man soeben auf eine Tragbahre gelegt hatte. Da lag sie nun, von den Helfern verlassen, von denen sie gerettet worden war, die großen, dunklen Augen auf die Fackeln in ihrer nächsten Nähe gerichtet, mit einem silbergrauen Pelz bis zu den Hüften zugedeckt und offenbar nicht imstande, sich zu rühren. Auf ihr großes, blasses und breites Angesicht fiel der unermüdliche Regen, und das schwankende Feuer der Fackeln zuckte darüber hin. Das Angesicht selbst leuchtete, ein nasses, silbernes Angesicht, im zauberhaften Wechsel von Flamme und Schatten. Die langen, weißen Hände lagen über dem Pelz, regungslos auch sie, zwei wunderbare Leichen. Es schien dem Stationsvorsteher, dass diese Frau auf der Bahre auf einer großen, weißen Insel aus Stille ruhe, mitten in einem betäubenden Meer von Lärm und Geräusch, und dass sie sogar Stille verbreite. In der Tat war es, als ob all die hurtigen und geschäftigen Menschen einen Bogen um die Bahre machen wollten, auf der die Frau ruhte. War sie schon gestorben? Brauchte man sich nicht mehr um sie zu kümmern? Der Stationschef Fallmerayer näherte sich langsam der Bahre.

Die Frau lebte noch. Unverletzt war sie geblieben. Als Fallmerayer sich zu ihr niederbeugte, sagte sie, ohne seine Frage abzuwarten – ja sogar wie in einer gewissen Angst vor seinen Fragen –, ihr fehle nichts, sie glaube, sie könne aufstehn. Sie habe höchstens lediglich den Verlust ihres Gepäcks zu beklagen. Sie könne sich bestimmt erheben. Und sie machte sofort Anstalten aufzustehn. Fallmerayer half ihr. Er nahm den Pelz mit der Linken, umfasste die Schulter der Frau mit der Rechten, wartete, bis sie sich erhob, legte den Pelz um ihre Schultern, hierauf den Arm um den Pelz, und so gingen sie beide, ohne ein Wort, ein paar Schritte über Schienen und Geröll in das nahe Häuschen eines Weichenwärters, die wenigen Stufen hinauf, in die trockene, lichtvolle Wärme.

»Hier bleiben Sie ein paar Minuten ruhig sitzen«, sagte Fallmerayer. »Ich habe draußen zu tun. Ich komme gleich wieder.«

Im selben Augenblick wusste er, dass er log, und er log wahrscheinlich zum ersten Mal in seinem Leben. Dennoch war ihm die Lüge selbstverständlich. Und obwohl er in dieser Stunde nichts sehnlicher gewünscht hätte, als bei der Frau zu bleiben, wäre es ihm doch fürchterlich gewesen, in ihren Augen als ein Nutzloser zu erscheinen, der nichts anderes zu tun hatte, während draußen tausend Hände halfen und retteten. Er begab sich also eilig hinaus – und fand, zu seinem eigenen Erstaunen, jetzt den Mut und die Kraft, zu helfen, zu retten, hier einen Befehl zu erteilen und dort einen Rat, und obwohl er die ganze Zeit, während er half, rettete und schaffte, an die Frau im Häuschen denken musste und obwohl die Vorstellung, er könnte sie später nicht wiedersehn, grausam war und grauenhaft, blieb er dennoch tätig auf dem Schauplatz der Katastrophe, aus Angst, er könnte viel zu früh zurückkehren und also seine Nutzlosigkeit vor der Fremden beweisen. Und als verfolgten ihn ihre Blicke und feuerten ihn an, gewann er sehr schnell Vertrauen zu seinem Wort und zu seiner Vernunft, und er erwies sich als flinker, kluger und mutiger Helfer.

Also arbeitete er zwei Stunden etwa, ständig denkend an die wartende Fremde. Nachdem Arzt und Sanitäter den Verletzten die notwendige Hilfe geleistet hatten, machte sich Fallmerayer daran, in das Häuschen des Weichenstellers zurückzukehren. Dem Doktor, den er kannte, sagte er hastig, drüben sei noch ein Opfer der Katastrophe. Nicht ganz ohne Selbstbewusstsein betrachtete er seine zerschürften Hände und seine beschmutzte Uniform. Er führte den Arzt in die Stube des Weichenwärters und begrüßte die Fremde, die sich nicht von ihrem Platz gerührt zu haben schien, mit dem fröhlich-selbstverständlichen Lächeln, mit dem man längst Vertrauten wiederzubegegnen pflegt.

»Untersuchen Sie die Dame!«, sagte er zum Arzt. Und er selbst wandte sich zur Tür.

Er wartete ein paar Minuten draußen. Der Arzt kam und sagte: »Ein kleiner Schock, nichts weiter.

Am besten, sie bleibt hier. Haben Sie Platz in Ihrer Wohnung?«

»Gewiss, gewiss!«, antwortete Fallmerayer. Und gemeinsam führten sie die Fremde in die Station, die Treppe hinauf, in die Wohnung des Stationschefs.

»In drei, vier Tagen ist sie völlig gesund«, sagte der Arzt.

In diesem Augenblick wünschte Fallmerayer, es möchten viel mehr Tage vergehen.

III

Der Fremden überließ Fallmerayer sein Zimmer und sein Bett. Die Frau des Stationsvorstehers handelte geschäftig zwischen der Kranken und den Kindern. Zweimal täglich kam Fallmerayer selbst. Die Zwillinge wurden zu strenger Ruhe angehalten.

Einen Tag später waren die Spuren des Unglücks beseitigt, die übliche Untersuchung eingeleitet, Fallmerayer vernommen, der schuldige Weichensteller vom Dienst entfernt. Zweimal täglich rasten die Expresszüge wie bisher am grüßenden Stationschef vorbei.

Am Abend nach der Katastrophe erfuhr Fallmerayer den Namen der Fremden: es war eine Gräfin Walewska, Russin, aus der Umgebung von Kiew, auf der Fahrt von Wien nach Meran begriffen. Ein Teil ihres Gepäcks fand sich und wurde ihr zugestellt: braune und schwarze lederne Koffer. Sie rochen nach Juchten und unbekanntem Parfüm. So roch es nun in der ganzen Wohnung Fallmerayers.

Er schlief jetzt – da man sein Bett der Fremden gegeben hatte – nicht in seinem Schlafzimmer, neben Frau Fallmerayer, sondern unten, in seinem Dienstzimmer. Das heißt: er schlief überhaupt nicht. Er lag wach. Am Morgen gegen neun Uhr betrat er das Zimmer, in dem die fremde Frau lag. Er fragte, ob sie gut geschlafen und gefrühstückt habe, ob sie sich wohl fühle. Ging mit frischen Veilchen zu der Vase auf der Konsole, wo die alten gestern gestanden hatten, entfernte die alten Blumen, setzte die neuen in frisches Wasser und blieb dann am Fußende des Bettes stehen. Vor ihm lag die fremde Frau, auf seinem Kissen, unter seiner Decke. Er murmelte etwas Undeutliches. Mit großen, dunklen Augen, einem weißen, starken Angesicht, das weit war wie eine fremde und süße Landschaft, auf den Kissen, unter der Decke des Stationsvorstehers, lag die fremde Frau. »Setzen Sie sich doch«, sagte sie, jeden Tag zweimal. Sie sprach das harte und fremde Deutsch einer Russin, eine tiefe, fremde Stimme. Alle Pracht der Weite und des Unbekannten war in ihrer Kehle.

Fallmerayer setzte sich nicht. »Entschuldigen schon, ich hab' viel zu tun«, sagte er, machte kehrt und entfernte sich.

Sechs Tage ging es so. Am siebenten riet der Doktor der Fremden weiterzufahren. Ihr Mann erwartete sie in Meran. Sie fuhr also und hinterließ in allen Zimmern und besonders im Bett Fallmerayers einen unauslöschbaren Duft von Juchten und einem namenlosen Parfüm.

IV

Dieser merkwürdige Duft blieb im Hause, im Gedächtnis, ja, man könnte sagen, im Herzen Fallmerayers viel länger haften als die Katastrophe. Und während der folgenden Wochen, in denen die langwierigen Untersuchungen über genauere Ursachen und detaillierteren Hergang des Unglücks ihren vorschriftsmäßigen Verlauf nahmen und Fallmerayer ein paarmal einvernommen wurde, hörte er nicht auf, an die fremde Frau zu denken, und wie betäubt von dem Geruch, den sie rings um ihn und in ihm hinterlassen hatte, gab er beinahe verworrene Auskünfte auf präzise Fragen. Wäre sein Dienst nicht verhältnismäßig einfach gewesen und er seit Jahren nicht bereits selbst zu einem fast mechanischen Bestandteil des Dienstes geworden, er hätte ihn nicht mehr guten Gewissens versehen können. Im Stillen hoffte er von einer Post zur andern auf eine Nachricht der Fremden. Er zweifelte nicht daran, dass sie noch einmal schreiben würde, wie es sich schickte, um für die Gastfreundschaft zu danken. Und eines Tages traf wirklich ein großer, dunkelblauer Brief aus Italien ein. Die Walewska schrieb, dass sie mit ihrem Mann weiter südwärts gefahren sei. Augenblicklich befände sie sich in Rom. Nach Sizilien wollten sie und ihr Mann fahren. Für die Zwillinge Fallmerayers kam einen Tag später ein niedlicher Korb mit Früchten und vom Mann der Gräfin Walewska für die Frau des Stationschefs ein Paket sehr zarter und duftender blasser Rosen. Es hätte lange gedauert, schrieb die Gräfin, ehe sie Zeit gefunden habe, ihren gütigen Wirten zu danken, aber sie sei auch eine längere Zeit nach ihrer Ankunft in Meran erschüttert und der Erholung bedürftig gewesen. Die Früchte und die Blumen brachte Fallmerayer sofort in seine Wohnung. Den Brief aber, obwohl er einen Tag früher gekommen war, behielt der Stationschef noch etwas länger. Sehr stark dufteten Früchte und Rosen aus dem Süden, aber Fallmerayer war es, als röche der Brief der Gräfin noch kräftiger. Es war ein kurzer Brief. Fallmerayer kannte ihn auswendig. Er wusste genau, welche Stelle jedes Wort einnahm. Mit lila Tinte, in großen, fliegenden Zügen geschrieben, nahmen sich die Buchstaben aus wie eine schöne Schar fremder, seltsam gefiederter, schlanker Vögel, dahinschwebend auf tiefblauem Himmelsgrund. »Anja Walewska« lautete die Unterschrift. Auf den Vornamen der Fremden, nach dem er sie zu fragen niemals gewagt hatte, war er längst begierig gewesen, als wäre ihr Vorname einer ihrer verborgenen körperlichen Reize. Nun, da er ihn kannte, war es ihm eine Weile, als hätte sie ihm ein süßes Geheimnis geschenkt. Und aus Eifersucht, um es für sich allein zu bewahren, entschloss er sich, erst zwei Tage später den Brief seiner Frau zu zeigen. Seitdem er den Vornamen der Walewska wusste, kam es ihm zum Bewusstsein, dass der seiner Frau – sie hieß Klara – nicht schön war. Als er nun sah, mit welch gleichgültigen Händen Frau Klara den Brief der Fremden entfaltete, kamen ihm auch die fremden Hände der Schreiberin in Erinnerung – so, wie er sie zum ersten Mal erblickt hatte, über dem Pelz, regungslose Hände, zwei schimmernde, silberne Hände. Damals hätte ich sie küssen sollen – dachte er einen Augenblick. »Ein sehr netter Brief«, sagte seine Frau und legte den Brief weg. Ihre Augen waren stahlblau und pflichtbewusst, nicht einmal bekümmert. Frau Klara Fallmerayer besaß die Fähigkeit, sogar Sorgen als Pflichten zu werten und im Kummer eine Genugtuung zu finden. Das glaubte Fallmerayer – dem derlei Überlegungen oder Einfälle immer fremd gewesen waren – auf einmal zu erkennen. Und er schützte heute Nacht eine dringende dienstliche Obliegenheit vor, mied das gemeinsame Zimmer und legte sich unten im Dienstraum schlafen und versuchte sich einzureden, oben, über ihm, in seinem Bett, schliefe noch immer die Fremde.

Die Tage vergingen, die Monate. Aus Sizilien flogen noch zwei bunte Ansichtskarten heran, mit flüchtigen Grüßen.

Der Sommer kam, ein heißer Sommer. Als die Zeit des Urlaubs herannahte, beschloss Fallmerayer, nirgends hinzufahren. Frau und Kinder schickte er in eine Sommerfrische nach Österreich. Er blieb und versah seinen Dienst weiter. Zum ersten Mal seit seiner Verheiratung war er von seiner Frau getrennt. Im Stillen hatte er sich zu viel von dieser Einsamkeit versprochen. Erst als er allein geblieben war, begann er zu merken, dass er keineswegs allein hatte sein wollen. Er kramte in allen Fächern; er suchte nach dem Brief der fremden Frau. Aber er fand ihn nicht mehr. Frau Fallmerayer hatte ihn vielleicht längst vernichtet.

Frau und Kinder kamen zurück, der Juli ging zu Ende.

Da war die allgemeine Mobilisierung da.

V

Fallmerayer war Fähnrich in der Reserve im Einundzwanzigsten Jägerbataillon. Da er einen verhältnismäßig wichtigen Posten versah, wäre es ihm, wie mehreren seiner Kollegen, möglich gewesen, noch eine Weile im Hinterland zu bleiben. Allein Fallmerayer legte seine Uniform an, packte seinen Koffer, umarmte seine Kinder, küsste seine Frau und fuhr zu seinem Kader. Dem Bahnassistenten übergab er den Dienst. Frau Fallmerayer weinte, die Zwillinge jubelten, weil sie ihren Vater in einer ungewohnten Kleidung sahen. Frau Fallmerayer verfehlte nicht, stolz auf ihren Mann zu sein – aber erst in der Stunde der Abfahrt. Sie unterdrückte die Tränen. Ihre blauen Augen waren erfüllt von bitterem Pflichtbewusstsein.

Was den Stationschef selbst betraf, so empfand er erst, als er mit einigen Kameraden in einem Abteil geblieben war, die grausame Entschiedenheit dieser Stunden. Dennoch glaubte er zu fühlen, dass er sich durch eine ganz unbestimmte Heiterkeit von all den in seinem Abteil anwesenden Offizieren unterschied. Es waren Reserveoffiziere. Jeder von ihnen hatte ein geliebtes Haus verlassen. Und jeder von ihnen war in dieser Stunde begeisterter Soldat. Jeder zugleich auch ein trostloser Vater, ein trostloser Sohn. Fallmerayer allein schien es, dass ihn der Krieg aus einer aussichtslosen Lage befreit hatte. Seine Zwillinge kamen ihm gewiss bedauernswert vor. Auch seine Frau. Gewiss, auch seine Frau. Während aber die Kameraden, begannen sie von der Heimat zu sprechen, alle zärtliche Herzlichkeit, deren sie fähig sein mochten, in Mienen und Gebärden offenbarten, war es Fallmerayer, als müsste er, um es ihnen gleichzutun, sobald er von den Seinen zu erzählen begann, wenn auch keine lügnerische, so doch eine übertriebene Bangigkeit in Blick und Stimme legen. Und eigentlich hatte er eher Lust, mit den Kameraden von der Gräfin Walewska zu sprechen als von seinem Haus. Er zwang sich zu schweigen. Und es kam ihm vor, dass er doppelt log: einmal, weil er verschwieg, was ihn im Innersten bewegte, und zweitens, weil er hie und da von seiner Frau und seinen Kindern erzählte – von denen er in dieser Stunde viel weiter entfernt war als von der Gräfin Walewska, der Frau eines feindlichen Landes. Er begann, sich ein wenig zu verachten.

VI

Er rückte ein. Er ging ins Feld. Er kämpfte. Er war ein tapferer Soldat. Er schrieb die üblichen herzlichen Feldpostbriefe nach Haus. Er wurde ausgezeichnet, zum Leutnant ernannt. Er wurde verwundet. Er kam ins Lazarett. Er hatte Anspruch auf Urlaub. Er verzichtete und ging wieder ins Feld. Er kämpfte im Osten. In freien Stunden, zwischen Gefecht, Inspizierung, Sturmangriff, begann er, aus zufällig gefundenen Büchern Russisch zu lernen. Beinahe mit Wollust. Mitten im Gestank des Gases, im Geruch des Bluts, im Regen, im Sumpf, im Schlamm, im Schweiß der Lebendigen, im Dunst der faulenden Kadaver verfolgte Fallmerayer der fremde Duft von Juchten und das namenlose Parfüm der Frau, die einmal in seinem Bett, auf seinem Kissen, unter seiner Decke gelegen hatte. Er lernte die Muttersprache dieser Frau und stellte sich vor, er spräche mit ihr, in ihrer Sprache. Zärtlichkeiten lernte er, Verschwiegenheiten, kostbare russische Zärtlichkeiten. Er sprach mit ihr. Durch einen ganzen großen Weltkrieg war er von ihr getrennt, und er sprach mit ihr. Mit kriegsgefangenen Russen unterhielt er sich. Mit hundertfach geschärftem Ohr vernahm er die zartesten Tönungen, und mit geläufiger Zunge sprach er sie nach. Mit jedem neuen

Klang der fremden Sprache, den er lernte, kam er der fremden Frau näher. Nichts mehr wusste er von ihr, als was er zuletzt von ihr gesehn hatte: flüchtigen Gruß und flüchtige Unterschrift auf einer banalen Ansichtskarte. Aber für ihn lebte sie; auf ihn wartete sie; bald sollte er mit ihr sprechen.

Er kam, weil er Russisch konnte, als sein Bataillon an die Südfront abkommandiert wurde, zu einem der Regimenter, die eine kurze Zeit später in die sogenannte Okkupationsarmee eingereiht wurden. Fallmerayer wurde zuerst als Dolmetsch zum Divisionskommando versetzt, hierauf zur »Kundschafter- und Nachrichtenstelle«. Er gelangte schließlich in die Nähe von Kiew.

VII

Den Namen Solowienki hatte er wohl behalten. Mehr als behalten: vertraut und heimisch war ihm dieser Name geworden.

Ein Leichtes war es, den Namen des Gutes herauszufinden, das der Familie Walewski gehörte. Solowki hieß es und lag drei Werst südlich von Kiew. Fallmerayer geriet in süße, beklemmende und schmerzliche Erregung. Er hatte das Gefühl einer unendlichen Dankbarkeit gegen das Schicksal, das ihn in den Krieg und hierher geführt hatte, und zugleich eine namenlose Angst vor allem, was es ihm jetzt erst zu bereiten begann. Krieg, Sturmangriff, Verwundung, Todesnähe: es waren ganz blasse Ereignisse, verglichen mit jenem, das ihm nun bevorstand. Lediglich eine – wer weiß: vielleicht unzulängliche – Vorbereitung für die Begegnung mit der Frau war alles gewesen. War er wirklich für alle Fälle gerüstet? War sie überhaupt in ihrem Hause? Hatte sie nicht der Einmarsch der feindlichen Armee in gesichertere Gegenden getrieben? Und wenn sie zu Hause lebte, war ihr Mann mit ihr? Man musste auf alle Fälle hingehn und sehn.

Fallmerayer ließ einspannen und fuhr los.

Es war ein ziemlich früher Morgen im Mai. Man fuhr im leichten, zweirädrigen Wägelchen an blühenden Wiesen vorbei, auf gewundener, sandiger Landstraße, durch eine fast unbewohnte Gegend. Soldaten marschierten klappernd und rasselnd dahin, zu den üblichen Exerzierübungen. Im lichten und hohen blauen Gewölbe des Himmels verborgen trillerten die Lerchen. Dichte, dunkle Flecken kleiner Tannenwäldchen wechselten ab mit dem hellen, fröhlichen Silber der Birken. Und der Morgenwind brachte aus weiter Ferne abgebrochenen Gesang der Soldaten aus entlegenen Baracken.

Fallmerayer dachte an seine Kindheit, an die Natur seiner Heimat. Nicht weit von der Station, an der er bis zum Kriege Dienst getan hatte, war er geboren worden und aufgewachsen. Auch sein Vater war Bahnbeamter gewesen, niederer Bahnbeamter, Magazineur. Die ganze Kindheit Fallmerayers war, wie sein späteres Leben, erfüllt gewesen von den Geräuschen und Gerüchen der Eisenbahn wie von denen der Natur. Die Lokomotiven pfiffen und hielten Zwiesprache mit dem Jubel der Vögel. Der schwere Dunst der Steinkohle lagerte über dem Duft der blühenden Felder. Der graue Rauch der Bahnen verschwamm mit dem blauen Gewölk über den Bergen zu einem einzigen Nebel aus süßer Wehmut und Sehnsucht. Wie anders war diese Welt hier, heiter und traurig in einem, keine heimliche Güte mehr auf mildem, sanftem Abhang, spärlicher Flieder hier, keine vollen Dolden mehr hinter sauber gestrichenen Zäunen. Niedere Hütten mit breiten, tiefen Dächern aus Stroh, wie Kapuzen, winzige Dörfer, verloren in der Weite und sogar in dieser übersichtlichen Fläche noch gleichsam verborgen. Wie verschieden waren die Länder! Waren es auch die menschlichen Herzen? Wird sie mich auch begreifen? – fragte sich Fallmerayer. Wird sie mich auch begreifen? – Und je näher er dem Gute der Walewskis kam, desto heftiger loderte die Frage in seinem Herzen. Je näher er kam, desto sicherer schien es ihm auch, dass die Frau zu Hause war. Bald zweifelte er gar nicht mehr daran, dass ihn noch Minuten nur von ihr trennten. Ja, sie war zu Hause.

Gleich am Anfang der schütteren Birkenallee, die den sachten Aufstieg zum Herrenhaus ankündigte, sprang Fallmerayer aus dem Wagen. Zu Fuß legte er den Weg zurück, damit es noch ein wenig länger dauere. Ein alter Gärtner fragte nach seinen Wünschen. Er möchte die Gräfin sehen, sagte Fallmerayer. Er wolle es ausrichten, meinte der Mann, entfernte sich langsam und kam bald wieder. Ja, die Frau Gräfin war da und erwartete den Besuch.

Die Walewska erkannte Fallmerayer selbstverständlich nicht. Sie hielt ihn für einen der vielen militärischen Besucher, die sie in der letzten Zeit hatte empfangen müssen. Sie bat ihn, sich zu setzen. Ihre Stimme, tief, dunkel, fremd, erschreckte ihn und war ihm wohlvertraut zugleich, ein heimischer Schauder, ein wohlbekannter, liebevoll begrüßter, seit undenklichen Jahren sehnsüchtig erwarteter Schrecken. »Ich heiße Fallmerayer!«, sagte der Offizier. – Sie hatte natürlich den Namen vergessen. »Sie erinnern sich«, begann er wieder, »ich bin der Stationschef von L.« Sie trat näher zu ihm, fasste seine Hände, er roch ihn wieder, den Duft, der ihn undenkliche Jahre verfolgt, umgeben, gehegt, geschmerzt und getröstet hatte. Ihre Hände lagen einen Augenblick auf den seinen. »Oh, erzählen Sie, erzählen Sie!«, rief die Walewska. Er erzählte kurz, wie es ihm ging. »Und Ihre Frau, Ihre Kinder?«, fragte die Gräfin. »Ich habe sie nicht mehr gesehen!«, sagte Fallmerayer. »Ich habe nie Urlaub genommen.«

Hierauf entstand eine kleine Stille. Sie sahen sich an. In dem breiten und niederen, weiß getünchten und fast kahlen Zimmer lag die Sonne des jungen Vormittags golden und satt. Fliegen summten an den Fenstern. Fallmerayer sah still auf das breite, weiße Angesicht der Gräfin. Vielleicht verstand sie ihn. Sie erhob sich, um eine Gardine vor das mittlere der drei Fenster zu ziehen. »Zu hell?«, fragte sie. »Lieber dunkel!«, antwortete Fallmerayer. Sie kam an das Tischchen zurück, rührte ein Glöckchen, der alte Diener kam; sie bestellte Tee. Die Stille zwischen ihnen wich nicht: sie wuchs im Gegenteil, bis man den Tee brachte. Fallmerayer rauchte. Während sie ihm den Tee einschenkte, fragte er plötzlich: »Und wo ist Ihr Mann?«

Sie wartete, bis sie die Tasse gefüllt hatte, als müsste sie erst eine sehr vorsorgliche Antwort überlegen. »An der Front natürlich!«, sagte sie dann. »Ich höre seit drei Monaten nichts mehr von ihm.

Wir können ja jetzt nicht korrespondieren!« »Sind Sie sehr in Sorge?«, fragte Fallmerayer. »Gewiss«, erwiderte sie, »nicht weniger als Ihre Frau um Sie wahrscheinlich.« – »Verzeihen Sie, Sie haben recht, ich war recht dumm«, sagte Fallmerayer. Er blickte auf die Teetasse.

Sie hätte sich geweigert, erzählte die Gräfin weiter, das Haus zu verlassen. Andere seien geflohen. Sie fliehe nicht, vor ihren Bauern nicht und auch nicht vor dem Feind. Sie lebe hier mit vier Dienstboten, zwei Reitpferden und einem Hund. Geld und Schmuck habe sie vergraben. Sie suchte lange nach einem Wort, sie wusste nicht, wie man »vergraben« auf Deutsch sagte, und zeigte auf die Erde. Fallmerayer sagte das russische Wort. »Sie können Russisch?«, fragte sie. »Ja«, sagte er, »ich habe es gelernt, im Felde gelernt.« Und auf Russisch fügte er hinzu: »Ihretwegen, für Sie, um einmal mit Ihnen sprechen zu können, habe ich Russisch gelernt.«

Sie bestätigte ihm, dass er vorzüglich spreche, so, als hätte er seinen inhaltsschweren Satz nur gesprochen, um seine sprachlichen Fähigkeiten zu beweisen. Auf diese Weise verwandelte sie sein Geständnis in eine bedeutungslose Stilübung. Aber gerade diese ihre Antwort bewies ihm, dass sie ihn gut verstanden habe.

Nun will ich gehen, dachte er. Er stand auch sofort auf. Und ohne ihre Einladung abzuwarten und wohl wissend, dass sie seine Unhöflichkeit richtig deuten würde, sagte er: »Ich komme in der nächsten Zeit wieder!« – Sie antwortete nicht. Er küsste ihre Hand und ging.

VIII

Er ging – und zweifelte nicht mehr daran, dass sein Geschick anfing, sich zu erfüllen. Es ist ein Gesetz, sagte er sich. Es ist unmöglich, dass ein Mensch einem andern so unwiderstehlich entgegengetrieben wird und dass der andere zugeschlossen bleibt. Sie fühlt, was ich fühle. Wenn sie mich noch nicht liebt, so wird sie mich bald lieben.

Mit der gewohnten sicheren Solidität des Beamten und Offiziers erledigte Fallmerayer seine Obliegenheiten. Er beschloss, vorläufig zwei Wochen Urlaub zu nehmen, zum ersten Mal, seitdem er eingerückt war. Seine Ernennung zum Oberleutnant musste in einigen Tagen erfolgen. Diese wollte er noch abwarten.

Zwei Tage später fuhr er noch einmal nach Solowki. Man sagte ihm, die Gräfin Walewska sei nicht zu Hause und würde vor Mittag nicht erwartet. »Nun«, sagte er, »so werde ich im Garten so lange bleiben.« Und da man nicht wagte, ihn hinauszuweisen, ließ man ihn in den Garten hinter dem Hause. Er sah zu den zwei Reihen der Fenster hinauf. Er vermutete, dass die Gräfin zu Hause war und sich verleugnen ließ. In der Tat glaubte er, bald hinter diesem, bald hinter jenem Fenster den Schimmer eines hellen Kleides zu sehen. Er wartete geduldig und geradezu gelassen.

Als es zwölf Uhr vom nahen Kirchturm schlug, ging er wieder ins Haus. Frau Walewska war da. Sie kam gerade die Treppe herunter, in einem schwarzen, engen und hochgeschlossenen Kleid, eine dünne Schnur kleiner Perlen um den Kragen und ein silbernes Armband um die enge linke Manschette. Es schien Fallmerayer, dass sie sich seinetwegen gepanzert hatte – und es war, als ob das Feuer, das ewig in seinem Herzen für sie brannte, noch ein neues, ein besonderes, kleines Feuerchen geboren habe. Neue Lichter zündete die Liebe an. Fallmerayer lächelte. »Ich habe lange warten müssen«, sagte er, »aber ich habe gern gewartet, wie Sie wissen. Ich habe hinten im Garten zu den Fenstern hinaufgeschaut und habe mir eingebildet, dass ich das Glück habe, Sie zu sehn. So ist mir die Zeit vergangen.«

Ob er essen wolle, fragte die Gräfin, da es gerade Zeit sei. Gewiss, sagte er, er habe Hunger. Aber von den drei Gängen, die man dann servierte, nahm er nur die lächerlichsten Brocken.

Die Gräfin erzählte vom Ausbruch des Krieges. Wie sie in höchster Eile aus Kairo nach Hause heimgekehrt seien. Vom Garderegiment ihres Mannes. Von dessen Kameraden. Von ihrer Jugend hierauf. Von Vater und Mutter. Von der Kindheit dann. Es war, als suchte sie sehr krampfhaft nach Geschichten und als wäre sie sogar bereit, etwelche zu erfinden – alles nur, um den ohnehin schweigsamen Fallmerayer nicht sprechen zu lassen. Er strich seinen kleinen, blonden Schnurrbart und schien genau zuzuhören. Er aber hörte viel stärker auf den Duft, den die Frau ausströmte, als auf die Reden, die sie führte. Seine Poren lauschten. Und, im Übrigen: auch ihre Worte dufteten, ihre Sprache. Alles, was sie erzählen konnte, erriet er ohnedies. Nichts von ihr konnte ihm verborgen bleiben. Was konnte sie ihm verbergen? Ihr strenges Kleid schützte ihren Körper keineswegs vor seinem wissenden Blick. Er fühlte die Sehnsucht seiner Hände nach ihr, das Heimweh seiner Hände nach der Frau. Als sie aufstanden, sagte er, dass er noch zu bleiben gedenke, Urlaub habe er heute, einen viel längeren Urlaub nehme er in einigen Tagen, sobald er Oberleutnant geworden sei. Wohin er fahren wolle?, fragte die Gräfin. »Nirgendwohin!«, sagte Fallmerayer. »Bei

Ihnen will ich bleiben!« Sie lud ihn ein, zu bleiben, solange er wolle – heute und später. Jetzt müsse sie ihn allein lassen und sich im Hause ein wenig umsehen. Wolle er kommen – es gäbe Zimmer genug im Hause – und so viele, dass sie es nicht nötig hätten, einander zu stören. Er verabschiedete sich. Da sie nicht mit ihm bleiben könne, sagte er, zöge er es vor, in die Stadt zurückzukehren.

Als er in den Wagen stieg, wartete sie auf der Schwelle, im strengen, schwarzen Kleid, mit ihrem weiten, hellen Antlitz darüber – und während er die Peitsche ergriff, hob sie sachte die Hand zu einem halben, gleichsam angestrengt gezügelten Gruß.

IX

Ungefähr eine Woche nach diesem Besuch erhielt der neuernannte Oberleutnant Adam Fallmerayer seinen Urlaub. Allen Kameraden sagte er, er wolle nach Hause fahren. Indessen begab er sich in das Herrenhaus der Walewski, bezog ein Zimmer im Parterre, das man für ihn vorbereitet hatte, aß jeden Tag mit der Frau des Hauses, sprach mit ihr über dies und jenes, Gleichgültiges und Fernes, erzählte von der Front und gab nie acht auf den Inhalt seiner Rede, ließ sich erzählen und hörte nicht zu. In der Nacht schlief er nicht, schlief er ebenso wenig wie vor Jahren daheim im Stationsgebäude, während der sechs Tage, an denen die Gräfin über ihm, in seinem Zimmer, genächtigt hatte. Auch heute ahnte er sie in den Nächten über sich, über seinem Haupt, über seinem Herzen.

Eines Nachts, es war schwül, ein linder, guter Regen fiel, erhob sich Fallmerayer, kleidete sich an und trat vor das Haus. Im geräumigen Treppenhaus brannte eine gelbe Petroleumlaterne. Still war das Haus, still war die Nacht, still war der Regen, er fiel wie auf zarten Sand, und sein eintöniges Singen war der Gesang der nächtlichen Stille selbst. Auf einmal knarrte die Treppe. Fallmerayer hörte es, obwohl er sich vor dem Tor befand. Er sah sich um. Er hatte das schwere Tor offengelassen. Und er sah die Gräfin Walewska die Treppen hinuntersteigen. Sie war vollkommen angezogen, wie bei Tag. Er verneigte sich, ohne ein Wort zu sagen. Sie kam nahe zu ihm heran. So blieben sie, stumm, ein paar Sekunden. Fallmerayer hörte sein Herz klopfen. Auch war ihm, als klopfte das Herz der Frau so laut wie das seine – und im gleichen Takt mit diesem. Schwül schien auf einmal die Luft geworden zu sein, kein Zug kam durch das offene Tor. Fallmerayer sagte: »Gehen wir durch den Regen, ich hole Ihnen den Mantel!« Und ohne eine Zustimmung abzuwarten, stürzte er in sein Zimmer, kam mit dem Mantel zurück, legte ihn der Frau um die Schultern, wie er ihr einmal den Pelz umgelegt hatte, damals, an dem unvergesslichen Abend der Katastrophe, und hierauf den Arm um den Mantel. Und so gingen sie in die Nacht und in den Regen.

Sie gingen die Allee entlang, trotz der nassen Finsternis leuchteten silbern die dünnen, schütteren Stämme, wie von einem im Innern entzündeten Licht. Und als erweckte dieser silberne Glanz der zärtlichsten Bäume der Welt Zärtlichkeit im Herzen Fallmerayers, drückte er seinen Arm fester um die Schulter der Frau, spürte durch den harten, durchnässten Stoff des Mantels die nachgiebige Güte des Körpers, für eine Weile schien es ihm, dass sich ihm die Frau zuneige, ja, dass sie sich an ihn schmiege, und doch war einen hurtigen Augenblick später wieder geraumer Abstand zwischen ihren Körpern. Seine Hand verließ ihre Schultern, tastete sich empor zu ihrem nassen Haar, strich über ihr nasses Ohr, berührte ihr nasses Angesicht. Und im nächsten Augenblick blieben sie beide gleichzeitig stehn, wandten sich einander zu, umfingen sich, der Mantel sank von ihren Schultern nieder und fiel taub und schwer auf die Erde – und so, mitten in Regen und Nacht, legten sie Gesicht an Gesicht, Mund an Mund und küssten sich lange.

X

Einmal sollte Oberleutnant Fallmerayer nach Shmerinka versetzt werden, aber es gelang ihm, mit vieler Anstrengung, zu bleiben. Fest entschlossen war er zu bleiben. Jeden Morgen, jeden Abend segnete er den Krieg und die Okkupation. Nichts fürchtete er mehr als einen plötzlichen Frieden. Für ihn war der Graf Walewski seit langem tot, an der Front gefallen oder von meuternden kommunistischen Soldaten umgebracht. Ewig hatte der Krieg zu währen, ewig der Dienst Fallmerayers an diesem Ort, in dieser Stellung.

Nie mehr Frieden auf Erden.

Dem Übermut war Fallmerayer eben anheimgefallen, wie es manchen Menschen geschieht, denen das Übermaß ihrer Leidenschaft die Sinne blendet, die Einsicht raubt, den Verstand betört. Allein, schien es ihm, sei er auf der Erde, er und der Gegenstand seiner Liebe. Selbstverständlich aber ging, unbekümmert um ihn, das große und verworrene Schicksal der Welt weiter. Die Revolution kam. Der Oberleutnant und Liebhaber Fallmerayer hatte sie keineswegs erwartet.

Doch schärfte, wie es in höchster Gefahr zu geschehen pflegt, der heftige Schlag der außergewöhnlichen Schicksalsstunde auch seine eingeschläferte

Vernunft, und mit verdoppelter Wachsamkeit erkannte er schnell, dass es galt, das Leben der geliebten Frau, sein eigenes und vor allem ihrer beider Gemeinsamkeit zu retten. Und da ihm, mitten in der Verwirrung, welche die plötzlichen Ereignisse angerichtet hatten, dank seiner militärischen Grade und der besonderen Dienste, die er versah, immer noch einige, fürs Erste genügende Hilfs- und sogar Machtmittel verblieben waren, bemühte er sich, diese schnell zu nutzen; und also gelang es ihm, innerhalb der ersten paar Tage, in denen die österreichische Armee zerfiel, die deutsche sich aus der Ukraine zurückzog, die russischen Roten ihren Einmarsch begannen und die neuerlich revoltierenden Bauern gegen die Gutshöfe ihrer bisherigen Herren mit Brand und Plünderung anrückten, zwei gut geschützte Autos der Gräfin Walewska zur Verfügung zu stellen, ein halbes Dutzend ergebener Mannschaften mit Gewehren und Munition und einem Mundvorrat für ungefähr eine Woche.

Eines Abends – die Gräfin weigerte sich immer noch, ihren Hof zu verlassen – erschien Fallmerayer mit den Wagen und seinen Soldaten und zwang seine Geliebte mit heftigen Worten und beinahe mit körperlicher Gewalt, den Schmuck, den sie im Garten vergraben hatte, zu holen und sich zur Abreise fertigzumachen. Das dauerte eine ganze Nacht.

Als der trübe und feuchte Spätherbstmorgen zu grauen begann, waren sie fertig, und die Flucht konnte beginnen. In dem geräumigeren, von Zeltleinwand überdachten Auto befanden sich die Soldaten. Ein Militärchauffeur lenkte das Personen-Automobil, das dem ersten folgte und in dem die Gräfin und Fallmerayer saßen. Sie hatten beschlossen, nicht westwärts zu fahren, wie damals alle Welt tat, sondern südlich. Man konnte mit Sicherheit annehmen, dass alle Straßen des Landes, die nach dem Westen führten, von rückflutenden Truppen verstopft sein würden. Und wer weiß, was man noch an den Grenzen der neu entstandenen westlichen Staaten zu erwarten hatte! Möglich war immerhin – und wie es sich später zeigte, war es sogar Tatsache –, dass man an den westlichen Grenzen des Russischen Reiches neue Kriege angefangen hatte. In der Krim und im Kaukasus hatte die Gräfin Walewska außerdem reiche und mächtige Anverwandte. Hilfe war von ihnen selbst unter diesen veränderten Verhältnissen immerhin noch zu erwarten, sollte man ihrer bedürftig werden. Und was das Wichtigste war: ein kluger Instinkt sagte den beiden Liebenden, dass in einer Zeit, in der das wahrhaftige Chaos auf der ganzen Erde herrschte, das ewige Meer die einzige Freiheit bedeuten müsse. An das Meer wollten sie zuallererst gelangen. Sie versprachen den Männern, die sie bis zum Kaukasus begleiten sollten, jedem eine ansehnliche Summe in purem Gold. Und wohlgemut, wenn auch in natürlicher Aufregung, fuhren sie dahin.

Da Fallmerayer alles sehr wohl vorbereitet und auch jeden möglichen und unwahrscheinlichen Zufall im Voraus berechnet hatte, gelang es ihnen, innerhalb einer sehr kurzen Frist – vier Tage waren es im Ganzen – nach Tiflis zu kommen. Hier entließen sie die Begleiter, zahlten ihnen den ausgemachten Lohn und behielten lediglich den Chauffeur bis Baku. Auch nach dem Süden und nach der Krim hatten sich viele Russen aus den adligen und gutbürgerlichen Schichten geflüchtet. Man vermied, obwohl man es sich vorgenommen hatte, Verwandte zu treffen, von Bekannten gesehen zu werden. Vielmehr bemühte sich Fallmerayer, ein Schiff zu finden, das ihn und seine Geliebte unmittelbar von Baku nach dem nächsten Hafen eines weniger gefährdeten Landes bringen konnte. Dabei ließ es sich nicht vermeiden, dass man andre, mit den Walewskis mehr oder weniger bekannte Familien traf, die ebenfalls, wie Fallmerayer, nach einem rettenden Schiff Ausschau hielten – und dass die Gräfin über die Person Fallmerayers wie über ihre Beziehungen zu ihm lügenhafte Auskünfte geben musste. Schließlich sah man ein, dass man nur in Gemeinschaft mit den andern die geplante Art der Flucht bewerkstelligen konnte. Man einigte sich also mit acht andern, die Russland auf dem Seewege verlassen wollten, fand schließlich einen zuverlässigen Kapitän eines etwas gebrechlich aussehenden Dampfers und fuhr zuerst nach Konstantinopel, von wo aus regelmäßige Schiffe nach Italien und Frankreich immer noch abgingen.

Drei Wochen später gelangte Fallmerayer mit seiner geliebten Frau nach Monte Carlo, wo die Walewskis vor dem Kriege eine kleine Villa gekauft hatten. Und nun glaubte sich Fallmerayer auf dem Höhepunkt seines Glücks und seines Lebens. Von der schönsten Frau der Welt wurde er geliebt. Mehr noch: er liebte die schönste Frau der Welt. Neben ihm war sie jetzt ständig, wie ihr starkes Abbild jahrelang in ihm gelebt hatte. In ihr lebte er jetzt selbst. In ihren Augen sah er stündlich sein eigenes Spiegelbild, wenn er ihr nahekam – und kaum gab es eine Stunde im Tag, in der sie beide einander nicht ganz nahe waren. Diese Frau, die kurze Zeit vorher noch zu hochmütig gewesen wäre, um dem Wunsch ihres Herzens oder ihrer Sinne zu gehorchen: diese Frau war nun ohne Ziel und ohne Willen ausgeliefert der Leidenschaft Fallmerayers, eines Stationschefs der österreichischen Südbahn, sein Kind war sie, seine Geliebte, seine Welt. Wunschlos wie Fallmerayer war die Gräfin Walewska. Der Sturm der Liebe, der seit der Schicksalsnacht, in der sich die Katastrophe auf der Station L. zugetragen hatte, im Herzen Fallmerayers zu wachsen angefangen hatte, nahm die Frau mit, trug sie davon, entfernte sie tausend Meilen weit von ihrer Herkunft, von ihren Sitten, von der Wirklichkeit, in der sie gelebt hatte. In ein wildfremdes Land der Gefühle und Gedanken wurde sie entführt. Und dieses Land war ihre Heimat geworden. Was alles in der großen, ruhelosen Welt vorging, bekümmerte die beiden nicht. Das Gut, das sie mitgenommen hatte, sicherte ihnen auf mehrere Jahre hinaus ein arbeitsloses Leben. Auch machten sie sich keine Sorgen um die Zukunft. Wenn sie den Spielsaal besuchten, geschah es aus Übermut. Sie konnten es sich leisten, Geld zu verlieren – und sie verloren in der Tat, wie um dem Sprichwort gerecht zu werden, das sagt, wer Glück in der Liebe habe, verliere im Spiel. Über jeden Verlust waren beide beglückt; als bedürften sie noch des Aberglaubens, um ihrer Liebe sicher zu sein. Aber wie alle Glücklichen waren sie geneigt, ihr Glück auf eine Probe zu stellen, um es, bewährte es sich, womöglich zu vergrößern.

XI

Hatte die Gräfin Walewska auch ihren Fallmerayer ganz für sich, so war sie doch – wie es sonst nur wenige Frauen können – keineswegs imstande, längere Zeit zu lieben, ohne den Verlust des Geliebten zu fürchten (denn es ist oft die Furcht der Frauen, sie könnten den geliebten Mann verlieren, die ihre Leidenschaft steigert und ihre Liebe). So begann sie denn eines Tages von ihm zu fordern, er möge sich von seiner Frau scheiden lassen und auf Kinder und Amt verzichten. Sofort schrieb Adam Fallmerayer seinem Vetter Heinrich, der ein höheres Amt im Wiener Unterrichtsministerium bekleidete, dass er seine frühere Existenz endgültig aufgegeben habe. Da er aber nach Wien nicht kommen wolle, möge, wenn dies überhaupt möglich, ein geschickter Advokat die Scheidung veranlassen.

Ein merkwürdiger Zufall – so erwiderte ein paar Tage später der Vetter Heinrich – habe es gefügt, dass Fallmerayer schon vor mehr als zwei Jahren in der Liste der Vermissten gestanden habe. Da er auch niemals habe von sich hören lassen, sei er von seiner Frau und von seinen wenigen Blutsverwandten bereits zu den Toten gezählt worden. Längst verwaltete ein neuer Stationschef die Station L. Längst habe Frau Fallmerayer mit den Zwillingen

Wohnung bei ihren Eltern in Brünn genommen. Am besten sei es, man schweige weiter, vorausgesetzt, dass Fallmerayer bei den ausländischen Vertretungen Österreichs keine Schwierigkeiten habe, was den Pass und dergleichen betreffe.

Fallmerayer dankte seinem Vetter, versprach, ihm allein fernerhin zu schreiben, bat um Verschwiegenheit und zeigte den Briefwechsel der Geliebten. Sie war beruhigt. Sie zitterte nicht mehr um Fallmerayer. Allein einmal von der rätselhaften Angst befallen, welche die Natur in die Seelen der so stark liebenden Frauen gesät hat (vielleicht, wer weiß, um den Bestand der Welt zu sichern), forderte die Gräfin Walewska von ihrem Geliebten ein Kind – und seit der Minute, in der dieser Wunsch in ihr aufgetaucht war, begann sie, sich den Vorstellungen von der vorzüglichen Beschaffenheit dieses Kindes zu ergeben; gewissermaßen sich der unerschütterlichen Hingabe an dieses Kind zu weihen. Unbedacht, leichtsinnig, beschwingt, wie sie war, erblickte sie in ihrem Geliebten, dessen maßlose Liebe ja erst ihre schöne, natürliche Unbesonnenheit geweckt hatte, dennoch das Muster der vernünftigen, maßvollen Überlegenheit. Und nichts erschien ihr wichtiger, als ein Kind in die Welt zu setzen, das ihre eigenen Vorzüge mit den unübertrefflichen ihres geliebten Mannes vereinigen sollte.

Sie wurde schwanger. Fallmerayer, wie alle verliebten Männer dem Schicksal dankbar wie der Frau, die es erfüllen half, konnte sich vor Freude nicht lassen. Keine Grenzen mehr hatte seine Zärtlichkeit. Unwiderleglich bestätigt sah er seine eigene Persönlichkeit und seine Liebe. Erfüllung wurde ihm jetzt erst. Das Leben hatte noch gar nicht begonnen. In sechs Monaten erwartete man das Kind. Erst in sechs Monaten sollte das Leben beginnen.

Indessen war Fallmerayer fünfundvierzig Jahre alt geworden.

XII

Da erschien eines Tages in der Villa der Walewskis ein Fremder, ein Kaukasier, namens Kirdza-Schwili, und teilte der Gräfin mit, dass der Graf Walewski dank einem glücklichen Geschick und wahrscheinlich gerettet durch ein besonders geweihtes, im Kloster von Pokroschni geweihtes Bildnis des heiligen Prokop der Unbill des Krieges wie den Bolschewiken entronnen und auf dem Wege nach Monte Carlo begriffen sei. In ungefähr vierzehn Tagen sei er zu erwarten. Er, der Bote, früherer Ataman Kirdza-Schwili, sei auf dem Wege nach Belgrad, im Auftrag der zaristischen Gegenrevolution. Seines Auftrages habe er sich nunmehr entledigt. Er wolle gehn.

Dem Fremden stellte die Gräfin Walewska Fallmerayer als den getreuen Verwalter des Hauses vor. Während der Anwesenheit des Kaukasiers schwieg Fallmerayer. Er begleitete den Gast ein Stück Weges. Als er zurückkam, fühlte er zum ersten Mal in seinem Leben einen scharfen, jähen Stich in der Brust.

Seine Geliebte saß am Fenster und las.

»Du kannst ihn nicht empfangen!«, sagte Fallmerayer. »Fliehen wir!«

»Ich werde ihm die ganze Wahrheit sagen«, erwiderte sie. »Wir warten!«

»Du hast ein Kind von mir!«, sagte Fallmerayer, »eine unmögliche Situation.«

»Du bleibst hier, bis er kommt! Ich kenne ihn! Er wird alles verstehn!«, antwortete die Frau.

Sie sprachen seit dieser Stunde nicht mehr über den Grafen Walewski. Sie warteten.

Sie warteten, bis eines Tages eine Depesche von ihm eintraf. An einem Abend kam er. Sie holten ihn beide von der Bahn ab.

Zwei Schaffner hoben ihn aus dem Waggon, und ein Gepäckträger brachte einen Rollstuhl herbei. Man setzte ihn in den Rollstuhl. Er hielt sein gelbes, knochiges, gestrecktes Angesicht seiner Frau entgegen, sie beugte sich über ihn und küsste ihn.

Mit langen, blaugefrorenen, knöchernen Händen versuchte er, immer wieder umsonst, zwei braune Decken über seine Beine zu ziehen. Fallmerayer half ihm.

Fallmerayer sah das Angesicht des Grafen, ein längliches, gelbes, knöchernes Angesicht, mit scharfer Nase, hellen Augen, schmalem Mund, darüber einen herabhängenden, schwarzen Schnurrbart. Man rollte den Grafen wie eines der vielen Gepäckstücke den Perron entlang. Seine Frau ging hinter dem Wagen her, Fallmerayer voran.

Man musste ihn – Fallmerayer und der Chauffeur – ins Auto heben. Der Rollwagen wurde auf das Dach des Autos verladen.

Man musste ihn in die Villa hineintragen. Fallmerayer hielt den Kopf und die Schultern, der Diener die Füße.

»Ich bin hungrig«, sagte der Graf Walewski.

Als man den Tisch richtete, erwies es sich, dass Walewski nicht allein essen konnte. Seine Frau musste ihn füttern. Und als, nach einem grausam schweigenden Mahl, die Stunde des Schlafs nahte, sagte der Graf: »Ich bin schläfrig. Legt mich ins Bett.«

Die Gräfin Walewska, der Diener und Fallmerayer trugen den Grafen in sein Zimmer im ersten Stock, wo man ein Bett bereitet hatte.

»Gute Nacht!«, sagte Fallmerayer. Er sah noch, wie seine Geliebte die Kissen zurechtrückte und sich an den Rand des Bettes setzte.

XIII

Hierauf reiste Fallmerayer ab; man hat nie mehr etwas von ihm gehört.

Ingrid Noll
Die Sekretärin

Ich freute mich sehr, als Eva anrief. Wir hatten uns zwar ein wenig aus den Augen verloren, aber im Grunde waren wir seit unserer Kindheit gute Freundinnen. Sie tat geheimnisvoll. »Wir müssen uns unbedingt sehen, ich habe dir etwas zu sagen, was sich nicht fürs Telefon eignet.« Keine Frage, dass ich diesem Treffen voller Neugierde entgegenfieberte.

Wenige Tage später saßen wir auf meinem Balkon, tranken Campari-Orange und sprachen von alten Zeiten.

»Du warst doch mal die Sekretärin von Bolle...«, fing sie an. Ich nickte und verzog schmerzlich das Gesicht. »Ich weiß Bescheid«, sagte Eva, »du hast es mir beim letzten Klassentreffen ausführlich erzählt. Er war ein –«

»Mit A fängt's an«, sagte ich.

Bolle hieß eigentlich Dr. Siegmar Bollberg und war vor zwanzig Jahren längst nicht so bekannt wie heute, wo er es zum Minister gebracht hat. Damals war er noch jung und ich kaum erwachsen. Klar, dass ich mich in meinen ersten Chef sofort verliebte. Wie er mich glauben ließ, war er unglücklich verheiratet, und darum spielten wir das uralte Theaterstück: Jugendliche Naive geht mit ihrem Vorgesetzten ins Bett und macht sieben Jahre lang Überstunden wie eine Weltmeisterin.

»Was ist ihm passiert?«, fragte ich, denn es hätte mich nicht gewundert, wenn dieses Energiebündel, durch und durch eine charismatische Erscheinung, ehrgeizig und karrierebewusst, nun endlich auf die Schnauze fiel. Nach mir hatte er, wie ich aus zuverlässiger Quelle wusste, eine Vielzahl ergebener Frauen ausgebeutet – sowohl für sexuelle als auch betriebliche Sonderleistungen.

»Es ist zwar jammerschade«, meinte Eva, »aber der Fuchs ist zu schlau, um sich erwischen zu lassen. Doch jetzt gehe ich zum delikaten Teil meines Anliegens über, aber du darfst mit keiner Menschenseele darüber sprechen.« Begierig schwor ich Stillschweigen. Eva arbeitete bei einem privaten Fernsehsender als Redakteurin. Sie hatte die Aufgabe, eine Art Talkshow vorzubereiten. »Die Sendung ist keine neue Idee«, sagte sie, »die Konkurrenz macht seit Jahren etwas Ähnliches. Eine Persönlichkeit des öffentlichen Lebens wird vorgestellt, in unserem Fall Bolle. Zur Auflockerung werden

Überraschungsgäste eingeladen, also Weggefährten aus der Vergangenheit, etwa ein ehemaliger Lehrer, das alte Mütterchen, der verschollene Jugendfreund und so weiter. Bei Bolle möchte ich fünf Sekretärinnen gemeinsam antreten lassen, die ihn als verantwortungsbewussten Chef und gütigen Menschen preisen.«

»Ohne mich«, sagte ich, »die Lüge bliebe mir im Halse stecken.«

Eva lachte. »Pass auf, es kommt ja noch besser! Im Grunde bin ich vertraglich verpflichtet, über Berufsgeheimnisse den Mund zu halten. Aber neulich habe ich nach einigen Gläschen Wein im Familienkreis über diesen geplanten Auftritt geplaudert. Mein Schwager ist zwar in der gleichen Partei wie Bolle, aber es gibt dort eine Gruppe, die ihn lieber heute als morgen absägen möchte.«

Ich riss die Augen auf, jetzt hieß es gut aufpassen. »Was hat das alles mit mir zu tun?«, fragte ich mit leichter Ungeduld.

»Du könntest ein paar Sätzchen vorbringen, die den guten Bolle in einem neuen Licht erscheinen lassen. Damit hättest du erstens die Möglichkeit, dich an ihm zu rächen, zweitens würden dir bestimmte Interessenten eine Erfolgsprämie garantieren.«

Wir schwiegen beide. Wenn ich richtig verstanden

hatte, sollte ich nicht in das allgemeine Loblied auf Bolles Humanität und Kompetenz einstimmen, sondern genau das Gegenteil tun: ihn fertigmachen.

»Wie denkst du dir das?«, fragte ich furchtsam, denn ich bin nicht sonderlich mutig. Eva erklärte mir das Procedere. Zuerst sollte Bolles Lebensweg von der Grundschule bis zum Ministeramt kurz vorgestellt werden. Dann trete als erster Gast sein Bruder, ein Franziskanermönch, vor die Kamera und erzähle vom Elternhaus in einem Münchner Vorort und von gemeinsamen Jugendstreichen. Als nächstes falle die Tochter, Studentin in den USA, ihrem Papa um den Hals. Das Highlight sollte eigentlich der Bundespräsident sein, der jedoch bereits absagen ließ. Im Gespräch seien ferner ehemalige Skatbrüder oder Freunde aus einer studentischen Verbindung.

»Als Abschluss plane ich den spektakulären Auftritt der Sekretärinnen, von dreien habe ich schon die Adresse. Man könnte euch alle gleich anziehen, ich dachte an ein dunkelblaues Nadelstreifenkostüm mit rosa Seidenschal, das ihr selbstverständlich behalten dürft. Natürlich erwartet man, dass auch alle etwas Ähnliches sagen – etwa so: ein energischer, aber auch großzügiger Chef, Perfektionist in der Sache, jedoch mitfühlend, absolut integer, herzlich und blablabla. Dann kommt deine große Stunde:

Sobald das Lämpchen deiner Kamera aufleuchtet, sagst du völlig überraschend, was du schon lange auf dem Herzen hast. Es ist eine Live-Sendung. Wenn du einmal im Bild bist, wird man nicht gleich abblenden. Dein erster Satz kann ihn ruhig in Sicherheit wiegen, also beispielsweise: ›Es war eine schöne Zeit mit Ihnen, Herr Bollberg!‹ Und dann folgt ruck, zuck!, was er für ein Schweinehund war.«

Das stimmte. Ich hatte ein Kind von ihm abgetrieben und war kurz darauf in eine andere Abteilung »weggelobt« worden. Meine Nachfolgerin war ebenso jung und dumm, wie ich es anfangs gewesen war.

Mir klopfte aber jetzt schon das Herz. »Eva, die Idee gefällt mir zwar gut, doch wer bin ich denn, dass ich mich mit den Mächtigen anlegen kann? Erstens verliere ich meinen Job, und zweitens wird mich Bolle wegen übler Nachrede oder Verleumdung verklagen!«

Eva versuchte, mich zu beruhigen. Im Falle einer Anzeige werde man mir die Prozesskosten und den besten Verteidiger bezahlen. Überdies – sie senkte ihre Stimme zu einem Flüstern – sei die Gratifikation von einmaliger Höhe. Mit roten Ohren nannte sie einen Betrag, den sie mir noch zweimal wiederholen musste.

Daraufhin beschloss ich, das Wochenende zum

Nachdenken zu verwenden. Eva wollte sich am Montag wieder melden.

Natürlich konnte ich nicht schlafen. Wie im Film sah ich mich vor Bolle stehen und ihm meine aufgesparten Vorwürfe mit überschnappender Stimme ins Gesicht speien: wie er besoffen ins Auto gestiegen war, einen Radfahrer angefahren und Fahrerflucht begangen hatte. Wie er seine Frau belogen, seine Sekretärinnen verschlissen und öffentlich gegen Schwangerschaftsunterbrechungen gewettert hatte, die er bei seinen privaten Affären für selbstverständlich hielt.

Gut, da stand ich also als hysterischer Racheengel im Rampenlicht, verbittert, nicht mehr jung, von Eifersucht und Missgunst gezeichnet. Machte ich eine gute Figur? War eine abgehalfterte Geliebte eine glaubwürdige Zeugin? Die zahllosen verstoßenen Frauen von Königen, Schahs oder Politikern waren nur dann Sympathieträger, wenn sie mediengerechten Glamour wie Lady Di oder Soraya ausstrahlten.

Das allgemeine Mitgefühl und Wohlwollen würde sofort Bolle gelten. Alkohol am Steuer? Ein Kavaliersdelikt; der Radfahrer war ja nicht gestorben. Ein Frauenheld in der Politik? Wie schön! Es gibt in Deutschland viel zu wenig Clintons und Kennedys. Ehefrau hintergangen? Na und? Wer würde diesen arroganten Drachen nicht ebenfalls betrügen? Ausbeutung der Untergebenen? Tut doch jeder, der ein bisschen clever ist. Ohne zu delegieren, ist noch keiner groß geworden.

Die Wahrheit war so banal, dass ich keinen Blumentopf damit gewinnen konnte und auch meine anonymen Auftraggeber keinen Anlass hätten, eine derart fette Summe auszuspucken. Ich beschloss, mich zu drücken.

Eva war entsetzt. »Auf keinen Fall, ich beschwöre dich! Wie stehe ich da, wenn du auch noch abbröckelst! Bis auf eine einzige Sekretärin haben alle einen Rückzieher gemacht, leider auch Bolles Kollegen! Wenn du nicht genug Mumm hast, um ihm die Leviten zu lesen, dann mach einfach nur ein betont muffiges Gesicht. Denk doch mal: Flug, Übernachtung im Kempinski, Nadelstreifenkostüm. Und als Krönung der Scheck!«

Wer kann bei einem neuen Kostüm widerstehen? Laut Evas Empfehlung wollte ich derart gequält und wortkarg über meine verflossenen Dienstjahre sprechen, dass auch ohne großartige Anklage demonstriert wurde: Das war keine gute Zeit.

Schließlich war es so weit. Mit den anderen Gästen wartete ich in einem Nebenraum des Studios und verfolgte am Monitor den Auftritt unserer Vorgänger. Eva saß bei uns, tat aber vorsichtshalber so, als würden wir uns nur flüchtig kennen. Alles lief programmgemäß. Bolle thronte gutgelaunt mit Ehefrau und Moderator am runden Tisch und trank Mineralwasser, als Profi kannte er kein Lampenfieber. Seine puppig geschminkte Frau weilte wohl dank eines Tranquilizers nicht in dieser Welt, während sich der Ordensbruder als amüsanter Entertainer erwies. Die Tochter musste sich noch eine Weile mit uns im Warteraum gedulden. Bei Bolles Worten: »Das Wichtigste in meinem Leben war immer die Familie!«, sprühte sie in einem Anflug von Wut ihrem Bildschirmvater eine Ladung Cola ins Gesicht, enthielt sich aber eines Kommentars. Das brachte mich jedoch dazu, in aller Eile einen teuflischen Plan zu schmieden.

Gemeinsam mit Bolles jetziger Sekretärin betrat ich schließlich die Arena, angekündigt als die erste und die letzte Schreibtischdame. Zwillingsmäßig gekleidet, identisch frisiert, aber im Alter durch zwei Jahrzehnte getrennt, gesellten wir uns als doppelte Miss Moneypenny zu Bolles Hofstaat.

Ich hörte kaum, was meine Kollegin sagte, sah aber das erwachende Misstrauen in den Augen von Bolles schläfriger Frau. Als mein Minütchen geschlagen hatte, wusste ich genau, was ich sagen würde.

»Es war eine tolle Zeit«, begann ich und sah Bolle voll ins rote Bulldoggengesicht, »geprägt von Pioniergeist. Ich bewunderte Herrn Dr. Bollberg und vor allem auch seine Frau!« Überrascht blickte sie mich an.

»Ja, Frau Bollberg, ich habe große Hochachtung davor, wie Sie es jahrelang Seite an Seite mit einem Bettnässer ausgehalten haben. Ich hatte bereits nach drei Überschwemmungen die Nase voll.«

Die junge Sekretärin wollte ihrem Chef beistehen und versicherte eifrig: »Bei mir hat er aber noch nie ins Be…«

Da konnte auch ein gewandter Moderator nicht mehr viel retten.

Später erfuhr ich, dass die Einschaltquote 29,7 Prozent betragen hatte. Und wer es nicht am Bildschirm sah, wie Bolle violett anlief und mit geballten Fäusten auf mich losging, der las es am nächsten Tag in der Presse. Ganz Deutschland lachte über meine Lüge. Wie versprochen, wurde ich vorzüglich entlohnt, denn aus dem großen Zampano ist eine lächerliche Figur geworden.

Mein neuer Job in der Werbebranche macht mir viel Spaß. Dem Prozess sehe ich mit Gelassenheit entgegen, denn wie soll Bolle beweisen, dass er vor zwanzig Jahren kein Bettnässer war?

Kurt Tucholsky
Lottchen beichtet 1 Geliebten

Es ist ein fremder Hauch auf mir? Was soll das heißen – es ist ein fremder Hauch auf mir? Auf mir ist kein fremder Hauch. Gib mal 'n Kuss auf Lottchen. In den ganzen vier Wochen, wo du in der Schweiz gewesen bist, hat mir keiner einen Kuss gegeben. Hier war nichts. Nein – hier war wirklich nichts! Was hast du gleich gemerkt? Du hast gar nichts gleich gemerkt... ach, Daddy! Ich bin dir so treu wie du mir. Nein, das heißt... also, ich bin dir wirklich treu! Du verliebst dich ja schon in jeden Refrain, wenn ein Frauenname darin vorkommt... ich bin dir treu... Gott sein Dank! Hier war nichts.

...Nur ein paarmal im Theater. Nein, billige Plätze – na, das eine Mal in der Loge... Woher weißt du denn das? Was? Wie? Wer hat dir das erzählt? Na ja, das waren Plätze... durch Beziehungen... Natürlich war ich da mit einem Mann. Na, soll ich vielleicht mit einer Krankenschwester ins Theater... lieber Daddy, das war ganz harmlos, vollkommen harmlos, mach doch hier nicht in Kamorra oder Mafia oder was sie da in Korsika machen. In Sizilien – meinetwegen, in Sizilien! Jedenfalls war das harmlos. Was haben sie dir denn erzählt? Was? Hier war nichts.

Das war... das ist... du kennst den Mann nicht. Na, das werd ich doch nicht machen – wenn ich schon mit einem anderen Mann ins Theater gehe, dann gehe ich doch nicht mit einem Mann, den du kennst. Bitte: ich habe dich noch nie kompromittiert. Männer sind doch so dusslig, die nehmen einem das übel, wenn man schon was macht, dass es dann ein Berufskollege ist. Und wenn es kein Berufskollege ist, dann heißt es gleich: Fräulein Julie! Man hats wirklich nicht leicht! Also du kennst den Mann nicht! Du kennst ihn nicht. Ja – er kennt dich. Na, sei doch froh, dass dich so viele Leute kennen – biste doch berühmt. Das war jedenfalls ganz harmlos. Total. Nachher waren wir noch essen. Aber sonst war nichts.

Nichts. Nichts war. Der Mann... der Mann ist eben – ich hab ihn auch im Auto mitgenommen, weil er so nett neben einem im Auto sitzt, eine glänzende Begleitdogge – so, hat das Reventlow auch gesagt? Na, ich nenne das auch so. Aber *nur* als Begleitdogge. Der Mann sah glänzend aus. Doch, das ist wahr. Einen wunderbaren Mund, so einen harten Mund – gib mal'n Kuss auf Lottchen, er war dumm. Es war nichts.

Direkt dumm war er eigentlich nicht. Das ist ja… ich habe mich gar nicht in ihn verliebt; du weißt ganz genau, dass ich mich bloß verliebe, wenn du dabei bist – damit du auch eine Freude hast! Ein netter Mann… aber ich will ja die Kerls gar nicht mehr. Ich nicht. Ich will das überhaupt alles nicht mehr. Daddy, so nett hat er ja gar nicht ausgesehen. Außerdem küsste er gut. Na so – es war jedenfalls weiter nichts.

Sag mal, was glaubst du eigentlich von mir? Glaubst du vielleicht von mir, was ich von dir glaube? Du – das verbitt ich mir! Ich bin treu. Daddy, der Mann… das war doch nur so eine Art Laune. Na ja, erst lässt du einen hier allein, und dann schreibst du nicht richtig, und telefoniert hast du auch bloß einmal – und wenn eine Frau allein ist, dann ist sie viel alleiner als ihr Männer. Ich brauche gewiss keinen Mann… ich nicht. Den hab ich auch nicht gebraucht; das soll er sich bloß nicht einbilden! Ich dachte nur: I, dachte ich – wie ich ihn gesehen habe… Ich habe schon das erste Mal gewusst, wie ich ihn gesehen habe – aber es war ja nichts.

Nach dem Theater. Dann noch zwei Wochen lang. Nein. Ja. Nur Rosen und zweimal Konfekt und den kleinen Löwen aus Speckstein. Nein. Ich hab ihm meinen Hausschlüssel doch nicht gegeben! Ich werde doch einem fremden Mann meinen Hausschlüssel nicht geben...! Da bring ich ihn lieber runter. Daddy, ich hab ja für den Mann gar nichts empfunden – und er für mich auch nicht – das weißt du doch. Weil er eben solch einen harten Mund hatte... und ganz schmale Lippen. Weil er früher Seemann war. Was? Auf dem Wannsee? Der Mann ist zur See gefahren – auf einem riesigen Schiff, ich habe den Namen vergessen, und er kann alle Kommandos, und er hat einen harten Mund. Ganz schmale Lippen. Mensch, der erzählt ja nicht. Küsst aber gut. Daddy, wenn ich mich nicht so runter gefühlt hätte, dann wäre das auch gar nicht passiert... Es ist ja eigentlich nichts passiert – das zählt doch nicht. Was? In der Stadt. Nein, nicht bei ihm; wir haben zusammen in der Stadt gegessen. Er hat bezahlt – na, hast du das gesehn! Soll ich vielleicht meine Bekanntschaften finanzieren... na, das ist doch...! Es war überhaupt nichts.

Tätowiert! Der Mann ist doch nicht tätowiert! Der Mann hat eine ganz reine Haut, er hat... Keine Details? Keine Details! Entweder ich soll erzählen, oder ich soll nicht erzählen. Von mir wirst du über den Mann kein Wort mehr hören. Daddy, hör doch – wenn er nicht Seemannsmaat gewesen wäre, oder wie das heißt – Und ich werd dir überhaupt was sagen:

Erstens war überhaupt nichts, und zweitens kennst du den Mann nicht, und drittens weil er Seemann war, und ich hab ihm gar nichts geschenkt, und überhaupt, wie Paul Graetz immer sagt:

Kaum hat man mal, dann ist man gleich – Daddy! Daddy! Lass mal... was ist das hier? Was? Wie? Was ist das für ein Bild? Was ist das für eine Person? Wie? Was? Wo hast du die kennengelernt? Wie? In Luzern? Was? Hast du mit der Frau Ausflüge gemacht? In der Schweiz machen sie immer Ausflüge. Erzähl mir doch nichts... Was? Da war nichts?

Das ist ganz was andres. Na ja, mir gefällt schon manchmal ein Mann. Aber ihr –?

Ihr werft euch eben weg!«

Jaroslav Hašek
Mein Geschäft mit Hunden

Ich hatte seit jeher eine Vorliebe für Tiere jeder Art. Schon im zartesten Alter brachte ich Mäuse mit nach Hause, und einmal hielt ich es aus, die ganze Zeit über, während der ich die Schule schwänzte, mit einer erschlagenen Katze zu spielen.

Ich interessierte mich auch für Schlangen. Einmal fing ich eine Schlange auf einer steinigen Berglehne im Wald und schickte mich an, sie mitzunehmen, um sie Tante Anna, die ich nicht leiden konnte, ins Bett zu stecken. Zum Glück kam der Heger dazu und stellte fest, dass es eine Kreuzotter war; er tötete sie und nahm sie mit sich, um die gesetzliche Belohnung zu erhalten. Von meinem achtzehnten bis vierundzwanzigsten Jahr zeigte ich eine gewisse Vorliebe für sehr große Tiere. Kamele und Elefanten aller Arten interessierten mich ungemein.

Zwischen vierundzwanzig und achtundzwanzig nahm dieses Interesse langsam ab und fing an, sich Rindern und Pferden zuzuwenden. Ich wünschte mir ein Gestüt oder eine Zucht siamesischen Hornviehs zu besitzen. Dieser Wunsch blieb ein bloßes Ideal, und mir blieb nichts anderes übrig, als meine Liebe auf Tiere kleinerer Art zu beschränken. Hunden gab ich den Vorzug vor Katzen, und um das dreißigste Jahr herum entstanden zwischen mir und meinen Verwandten verschiedene Differenzen. Man warf mir vor, dass ich keinen ordentlichen Beruf habe und bisher nicht darauf bedacht gewesen sei, auf eigenen Füßen zu stehen. Kurz entschlossen erklärte ich meinen Verwandten, dass ich mir in Anbetracht meiner Vorliebe für Tiere ein Geschäft mit Hunden einrichten würde.

Es verdient vermerkt zu werden, dass sie darüber nicht erfreut waren.

II

Wenn jemand ein Geschäft begründet, so – das steht zweifellos fest – muss er sich vor allem um eine Firma kümmern, die die Art des Geschäftes treffend bezeichnet. Diese Art pflegt Hundehandel genannt zu werden, was mir jedoch mit Rücksicht darauf, dass ein entfernter Verwandter von mir im Ministerium beschäftigt ist und dagegen protestiert hätte, nicht zusagte.

Die bloße Benennung: ›Geschäft mit Hunden‹

wollte mir gleichfalls nicht gefallen, denn in meinen Intentionen lag es, den Handel auf irgendeine höhere Art zu betreiben. Im Lexikon stieß ich auf den Namen ›Kynologie‹, was die ›Lehre von Hunden‹ heißt. Dann ging ich am landwirtschaftlichen Institut vorbei, und das Unglück war besiegelt. Ich nannte mein Geschäft ›Kynologisches Institut‹. Es war ein stolzer, gelehrter Titel, der treffend bezeichnete, was ich in großen Inseraten bekanntgab: ›Verkauf, Austausch und Ankauf von Hunden auf kynologischer Grundlage‹.

Diese großen Inserate, in denen sich der Titel ›Kynologisches Institut‹ so oft wiederholte, versetzten mich selbst in stummes Staunen.

Endlich war ich Besitzer eines Institutes. Wer das nicht erlebt hat, weiß nicht, wie viel Stolz und welcher Reiz darin liegen. In den Inseraten versprach ich fachmännische Ratschläge in allen Hunde betreffenden Angelegenheiten. Wer ein Dutzend Hunde kaufe, erhalte einen jungen Hund als Zugabe. Ein Hund sei das passendste Geschenk zu Geburtstagen, Verlobungen, Hochzeiten und Jubiläen. Für Kinder sei er ein Spielzeug, das nicht so leicht zerreiße. Ein treuer Begleiter, der euch im Wald nicht überfällt. Alle Arten von Hunden seien fortwährend auf Lager. Direkte Verbindung mit dem Ausland. Angeschlossen an das Institut ein Erziehungsheim für unmanierliche Hunde. In meinem kynologischen Institut verlerne der wütendste Hund innerhalb vierzehn Tagen das Bellen. Wohin mit dem Hund während der Ferien? Ins kynologische Institut. Wo lernt ein Hund binnen drei Tagen Männchen machen? Im kynologischen Institut.

Als einer meiner Onkel diese Inserate las, schüttelte er bedenklich den Kopf und sagte: »Nein, Junge, du bist nicht gesund; hast du nicht manchmal Schmerzen rückwärts im Kopf über dem Nacken?«

Ich aber blickte hoffnungsvoll in die Zukunft, und ohne auch nur einen einzigen Hund zu besitzen, wartete ich begierig auf eine Bestellung, während ich einen militärfreien Diener suchte, der nicht einrücken müsste, bis ihm die Hunde ans Herz gewachsen sein würden.

III

Auf das Inserat unter dem Titel: ›Diener für Zucht und Verkauf von Hunden‹ langten eine Unmenge von Anträgen ein, von denen manche sehr aufrichtig geschrieben waren. Ein pensionierter Polizist vom Land versprach, dass er, falls er den Posten erhalten sollte, alle Hunde über den Stock springen und auf dem Kopf gehen lehren werde.

Ein anderer schrieb, dass er mit Hunden umzugehen verstehe, weil er jahrelang beim Budweiser Schinder bedienstet gewesen und wegen freundlicher Behandlung der Erschlagenen entlassen worden war.

Ein anderer Bewerber verwechselte ›kynologisches Institut‹ mit ›gynäkologisches Institut‹ (für Frauenkrankheiten) und schrieb, er sei Diener in der Gebäranstalt und auf der Frauenklinik gewesen.

Fünfzehn von den Bewerbern hatten die juridische Fakultät absolviert, zwölf waren Absolventen der Lehrerbildungsanstalt. Außerdem langte auch eine Zuschrift vom ›Verein zum Wohl entlassener Sträflinge‹ ein, ich möge mich hinsichtlich der Stelle eines Dieners an ihn wenden, sie hätten einen sehr tüchtigen entlassenen Kassenräuber für mich. Manche Bewerber waren ungemein traurig und hoffnungslos. Sie schrieben beispielsweise selbst: Obwohl ich schon im Voraus mit Sicherheit weiß, dass ich die Stelle nicht erhalten werden.

Unter dieser Unmenge von Anträgen befand sich auch der eines Bewerbers, der Spanisch, Englisch, Französisch, Türkisch, Polnisch, Kroatisch, Deutsch, Ungarisch und Dänisch sprach. Ein Brief war lateinisch.

Und dann langte ein einfaches, aber aufrichtiges Gesuch ein: Sehr geehrter Herr! Wann soll ich den

Dienst antreten? Hochachtungsvoll Ladislav Strobach, Koschirsch, bei Herrn Bakowski.

Da der Bewerber so direkt fragte, blieb mir nichts anderes übrig, als ihm zu antworten, er möge Mittwoch um acht Uhr früh kommen. Ich fühlte mich ihm zu großem Dank verpflichtet, weil er mir das lange, beschwerliche Wählen erspart hatte. Mittwoch um acht Uhr früh trat mein Diener also den Dienst an. Er war ein blatteriger, ungemein lebhafter Mann von kleinerer Gestalt, der mir, als er mich zum ersten Mal sah, die Hand reichte und lustig sagte: »Das Wetter wird sich wohl bis morgen nicht aufheitern, haben Sie gehört, dass um sieben Uhr früh schon wieder zwei Elektrische auf der Pilsner Straße zusammengestoßen sind?«

Dann zog er aus der Tasche eine kurze Pfeife und sagte, dass er sie vom Chauffeur der Firma Stibral bekommen habe und ungarischen Tabak rauche.

Hierauf teilte er mir mit, dass beim ›Kreuzl‹ in Nusle eine Kellnerin namens Pepina bedienstet sei, und fragte mich, ob er nicht mit mir in die Schule gegangen sei. Dann fing er an, von irgendeinem Dachshund zu sprechen, und meinte, dass man ihn, falls ich ihn kaufen sollte, frisch anstreichen und ihm ein wenig die Beine werde krümmen müssen.

»Sie kennen sich also in Hunden aus?«, fragte ich erfreut.

»Na und ob, ich hab schon selbst Hunde gekauft und hab draus Scherereien mit'n Gericht gehabt. Einmal hab ich mir einen Foxl nach Hause gebracht, und auf einmal hält mich auf der Gasse ein Herr an, dass das herich sein Hund is, dass er ihm vor zwei Stunden in der Obstgasse verlorengegangen ist. ›Wieso erkennen Sie, dass das Ihr Hund ist?‹ – ›Dran, dass er Mupo heißt. Komm her, Mupo.‹ Sie können sich nicht vorstellen, wie freudig der Hund an ihm hinaufgesprungen ist. ›Bosko‹, ruf ich ihn an, ›Bosko, fuj.‹ Und er geht wieder freudig auf mich los. Er war ein Trottel. Das ärgste war, dass ich bei Gericht vergessen hab, dass ich ihn damals Bosko gerufen hab. Aber er hat auch auf den Namen Buberle gehört und ist grad so freudig um mich herumgesprungen. Soll ich mich nach einem Hund umschaun?«

»Nein, Strobach, mein Geschäft wird reell geführt werden. Wir warten auf einen Käufer und werden vorläufig unter den Inseraten in der Rubrik ›Tiere‹ nachschauen, wer etwas verkauft und was für Hundearten. Schaun Sie, hier will eine Frau wegen Platzmangel einen einjährigen weißen Spitzl verkaufen. Sind Spitzl wirklich so groß, dass sie so viel Platz einnehmen? Gehn Sie also in die Schulgasse und kaufen Sie ihn, hier haben Sie dreißig Kronen.«

Er verabschiedete sich von mir mit der Versicherung, dass er so bald als möglich zurückkommen werde, und kam nach drei Stunden, aber in was für einem Zustand! Den harten Hut bis über die Ohren gestülpt, taumelte er entsetzlich von einer Seite auf die andere, als ginge er während eines Seesturms auf einem Schiffsverdeck herum; in der Hand hielt er krampfhaft einen Strick, den er hinter sich herschleppte. Ich schaute auf das Ende des Stricks. Dort war nichts.

»No – wie – gefällt – er – Ihnen – denn – ein – hübsches Stück, was? – Bin ich – nicht – bald mit ihm hier – (er fing an zu rülpsen, während er gegen die Zimmertür stieß) – schaun Sie sich seine Ohren an – also komm, Schlingel – mach keine Faxen – geschwind! Sie hat ihn gar nicht verkaufen wolln –«

In diesem Augenblick drehte er sich um und schaute auf das Ende des Stricks. Er wälzte die Augen heraus und schluchzte: »Vor einer Stu-stu-stunde war er noch dort – dort – war er –«

Er setzte sich auf einen Stuhl, fiel augenblicklich von ihm herunter, und während er an meinen Beinen in eine stehende Lage emporkletterte, sagte er siegesbewusst, als hätte er etwas Fabelhaftes entdeckt: »Er ist uns also allem Anschein nach weggelaufen.« Dann setzte er sich auf den Stuhl und begann zu schnarchen.

So trat er am ersten Tage seinen Dienst an.

Ich schaute aus dem Fenster auf die Straße. Dort liefen im lärmenden Straßengetriebe verschiedene Hunde herum. Während der Mensch neben mir so grässlich schnarchte, schien es mir, dass jeder von ihnen verkäuflich sei. Ich versuchte den Mann zu wecken, denn ich hatte die fixe Idee, dass ein Käufer kommen und nicht nur einen, sondern ein Dutzend Hunde kaufen werde.

Aber niemand kam, und es war ohnehin vergeblich, ihn zu wecken. Ich erreichte nur, dass er mir vom Stuhl hinunterrutschte. Nach drei Stunden kam er endlich selbst zur Besinnung, und während er sich den Schweiß abwischte, sagte er mit heiserer Stimme: »Ich denke, ich hab was Schlimmes angestellt.«

Er fing an, sich an einzelne Details zu erinnern, und redete lang und breit über den Spitz, wie hübsch er gewesen sei und wie billig ihn die Frau verkauft habe. Er habe nur sechzehn Kronen für ihn gegeben, weil er gesagt habe, dass der Hund in sehr gute Hände komme. Dann erzählte er, wie der Spitz nicht mit ihm gehen wollte, und wie er ihn verprügelt hatte. Hierauf gab er dem Gespräch eine schnelle Wendung und teilte mir mit, dass er in Smichov* einen Gastwirt kenne und deshalb bei

---

* Stadtteil Prags

ihm eingekehrt sei. Auch einige seiner Bekannten wären dort gewesen. Sie hätten Wein und Liköre getrunken. Der Mensch sei ein recht schwaches Geschöpf.

»Gut«, sagte ich; »wie Sie wissen, haben Sie dreißig Kronen erhalten, Sie werden mir daher zwanzig Kronen zurückgeben.«

Das versetzte ihn durchaus nicht in Verlegenheit: »Eigentlich sollte ich Ihnen wirklich zwanzig Kronen zurückgeben, aber ich hab mir gedacht, dass ich Ihnen eine Freude machen werde. So hab ich mich auch bei ›Schwihans‹ aufgehalten und hab dort bei einem gewissen Kurz auf einen jungen Hund zehn Kronen Angabe gegeben. Sie ham dort so eine komische, interessante Hündin gehabt, und die ist trächtig. Wir wern sehn, was für eine Art von einem Hund sie werfen wird. Hauptsache ist, dass wir sie schon bestellt ham. Dann bin ich an der ›Paliarka‹ vorbeigegangen, dort ham sie eine sehr hübsche Häsin zu verkaufen –«

»Kommen Sie zu sich, Strobach, ich habe doch kein Geschäft mit Kaninchen.«

»Hab ich denn gesagt Häsin?«, sagte der Diener. »Das ist ein Irrtum. Ich wollt sagen eine Hündin von einem schottischen Schäferhund. Sie ist auch trächtig, aber dort hab ich keine Angabe auf die Jungen gegeben, sondern die zehn Kronen sind nur

Angabe auf die Hündin, die Jungen bleiben dem Besitzer und die Hündin lassen wir holen, wenn sie Junge geworfen haben wird. Dann bin ich in die Jungmannstraße gegangen –«

»Da haben Sie doch schon kein Geld mehr gehabt –«

»Ja, stimmt, da hab ich schon kein Geld bei mir gehabt. Ein gewisser Herr Novak hat dort einen großen haarigen Hund zu verkaufen, wenn ich Geld gehabt hätt, hätt ich ihm auch auf ihn Angabe gegeben, damit er uns zur Disposition steht. Jetzt pack ich mich zusammen und geh in die Schulgasse. Der Spitzl ist schon sicher nach Haus zurückgekommen, wenn er mir weggelaufen ist. In einer Stunde bin ich mit ihm hier.«

Strobach hielt Wort. Er kam noch früher zurück als in einer Stunde und war vollkommen nüchtern und atemlos. Zu meiner großen Überraschung schleppte er einen schwarzen Hund mit sich.

»Unglücklicher«, rief ich, »die Frau hat doch inseriert, dass sie einen weißen Spitz verkauft.«

Ein paar Augenblicke schaute er verdutzt auf den Hund, dann rannte er, ohne ein Wort zu sprechen, mit ihm fort.

Nach zwei Stunden kehrte er mit einem fürchter-

* Stadtteil Prags

lich schmutzigen kotigen weißen Spitz zurück, der sich überaus wild gebärdete.

»Mit dem Spitz das war ein Irrtum«, sagte Strobach, »die Frau in der Schulgasse Prag 11 hat zwei Spitzl gehabt, einen schwarzen und einen weißen. Die hat eine Freude gehabt, wie ich ihr den schwarzen zurückgebracht hab.«

Ich schaute dem Hund auf die Marke. Er hatte eine Žižkover* Marke. Mir war plötzlich, als müsste ich weinen, aber ich beherrschte mich. (Strobach nahm dem Hund inzwischen die Marke ab, mit der Bemerkung, dass eine Marke immer gefährlich sei.)

In der Nacht weckte mich ein Kratzen an der Tür. Ich öffnete, und der schwarze Spitz, ein alter Bekannter von nachmittags, stürzte freudig bellend in die Wohnung. Entweder war ihm nach uns bange gewesen, oder er hatte weit nach Hause. Wie dem auch war, ich hatte bereits zwei Hunde und brauchte nur noch Käufer.

IV

Ein Käufer stellte sich am Morgen etwa um zehn Uhr ein. Er blickte in der Wohnung umher und fragte: »Also, wo haben Sie Ihre Hunde?«

»Ich habe sie nicht zu Hause«, sagte ich, »außer zwei Spitzeln, einem schwarzen und einem weißen, die ich dressiere und die bereits für den Herrn Erzherzog in Brandeis reserviert sind. Ich habe meine Hunde auf dem Land, damit sie in guter Lust sind und nicht unter Ungeziefer und Blattern leiden, wovor sie in der Stadt nicht einmal der beste Hundehändler schützen kann. Unser kynologisches Institut hat den Grundsatz, unseren Hunden die Möglichkeit freien Umherlaufens zu geben, und deshalb hetzt sie der Diener draußen, wo wir unsere Hundezwinger haben, jeden Morgen nach allen Richtungen, und sie kommen erst am Abend zurück. Das hat überdies den Vorteil, dass die Hunde sich selbständig benehmen lernen, denn sie suchen sich tagsüber selbst ihre Nahrung. Wir haben große Reviere für sie gepachtet, wo sie sich an allen Arten Wildbret nähren können, und Sie sollten sehen, wie komisch es ist, wenn so ein Zwerg von einem Rattler mit einem Hasen kämpft.«

Dem Herrn schien das sehr gut zu gefallen, denn er nickte mit dem Kopf und sagte: »Da haben Sie also auch böse, zum Hüten dressierte Hunde zu verkaufen?«

»O gewiss. Ich habe auch so fürchterliche Hunde vorrätig, dass ich nicht einmal mit ihrer Fotografie dienen kann, weil sie den Fotografen beinahe zerfleischt hätten. Ich habe Hunde auf Lager, die schon Diebe zerrissen haben.«

»Grad so einen möcht ich haben«, sagte der Käufer. »Ich habe eine Holzniederlage, und jetzt im Winter möchte ich mir gern einen guten Wächterhund zulegen. Können Sie mir einen solchen bis morgen Nachmittag aus Ihrem Hundezwinger beschaffen, ich möchte mir ihn aussuchen kommen?«

»Oh, bitte, ohne weiteres, ich lasse ihn sofort vom Diener holen. Strobach!«

Strobach erschien mit einem freundlichen Lächeln und meinte sofort, dass er diesen Herrn bereits irgendwo gesehen habe.

»Strobach«, sagte ich ihm, während ich ihm ein Zeichen gab. »Sie werden um unseren wildesten Wächterhund fahren. Wie heißt er?«

»Fabian«, antwortete Strobach mit eisiger Ruhe, »seine Mutter heißt Hexe, es ist ein grässlicher Hund. Er hat schon zwei Kinder zerrissen und aufgefressen, weil man ihn aus Versehen Kindern zum Spielen gegeben hat und sie auf ihn hinaufkriechen wollten. Was die Angabe anlangt –«

»Ach, selbstverständlich«, sagte der Käufer, »hier sind vierzig Kronen Angabe, was wird er kosten?«

»Hundert Kronen«, sagte Strobach, »und einen Gulden Schwanzgeld; wir haben auch einen billigeren um achtzig Kronen, aber der hat nur einem

Herrn, der ihn streicheln wollte, drei Finger abgebissen.«

»Ich möchte also den wilderen.«

Strobach machte sich mit der Angabe von vierzig Kronen auf, um einen Wächterhund zu suchen, und brachte am Abend einen melancholischen Lümmel mit; der Ärmste konnte sich kaum schleppen.

»Das ist doch ein Krepierl«, rief ich erstaunt.

»Aber er ist billig«, sagte Strobach, »ich bin einem bekannten Fleischer begegnet, der ihn grad zum Schinder geführt hat, weil er herich nicht mehr ziehen will und anfängt zu beißen. So hab ich mir gedacht, dass er ein ausgezeichneter Wächterhund sein wird. Übrigens, wenn ein ordentlicher Dieb kommt, wird er ihn ohnehin vergiften, und der Herr wird sich einen andern bei uns kaufen müssen.«

Eine Weile debattierten wir darüber, dann kämmte Strobach den Hund durch, und wir kochten ihm Reis mit Sehnen. Er fraß zwei Töpfe davon auf und sah trotzdem unverändert passiv und bedauernswert aus. Er leckte uns die Stiefel, ging ohne alles Interesse im Zimmer umher, und man konnte merken, dass er wütend war, weil sein Herr mit ihm nicht bis zum Schinder gegangen war.

Strobach unternahm noch einen Versuch, ihn furchtbarer zu machen. Da der Hund gelb und weiß, vielmehr grau war, malte er ihm mit Tusche große, schwarze Streifen quer über den Leib, so dass er zuletzt wie eine Hyäne aussah.

Der Herr, der ihn am folgenden Tag abholte, wich entsetzt zurück, als er ihn sah.

»Das ist ein fürchterlicher Hund«, rief er aus.

»Hausleuten macht er nichts, er heißt Fox, probieren Sie's, ihn zu streicheln.«

Der Käufer weigerte sich, deshalb schleppten wir ihn im wahrsten Sinn des Wortes zu dem Ungetüm und zwangen ihn, es zu streicheln.

Der Wächterhund leckte ihm die Hand und ging mit ihm fort wie ein Lamm.

Bis früh raubte man den Herrn vollständig aus.

V

Weihnachten rückte heran. Bis dahin hatten wir den schwarzen Spitz mit Hilfe von Wasserstoffsuperoxyd gelb gefärbt und aus dem weißen Spitz durch Bestreichen mit einem silberhaltigen Nitrat einen schwarzen gemacht. Beide Hunde winselten fürchterlich während dieser Manipulationen, was den Eindruck machte, als disponiere das kynologische Institut statt über zwei mindestens über sechzig Hunde.

Dafür hatten wir junge Hunde in Hülle und

Fülle. Strobach litt allem Anschein nach an der krankhaften Vorstellung, dass junge Hunde die Grundlage allen Wohlstandes seien; deshalb brachte er vor Weihnachten in den Taschen seines Winterrocks lauter junge Hunde mit. Ich schickte um eine Dogge, und er brachte einen jungen Dachshund, ich schickte um einen Stallpintsch, und er brachte mir einen jungen Foxterrier.

Wir hatten im ganzen dreißig junge Hunde und ungefähr hundertzwanzig Kronen an Angaben unter den Leuten.

Ich kam auf den Gedanken, vor den Feiertagen in der Ferdinandstraße* einen Laden zu mieten, ein Bäumchen hineinzustellen und die mit bunten Schleifen hübsch geschmückten Hunde unter folgendem Losungswort zu verkaufen:

›Die fröhlichsten Weihnachten bereiten Sie Ihren Kindern, wenn Sie ihnen ein gesundes junges Hündchen kaufen.‹

Ich mietete den Laden. Dies geschah etwa eine Woche vor den Feiertagen.

»Strobach«, sagte ich, »Sie tragen die jungen Hunde in unseren Laden, kaufen ein großes Bäumchen, platzieren die Hunde hübsch in der Auslage und kaufen Moos. Kurz, ich verlasse mich auf Sie,

---

* Heute »Nationalstraße«, Hauptstraße Prags

dass Sie alles recht geschmackvoll arrangieren. Verstehen Sie?«

»Gewiss. Sie werden Freude haben.« Er schaffte die Hunde in Kisten auf einem Handwagen fort, und nachmittags begab ich mich in die Ferdinandstraße*, um zu sehen, was für eine Freude er mir bereitet und wie hübsch er die Auslage arrangiert hatte.

Ein Menschenauflauf vor dem Laden sagte mir, dass die jungen Hunde ungeheures Interesse erweckten. Als ich jedoch näher kam, vernahm ich wütende Ausrufe aus der Menge: »Das ist eine unerhörte Roheit; wo ist die Polizei? Merkwürdig, dass man so etwas duldet!«

Als ich mich zu der Auslage durchgezwängt hatte, knickten mir beinahe die Beine ein.

Um alles hübsch zu arrangieren, hatte Strobach zwei Dutzend junger Hunde an die Zweige des großen Weihnachtsbaumes gehängt, als wären sie Zuckerwerk. Die Ärmsten hingen da mit herausgeblöckten Zungen, wie mittelalterliche Räuber an einem Baume! Und darunter befand sich die Inschrift: ›Die fröhlichsten Weihnachten bereiten Sie Ihren Kindern, wenn Sie ihnen ein gesundes, reizendes, junges Hündchen kaufen.‹

Das war das Ende des kynologischen Institutes.

Bernhard Schlink
Der Andere

Wenige Monate nach seiner Pensionierung starb seine Frau. Sie hatte Krebs, nicht mehr zu operieren oder sonst zu behandeln, und er hatte sie zu Hause gepflegt.

Als sie tot war und er sich nicht mehr um ihr Essen, ihre Notdurft und ihren ausgezehrten, wundgelegenen Körper kümmern musste, musste er sich um das Begräbnis kümmern, um Rechnungen und Versicherungen und darum, dass die Kinder bekamen, was sie ihnen zugedacht hatte. Er musste ihre Kleider reinigen lassen und ihre Wäsche waschen, ihre Schuhe putzen und alles in Kartons packen. Ihre beste Freundin, Inhaberin eines Secondhandladens, holte die Kartons ab; sie hatte seiner Frau versprochen, dass die edle Garderobe von schönen Frauen getragen würde.

Auch wenn es sich bei alledem um Verrichtungen handelte, die ihm ungewohnt waren, war ihm doch so vertraut, im Haus geschäftig zu sein, während aus ihrem Krankenzimmer kein Laut drang, dass er immer wieder das Gefühl hatte, er müsse nur die Treppe hinaufsteigen, die Tür öffnen und könne sich auf ein Wort, einen kurzen Bericht, eine Frage zu ihr ans Bett setzen. Dann traf ihn das Bewusstsein, dass sie tot war, wie ein Schlag. Oft ging es ihm auch so, wenn er telefonierte. Er lehnte neben dem Telefon an der Wand zwischen Küche und Wohnzimmer, ganz normal, sprach über Normales, fühlte sich normal, und dann fiel ihm ein, dass sie tot war, und er konnte nicht weiterreden und musste auflegen.

Eines Tages war alles erledigt. Er fühlte sich, als seien die Seile gekappt, der Ballast abgeworfen und er treibe mit dem Wind über das Land. Er sah niemanden und vermisste niemanden. Seine Tochter wie auch sein Sohn hatten ihn eingeladen, einige Zeit mit ihnen und ihren Familien zu verbringen, aber obwohl er seine Kinder und Enkel zu lieben meinte, war ihm die Vorstellung, bei ihnen zu leben, unerträglich. Er wollte nicht in einer Normalität leben, die nicht seine alte war.

Er schlief schlecht, stand früh auf, trank Tee, spielte ein bisschen Klavier, saß über dem einen und anderen Schachproblem, las und machte Notizen für einen Artikel zu einem Thema, das ihm in den letzten Jahren seiner beruflichen Tätigkeit begegnet war und ihn seitdem begleitete, ohne ihn wirklich zu beschäftigen. Am späten Nachmittag begann er zu trinken. Er nahm ein Glas Sekt mit ans Klavier oder Schachbrett; beim Abendessen, einer Suppe aus der Dose oder ein paar Scheiben Brot, trank er die Flasche Sekt aus und machte eine Flasche Rotwein auf, die er über seinen Notizen oder einem Buch leerte.

Er machte Spaziergänge durch die Straßen, in die oft verschneiten Wälder und entlang dem Fluss, dessen Ränder manchmal gefroren waren. Er brach auch nachts auf, zunächst ein bisschen torkelig, hier und da stolpernd und an einem Zaun, einer Mauer entlangschrammend und bald mit klarem Kopf und sicherem Schritt. Er wäre gerne am Meer gewesen und am Strand gelaufen, Stunden um Stunden. Aber er konnte sich nicht entschließen, das Haus zu verlassen, diese Hülle seines Lebens.

11

Seine Frau war nicht besonders eitel gewesen. Jedenfalls war sie ihm nicht besonders eitel erschienen. Schön, ja, schön hatte er sie gefunden, und er hatte ihr seine Freude an ihrer Schönheit auch gezeigt. Sie hatte ihm gezeigt, dass sie sich über seine Freude freute – mit einem Blick, einer Geste, einem

Lächeln. Anmutig waren diese Blicke und Gesten, dieses Lächeln gewesen und auch die Art, wie sie sich im Spiegel musterte. Aber nicht eitel.

Und doch war sie an ihrer Eitelkeit gestorben. Als der Arzt einen Knoten in ihrer rechten Brust festgestellt und eine Operation angeraten hatte, war sie aus Angst, ihr werde die Brust abgenommen, nicht mehr zu ihm gegangen. Dabei hatte sie mit ihren hohen, vollen, festen Brüsten nie geprahlt, und sie hatte auch nicht geklagt, als sie in den letzten Monaten vor ihrem Tod abmagerte und die Brüste an ihr wie leere Hosentaschen hingen, die einer nach außen kehrt, um zu zeigen, dass er nichts hat. Sie hatte ihm immer den Eindruck gemacht, sie habe ein ganz selbstverständliches Verhältnis zu ihrem Körper, im Guten wie im Schlechten. Erst nach ihrem Tod, als er durch eine angelegentliche Bemerkung des Arztes von der vermiedenen Operation erfuhr, fragte er sich, ob das, was er für ein selbstverständliches Verhältnis gehalten hatte, nicht lange ein verwöhntes und am Ende ein resigniertes gewesen war.

Er machte sich Vorwürfe, dass er damals, als die Operation anstand, nichts gemerkt hatte und dass sie nicht mit ihm hatte reden, ihre Angst teilen und ihre Entscheidung finden wollen. Damals – er hatte keine spontane Erinnerung an die Zeit, zu der sie die Nachricht vom Knoten und die Aufforderung zur Operation bekommen haben musste. Er fügte die Erinnerung Stück um Stück zusammen und fand nichts Auffälliges. Sie waren einander damals so vertraut wie immer, er war beruflich weder besonders stark unter Druck noch besonders viel auf Reisen gewesen, und auch sie hatte ihren Beruf versehen wie immer. Sie war Geigerin im städtischen Orchester, zweite Geige, erstes Pult, und gab daneben Unterricht. Ihm fiel ein, dass sie damals nach Jahren, in denen sie nur davon geredet hatten, sogar wieder gemeinsam musizierten, die Sonate »La folia« von Corelli.

Über den Erinnerungen verstummten seine Selbstvorwürfe und machten einem Unbehagen Platz, das der Vertrautheit zwischen ihm und ihr galt. Hatte er sich etwas vorgemacht? Waren sie einander gar nicht so vertraut gewesen? Aber woran sollte es gemangelt haben? Hatten sie nicht ein gutes Leben gehabt? Und sie hatten miteinander geschlafen, bis sie schwer krank wurde, und geredet bis zu ihrem Tod.

Auch das Unbehagen verschwand. Oft hatte er ein Gefühl der Leere, bei dem er selbst nicht wusste, was ihm fehlte. Auch wenn ihm unvorstellbar war, die Probe aufs Exempel zu machen, fragte er sich dann, ob er wirklich seine Frau vermisste oder nicht einfach einen warmen Körper im Bett und jemanden, mit dem er ein paar Worte wechseln konnte, der leidlich interessant fand, was er zu sagen hatte, und dem umgekehrt er mit leidlichem Interesse zuhören mochte. Er fragte sich auch, ob die Sehnsucht, die er gelegentlich nach seiner Arbeit hatte, wirklich seiner Arbeit galt und nicht vielmehr einem beliebigen sozialen Kontext und einer Rolle, die er gut spielen konnte. Er wusste, dass er langsam war, langsam im Wahrnehmen und im Verarbeiten, langsam im Sicheinlassen wie im Sichlösen.

Manchmal war ihm, als sei er aus seinem Leben gefallen, falle immer noch, werde aber bald unten anlangen und könne unten wieder von vorne anfangen, ganz klein, aber von vorne.

III

Eines Tages kam ein Brief für seine Frau, dessen Absender er nicht kannte. Immer wieder einmal kam Post für sie, Drucksachen, Rechnungen für Zeitschriften und Mitgliedschaften, der Brief einer Freundin, an die er beim Verschicken der Todesanzeigen nicht gedacht hatte, an die er sich angesichts des Briefs aber sofort erinnerte, die Todesanzeige eines ehemaligen Kollegen oder eine Einladung zu einer Vernissage.

Der Brief war kurz, in flüssiger Schrift mit Füller geschrieben.

Liebe Lisa,

Du findest, ich hätte es Dir damals nicht so schwer machen sollen, ich weiß. Ich stimme Dir nicht zu, auch heute nicht. Und doch bin ich, wie ich damals nicht wusste und heute weiß, schuldig geworden. Auch Du bist es. Wie lieblos sind wir beide damals mit unserer Liebe umgegangen! Wir haben sie erstickt, Du mit Deiner Ängstlichkeit und ich mit meinen Forderungen, und hätten sie wachsen und blühen lassen können.

Es gibt die Sünde des ungelebten Lebens, der ungeliebten Liebe. Du weißt, dass eine gemeinsam begangene Sünde die, die sie gemeinsam begangen haben, auf immer verbindet?

Vor ein paar Jahren habe ich Dich gesehen. Es war bei einem Gastspiel Deines Orchesters in meiner Stadt. Du bist älter geworden. Ich habe Deine Falten und die Müdigkeit Deines Körpers gesehen und an Deine Stimme gedacht, wie sie in Ängstlichkeit und Abwehr schrill wird. Aber es hat nichts geholfen; wenn es sich ergeben hätte, wäre ich mit Dir wieder einfach ins Auto gestiegen oder in den

Zug und losgefahren und hätte wieder Nächte und Tage im Bett mit Dir verbracht.

Du kannst mit meinen Gedanken nichts anfangen? Aber mit wem soll ich sie teilen, wenn nicht mit Dir!

Rolf

Die Anschrift im Absender lautete auf eine große Stadt im Süden. Als er den Brief gelesen hatte, holte er einen Plan der Stadt, suchte die Straße und fand sie an einem Park. Er stellte sich den Schreiber des Briefs vor, am Schreibtisch mit Blick auf den Park. Er selbst sah in die Wipfel der Bäume an der Straße vor seinem Haus. Sie waren noch kahl.

Er kannte die Stimme seiner Frau nicht schrill. Er hatte nie Nächte und Tage im Bett mit ihr verbracht. Er war mit ihr nie einfach ins Auto oder in den Zug gestiegen und losgefahren. Er war zuerst nur verwundert, dann fühlte er sich betrogen und bestohlen; seine Frau hatte ihn um etwas betrogen, was ihm gehört hatte oder doch gebührt hätte, und der andere Mann hatte es ihm gestohlen. Er wurde eifersüchtig.

Es blieb nicht bei der Eifersucht auf das, was seine Frau mit dem anderen geteilt und was er nicht gekannt hatte. Woher sollte er wissen, ob sie ihm die Eine und dem Anderen eine Andere gewesen war?

Vielleicht war sie dem Anderen auch die gewesen, die sie ihm gewesen war. Wenn Lisa und er in einem Konzert waren und ihre Hände sich fanden, weil sie beide das Stück mochten, wenn er ihr beim morgendlichen Schminken zusah und sie ihm einen kleinen Blick und ein kleines Lächeln zuwarf, ehe sie wieder mit Konzentration auf ihr Bild im Spiegel schaute, wenn sie morgens aufwachte und sich zugleich an ihn kuschelte und von ihm weg reckte und streckte, wenn er ihr von einem Problem seiner Arbeit erzählte und sie scheinbar kaum zuhörte, um ihn Stunden oder Tage später mit einer Bemerkung zu überraschen, die ihre Aufmerksamkeit und Anteilnahme zeigte – in solchen Situationen hatte sich ihm die Vertrautheit ihres gemeinsamen Lebens offenbart. Dass es eine exklusive Vertrautheit sei, hatte sich für ihn von selbst verstanden. Jetzt aber war ihm nichts mehr selbstverständlich. Warum sollten sie und der Andere nicht ebenso vertraut miteinander gewesen sein? Warum sollte sie nicht auch mit dem Anderen Hand in Hand im Konzert gesessen haben, nicht auch ihm beim Schminken zugeblinzelt und zugelächelt, nicht auch in seinem Bett und an ihn sich gekuschelt, gereckt und gestreckt haben?

IV

Der Frühling kam, und er wachte morgens vom Zwitschern der Vögel auf. Es war jeden Morgen dasselbe. Er wachte auf, glücklich, die Vögel zu hören und den Schein der Sonne im Zimmer zu sehen, und für einen Moment schien die Welt in Ordnung. Aber dann kam es ihm wieder in den Sinn: der Tod seiner Frau, der Brief des Anderen, die Affäre der beiden und dass seine Frau in dieser Affäre eine ganz andere als die, die ihm vertraut war, und überdies auch noch genau die gewesen sein musste. Affäre – so hatte er das, was der Brief enthüllte, zu nennen begonnen, und aus der Frage, ob seine Eifersucht doppelten Anlass habe, hatte er die Gewissheit gemacht, dass es so sei. Manchmal fragte er sich, was schlimmer sei: dass der, den man liebt, mit einem anderen ein anderer oder dass er eben der ist, der einem vertraut ist. Oder ist das eine so schlimm wie das andere? Weil einem so oder so etwas gestohlen wird – das, was einem gehört, und das, was einem gehören sollte?

Es war wie bei einer Krankheit. Auch der Kranke wacht auf und braucht einen Moment, bis er wieder weiß, dass er krank ist. Und wie eine Krankheit vergeht, vergehen auch Trauer und Eifersucht. Das wusste er, und er wartete darauf, dass es ihm bessergehe.

Mit dem Frühling wurden seine Spaziergänge länger. Sie bekamen Ziele. Er ging nicht mehr einfach drauflos, sondern über die Felder zu der Schleuse in der Ebene oder durch die Wälder zu der Burg über dem Fluss oder zwischen blühenden Obstbäumen entlang den Bergen zu einer benachbarten kleinen Stadt, wo er einkehrte und für den Heimweg den Zug nahm. Immer häufiger kam es vor, dass er am späten Nachmittag die übliche Flasche Sekt aus dem Kühlschrank holte und wieder zurücklegte. Immer häufiger fand er sich auch in Gedanken an etwas, das nicht mit seiner Frau, ihrem Tod, dem Anderen und der Affäre zu tun hatte.

Eines Samstags ging er in die Stadt. Er hatte dazu in den letzten Monaten keinen Anlass gehabt. Da, wo er wohnte, gab es eine Bäckerei und einen Lebensmittelladen, und mehr hatte er nicht gebraucht. Als er dem Zentrum näher kam, der Verkehr und das Geschiebe und Gedränge der Menschen dichter wurden, Geschäft sich an Geschäft reihte, die Luft erfüllt war von den Stimmen der Menschen, dem Rauschen des Verkehrs, den Melodien von Straßenmusikanten und Rufen von Straßenhändlern, bekam er Angst. Er fühlte sich von den Menschen, ihrer Geschäftigkeit und ihren Geräuschen bedrängt. Er ging in eine Buchhandlung, aber auch hier war es voll und drängten sich Menschen vor den Regalen, Tischen und der Kasse. Eine Weile stand er im Bereich der Tür und konnte sich weder entschließen, weiter hinein- noch hinauszugehen, stand anderen im Weg, wurde angerempelt und bekam ärgerliche Entschuldigungen zu hören. Er wollte nach Hause, hatte aber nicht die Kraft, auf die Straße zu treten und nach Hause zu laufen, in die Straßenbahn zu steigen oder eine Taxe zu suchen. Er hatte sich für stärker gehalten. Wie ein Genesender, der sich übernimmt und einen Rückfall erleidet, würde er mit dem Gesundwerden wieder von vorne anfangen müssen.

Als er es schließlich in die Straßenbahn geschafft hatte, stand eine junge Frau auf und bot ihm ihren Platz an. »Ist Ihnen nicht gut? Schon in der Buchhandlung standen Sie da, dass man Sorge um Sie haben musste.« Er erinnerte sich nicht, sie in der Buchhandlung gesehen zu haben. Er dankte ihr und setzte sich. Die Angst ließ nicht nach. Mit dem Gesundwerden wieder von vorne anfangen müssen – hieß das, dass er jetzt unten angelangt war? Er hätte es gerne geglaubt, hatte aber das Gefühl, noch tiefer zu fallen.

Zu Hause legte er sich am hellen Tag ins Bett. Er

schlief ein und wachte nach ein paar Stunden auf. Es war immer noch hell, und die Angst war weg.

Er setzte sich an den Schreibtisch, nahm ein Blatt Papier und schrieb ohne Datum und ohne Anrede.

Ihr Brief kam an. Aber er erreichte die, der Sie ihn geschrieben haben, nicht mehr. Lisa, die Sie gekannt und geliebt haben, ist tot.

B.

BB hatten seine Frau und Freunde ihn lange genannt, bis irgendwann b daraus geworden war. Mit B für Benner hatte er im Amt seine Vermerke und Verfügungen gezeichnet. Mit B für Bengt hatte er sich angewöhnt, auch privat zu unterschreiben, auch an seine Kinder, die Papa früher liebevoll Baba ausgesprochen hatten, wie es dem weichen Dialekt entsprach. Er mochte, dass das eine B so vielen Rollen gerecht wurde.

Er steckte das Blatt in einen Umschlag, adressierte und frankierte ihn und warf ihn ein paar Straßen weiter in den Briefkasten.

V

Drei Tage später fand er eine Antwort.

Braune! Du willst die Lisa nicht mehr sein, die ich geliebt habe? Sie soll für mich gestorben sein?
  Wie gut verstehe ich Deinen Wunsch, die Vergangenheit totzuschweigen, wenn sie schmerzhaft in die Gegenwart reicht. Aber sie kann nur in die Gegenwart reichen, wenn sie noch lebendig ist. Unsere gemeinsame Vergangenheit ist für Dich noch so lebendig wie für mich – wie gut das tut! Und wie gut, dass Du, die auf meine Briefe damals nie geantwortet hat, mir jetzt geschrieben hast. Und dass Du meine Braune geblieben bist, wenn Du Dich auch in der Abkürzung versteckst.
  Dein Brief hat mich glücklich gemacht.
                                                Rolf

Braune? Ja, sie hatte braune Augen gehabt und braune Locken, braune Härchen auf Armen und Beinen, die im Sommer, wenn ihre Haut braun wurde, blond bleichten, und viele braune Muttermale. Meine braune Schöne hatte er sie manchmal bewundernd genannt. Braune – das war etwas anderes. Es war knapp, herrisch, besitzergreifend. Braune – das war die Stute, der man die Nüstern streichelt, die Seite tätschelt, um sich auf sie zu schwingen und ihr den Druck der Schenkel zu geben.

Er ging an den Sekretär seiner Frau, ein Möbel aus dem Biedermeier. Er wusste, dass es ein Geheimfach hatte. Als er nach ihrem Tod ihre Sachen durchgesehen hatte, hatte er sich gescheut, danach zu suchen. Jetzt räumte er alle Fächer leer, zog alle Schubladen heraus, fand die Wand, hinter der sich das Geheimfach befinden musste, und nach einer Weile auch die Leiste, die er zu drücken hatte, um mit der Wand einen Kubus so um seine Achse drehen zu können, dass er eine Tür zeigte. Sie war verschlossen, er brach sie auf.

Ein Bündel Briefe mit rotem Band – am Poststempel sah er, dass es die Briefe der Jugendliebe waren, von der seine Frau ihm erzählt hatte. Ein Poesie- oder Fotoalbum mit Lederriemen und Schloss. Bei einem anderen Bündel mit grünem Band erkannte er die Schrift ihrer Eltern. Er erkannte auch die Schrift des Anderen. Vier Briefe waren von einer großen Briefklammer zusammengehalten. Er nahm sie mit zu seinem Platz am Fenster, einem Ohrensessel und einem Nähtisch, Biedermeiermöbel wie der Sekretär und mit ihm vor der Hochzeit gemeinsam mit Lisa gekauft. Er setzte sich und las.

Lisa,

es ist anders geworden, als Du es Dir am Anfang vorgestellt hattest, schwerer. Ich weiß, dass es Dir manchmal Angst macht und Du weglaufen möchtest. Aber Du darfst nicht weglaufen. Und Du musst es auch nicht. Ich bin bei Dir, auch wenn ich nicht bei Dir bin.

Zweifelst Du an meiner Liebe, weil ich's Dir nicht leichter mache? Es steht nicht in meiner Macht. Ja, auch ich hätte lieber, wenn es einfach für uns wäre, wenn wir miteinander und füreinander leben könnten und nichts sonst. Aber so ist die Welt nicht. Und doch ist sie wunderbar; sie hat uns einander finden und lieben lassen.

Ich kann Dich nicht lassen, Lisa.

Rolf

Nein, Lisa, nicht wieder. Wir hatten es vor einem Jahr und vor einem halben, und Du weißt, dass ich Dich nicht lassen kann. Ich kann nicht ohne Dich. Und Du kannst nicht ohne mich. Nicht ohne meine Liebe, nicht ohne die Lust, die ich Dir gebe. Wenn Du mich verlässt und ich stürze, rettungs- und bodenlos, reiße ich Dich mit hinab.

Lass es dazu nicht kommen. Bleib die Meine, wie ich der Deine bleibe,

Dein Rolf

Du bist nicht gekommen. Ich habe auf Dich gewartet, Stunde um Stunde, und Du bist nicht gekommen. Nun ja, sie schafft's eben nicht pünktlich, habe ich mir zuerst gedacht und dann mir Sorgen gemacht und dann herumtelefoniert und dann von Deiner Putzfrau erfahren, dass Du nicht ans Telefon kommen kannst. Von Deiner Putzfrau! Du bist nicht nur nicht gekommen. Du hast Dich von Deiner Putzfrau vor mir verleugnen lassen.

Ich bin voller Zorn, verzeih. Ich habe kein Recht, zornig auf Dich zu sein. Es war alles zu viel für Dich, konnte so nicht weitergehen, musste sich ändern, und Du hast mir das nur zeigen können, indem Du nicht gekommen bist. Und ich habe es wohl auch nur so begreifen können.

Ich habe es begriffen, Lisa. Lass uns für eine Weile alles vergessen, was uns belastet. Du bist nächste Woche mit dem Orchester in Kiel – häng einen oder zwei Tage dran, Tage nur für uns. Und lass mich bald von Dir hören.

Rolf

Die Putzfrau, die Putzfrau! Ist sie jeden Tag bei Euch? Jedenfalls ist sie jedes Mal dran, wenn ich anrufe. Oder Dein Mann – bald wird er sich über den abendlichen Anrufer wundern, der immer auflegt, wenn er sich meldet.

Ach, Lisa. Das Scheitern meiner Anrufe hat etwas Groteskes, Komisches. Lass uns mit der Groteske Schluss machen und über die Komik lachen, zusammen lachen, im Bett zusammen lachen, schmusen und lachen und wieder schmusen und wieder lachen und...

Ich bin die nächste Woche hier. Ich warte auf Dich, nicht nur an unserem Tag und zu unserer Zeit, ich warte jeden Tag und jede Nacht auf Dich und jede Stunde.

Rolf

Auf keinen der vier Briefe hatte der Schreiber ein Datum gesetzt. Das Datum des Poststempels auf dem ersten Brief lag zwölf Jahre zurück, auf den drei anderen elf, im Abstand weniger Tage.

Was war auf den letzten Brief gefolgt? Hatte Lisa nachgegeben? Hatte der Andere aufgegeben? Ohne weitere Briefe einfach aufgegeben?

VI

Er erinnerte sich gut an die Zeit, aus der die Briefe stammten. Vor elf Jahren war Wahl, und obwohl Bundestagsmehrheit und Regierungskoalition gleichblieben, wechselte der Minister. Der neue ersetzte ihn, der parteilos war, durch einen parteizugehörigen Beamten und versetzte ihn in den einstweiligen Ruhestand. Zwar wurde er nach einem Jahr für eine Stelle bei einer staatlichen Stiftung reaktiviert und hatte dort eine interessante Aufgabe. Aber Macht, wie er sie im Ministerium ein paar Jahre gehabt und genossen hatte, hatte er nicht mehr.

Ja, in den letzten Jahren im Ministerium war er stark unter Druck und viel auf Reisen gewesen und hatte seine Akten auch an den Wochenenden bearbeiten müssen, wenn nicht im Amt, dann zu Hause. Gleichwohl hatte er gedacht, mit Ehe und Familie sei alles in Ordnung; er hatte auch gemeint, er versichere sich dessen in den gelegentlichen Kontakten mit seiner Frau und seinen Kindern hinreichend. Hatte er das wirklich? Ihm war jetzt, als habe er sich damals nicht nur etwas vorgemacht, sondern eigentlich auch schon gewusst, dass er sich etwas vormachte. Ihm kamen Situationen in den Sinn, in denen Lisa abwesend oder abweisend gewesen war. »Was ist?«, hatte er gefragt.

– »Nichts«, hatte sie geantwortet. – »Es stimmt doch was nicht.« – »Nein, es ist alles in Ordnung. Ich bin nur müde« oder »Ich bekomme nur meine Tage« oder »Ich bin mit den Gedanken beim Orchester« oder »bei einem Schüler«. Er hatte nicht weitergefragt.

Und dann, als er bald nach dem letzten Brief aus dem Ministerium ausgeschieden war? Beschämt merkte er, dass er aus dem Jahr seines einstweiligen Ruhestands noch weniger Erinnerungen an seine Ehe und seine Familie hatte. Er hatte sich ungerecht behandelt gefühlt, war verletzt gewesen, hatte seine Wunden geleckt und erwartet, dass man, die Welt, der Staat, der Minister, die Freunde, die Frau, die Kinder das Unrecht wiedergutmachen. Er hatte so sehr auf das geschaut, was er von den anderen kriegte oder nicht kriegte, dass er gar nicht gemerkt hatte, wie es um sie stand.

Ihm fiel sein Kampf gegen den Lärm der Kinder und ihrer Freunde ein. Der fröhliche Lärm war für ihn nur eine Missachtung seines Bedürfnisses nach Ruhe gewesen.

Er fand in seinen Erinnerungen nichts, was ihm die Frage beantwortete, ob es zwischen Lisa und dem Anderen nach dem letzten Brief weitergegangen war. Manchmal war Lisa in jenem schwierigen Jahr auf ihn zugegangen, und er hatte sie zurückgestoßen, wenn auch nur, damit sie ihn trotzdem und erst recht liebe – wie ein Kind. Das wusste er noch, aber nicht, was sonst zwischen ihnen gewesen war. Er konnte sich nicht vorstellen, dass sie neben dem Orchester viel Zeit außer Hause verbracht haben sollte, ohne dass er, der stets zu Hause war, es gemerkt hätte. Aber was hatte er in jenem Jahr überhaupt gemerkt!

Er schrieb.

Deine jetzigen Briefe sind wie Deine damaligen: Sie bedrängen mich. Du bedrängst mich. Wenn sich das nicht ändert, ich will sagen, wenn Du das nicht änderst, wirst Du von mir nichts mehr hören. Mach nicht wieder denselben Fehler.

B.

Ihm war nicht wohl. Aber er fand, es komme nicht darauf an. Wohl war ihm auch nicht, wenn er den Brief nicht schrieb. Oder einen anderen schrieb. Lisa hatte sich dem Anderen entzogen, und wenn es dabei geblieben war, wollte er seinen Frieden damit machen. Und wenn es nicht lange gedauert hatte. Und wenn es nicht tief gegangen war.

VII

Lisa, meine Braune,
  sei fair. Ich war damals verzweifelt. Mein Leben war verpfuscht, sosehr Du mir geholfen hattest und ich gekämpft hatte, und dann hast Du mich auch noch aus Deinem Leben geworfen, wie man einen

streunenden Köter aus seiner Wohnung wirft, und alle Türen und Fenster verschlossen. Ich wusste mir nicht zu helfen. Ich wollte Dich nicht bedrängen. Ich wollte Dich nur erreichen, Dich sehen, mit Dir reden. Ich erinnere mich nicht mehr genau an den Inhalt der Briefe, die ich Dir damals geschrieben habe. Aber ich kann mir nicht vorstellen, dass in dem, was Dich bedrängend anmutet, nicht meine Verzweiflung spürbar ist, meine Angst, Dich zu verlieren oder schon verloren zu haben. Und habe ich Dich, nachdem ich Dich schließlich am Telefon erreicht und um die Ecke im Regen getroffen habe und Du mir gesagt hast, dass es aus ist, ein und für alle Mal aus, dass Du mich nicht mehr sehen kannst und willst, nicht in Ruhe gelassen?

Aber vielleicht meinst Du ja auch gar nicht nur das Ende. Meinst Du den Anfang? Als Du weggelaufen bist und ich hinter Dir hergerannt bin und Dich an der Mauer neben der Kirche gestellt habe? Ja, wenn ich nicht die Hände neben Dir gegen die Mauer gepresst und Dich mit meinen Armen eingesperrt hätte, hätte ich Dir nicht sagen können, was ich Dir zu sagen hatte. Aber ich habe Dich nicht angerührt, bis Du mir die Arme um den Hals gelegt hast.

Und in unserer ersten Nacht hast auch Du die Arme um mich gelegt – erinnerst Du Dich nicht mehr? Es war kalt, so kalt, dass Du nicht mehr unter der Decke hervorkommen wolltest, und so habe ich mich aufgerichtet und über Dich gebeugt und das Licht neben Dir ausgeknipst, und dann hast Du doch die Arme unter der Decke hervorgestreckt und mich zu Dir genommen.

Ich weiß, Du hast Dich und mich später noch mal und noch mal gefragt, ob ich unsere erste Begegnung nicht von langer Hand eingefädelt, ob ich nicht ein abgekartetes Spiel mit Dir gespielt habe. Ich mochte damals und mag auch heute nicht sagen, dass es Zufall war, dass wir uns begegnet sind. Es war ein Geschenk des Himmels.

Hast Du die Bilder noch? Von den ersten hattest nur Du Abzüge. Ein Kollege von Dir hat sie gemacht, und eines sehe ich vor mir: das Restaurant in Mailand, lauter Musiker um einen großen Tisch und neben Dir ich, gerade von der Oboe von meinem einsamen Tisch an Euren geselligen geholt. Die nächsten Bilder sind vom Comer See – ich habe noch die Negative. Auf einem hat der kleine Junge vom Obststand auf den Auslöser gedrückt, und wir schauen verwirrt, verliebt, glücklich und entschlossen. Auf einem anderen ist das große, alte, weiße Hotel unserer ersten Nacht zu sehen; die Berge tragen noch Schnee, und Du lehnst an unserem Mietwagen und hast das Tuch um den Kopf gebunden wie Caterina Valente in den fünfziger Jahren. Eines hast Du von mir gemacht, ohne dass ich's gemerkt habe; ich bin, schon im Mantel und Aufbruch, auf den Balkon getreten und schaue auf den See hinunter, auf dem, weil es noch so kalt ist, kein Schiff und kein Boot unterwegs ist. Und das Bild von Dir im Morgenlicht, zu dem Du mir den silbernen Rahmen geschenkt hast.

Wenn Du Dich von mir bedrängt gefühlt hast, am Anfang, am Ende, wann auch immer – es tut mir leid. Ich dachte, wir hätten gemeinsam unter dem Druck der Situation gestanden und gelitten, beide nicht so frei füreinander, wie wir gerne gewesen wären. Wir waren auf verschiedene Weise eingesperrt, und vielleicht hast Du an Deinem Konflikt schwerer getragen als ich an meinem. Aber auch ich hatte es mit meinem nicht leicht, und das Schwerste war, dass ich Dich ständig bitten musste, mir zu helfen.

Ich traue mich nicht, Dich um ein Wiedersehen zu bitten. Aber Du sollst wissen, dass ich es mir sehr wünsche.

Rolf

Er hatte das Album, als er es im Geheimfach gefunden hatte, wieder zurückgelegt. Jetzt nahm er es heraus, zerschnitt den Lederriemen und schlug es auf. Auch das Album fing mit den Bildern der Tischrunde im Mailänder Restaurant an: blitzlichtgeblendete Blicke, alkoholbeschwingte Gesten, leer gegessene Schüsseln und Teller, volle und leere Karaffen, Flaschen und Gläser. Er erkannte den einen und anderen Kollegen von Lisa. Sie saß neben einem Mann, den er noch nie gesehen hatte. Auf jedem Bild lachte er in die Runde, zu seinem Nachbarn, zu Lisa, in die Kamera, die Linke mit erhobenem Glas und die Rechte um Lisas Schultern gelegt. Dann kamen die Bilder vom Comer See: Lisa und der Andere neben einem Obststand, Lisa mit Auto in der Auffahrt eines Hotels der Jahrhundertwende, Lisa neben einer Palme am See, Lisa an einem Cafétisch, Espressotasse und Wasserglas vor sich, Lisa mit schwarzer Katze auf dem Arm. Er fand auch den Anderen auf dem Balkon über dem See. Und er fand Lisa im Bett. Sie lag auf der Seite, Arme und Beine um die Decke geschlungen, und wandte das verschlafene, zufriedene Gesicht der Kamera zu.

Es kamen noch mehr Bilder. Auf manchen erkannte er Häuser, Straßen, Plätze, das Schloss oder eine Kirche der Stadt, in der er lebte. Einige mochten in der Stadt des Anderen aufgenommen worden sein. Kein Bild deutete noch mal auf eine Reise hin. Das letzte Bild zeigte den Anderen in Badehose und mit Handtuch über eine Wiese kommen. Groß, schlank, mit gerader Haltung und festem Gang, mit vollem Haar und weichem Lächeln – er sah gut aus.

VIII

Er musterte sich im Spiegel. Die weißen Haare auf der Brust, die Altersflecken und -warzen am ganzen Körper, der Speck um die Hüfte, die dünnen Beine und Arme. Der Kopf mit dem schütteren Haar, die tiefen Furchen über der Stirn, zwischen den Brauen und von den Nasenflügeln zu den Mundwinkeln, der schmallippige Mund, die leere Haut unter dem Kinn. Er fand in seinem Gesicht nicht Schmerz oder Trauer oder Zorn, sondern nur Verdruss.

Der Verdruss fraß in ihm und zehrte in kleinen Bissen sein vergangenes Leben auf. Was immer seine Ehe getragen hatte, Liebe, Vertrautheit, Gewohnheit, Lisas Klugheit und Fürsorge, ihr Körper, ihre Rolle als Mutter seiner Kinder – es hatte auch sein Leben außerhalb seiner Ehe getragen. Es hatte ihn getragen sogar bei seinen gelegentlichen Phantasien von einem anderen Leben und anderen Frauen.

Er zog den Bademantel über und rief seine Tochter an. Ob er am nächsten Tag kommen könne?

Nicht für lange, nur für ein paar Tage. Nein, er halte es alleine schon noch aus. Er wolle mit ihr reden.

Sie sagte, er solle kommen. Er hörte das Zögern in ihrer Stimme.

Ehe er am nächsten Morgen aufbrach, schrieb er eine Antwort. Den Anderen anzureden, konnte er sich wieder nicht entschließen; er begann wieder einfach so.

Was Du Dir alles vormachst! Ja, wir standen in verschiedenen Situationen – was soll daran gemeinsam gewesen sein? Und was soll für Dich schwer daran gewesen sein, mich um Hilfe bitten zu müssen? Ich habe sie geleistet. War das nicht schwerer?

Die Dinge schönreden – das hast Du damals gemacht, und Du machst es heute wieder. Ja, ich habe die Bilder noch. Aber ich schaue sie an, und sie wecken keine glücklichen Erinnerungen. Da war zu viel Lüge.

Du willst mich sehen – wir sind noch nicht so weit, wenn wir es überhaupt jemals sein werden.

B.

Er hatte das Auto seit Monaten nicht mehr benutzt. Jemand von der Werkstatt musste kommen und beim Anlassen helfen. Das Fahren war ungewohnt, aber nicht unangenehm. Er stellte das Radio an, machte das Schiebedach auf und ließ die Frühlingsluft herein.

Das letzte Mal war er die Strecke mit seiner Frau gefahren. Sie war schon sehr krank gewesen und hatte nur noch wenig gewogen; er hatte sie in eine Decke gehüllt und die Treppe hinab und über die Straße zum Auto getragen. Er hatte das geliebt: sie einhüllen, aufnehmen und tragen. Ehe sie ausfuhren, ließ sie sich von ihm waschen und kämmen und nahm ein bisschen Eau de Toilette; das Schminken hatte sie aufgegeben. Er trug sie, und sie duftete und seufzte und lächelte.

Die Erinnerung war ungetrübt. Er merkte, dass überhaupt die Erinnerung der letzten Jahre, der Jahre der Krankheit und des Sterbens, von den jüngsten Entdeckungen nicht berührt war. Als wären die Lisa, um die er geworben und mit der er eine Familie gehabt und das Leben bewältigt hatte, und die andere, die langsam verlosch, zwei verschiedene gewesen. Als hätten Krankheit und Sterben in ihr alles getilgt, woran sich seine Eifersucht festmachte.

Die Straße führte durch kleine Orte, Felder und Wald, durch weißgetünchte, rotgeziegelte Ordnung und eine ebenfalls geordnete Natur, die in hellem Grün und in den Gärten mit bunten Blumen prunkte. In den Orten waren die Straßen leer; die

Kinder waren in der Schule und die Erwachsenen bei der Arbeit. Zwischen den Orten begegnete ihm ab und zu ein anderes Auto, ein Traktor, ein Lastwagen. Er liebte das hügelige Land zwischen den Bergen und der Ebene. Es war ein Teil von seiner und Lisas Heimat, der sie, auch als ihn seine Karriere ins Ministerium und in die Hauptstadt geführt hatte, die Treue bewahrt hatten. Sie hatten ihr Haus behalten, die Kinder waren in ihren Schulen geblieben, und er war gependelt, manchmal nur für einen Tag, manchmal für mehrere Tage oder die ganze Woche. Auch die Kinder hingen an dieser Heimat; als sie aus dem Haus gingen, zogen auch sie nicht weit weg. Eine Stunde mit dem Auto zur Tochter, zwei Stunden zum Sohn – über die Autobahn und bei schneller Fahrt konnte er es sogar in der Hälfte der Zeit schaffen. Aber jetzt hatte er es nicht eilig.

Er versuchte, sich auf das Gespräch vorzubereiten, das er mit seiner Tochter führen wollte. Was sollte er seiner Tochter von Lisa und sich und dem Anderen sagen? Wie sie fragen, ob Lisa mit ihr über ihn und den Anderen gesprochen hatte? Ihm war, als hätten Lisa und seine Tochter einander nahegestanden. Aber genau wusste er es nicht; seine Erinnerungen an Lisa und seine Tochter Arm in Arm, an seine Tochter, die nach Hause kommt und nach ihrer Mutter ruft, oder an Lisa, die mit ihm Urlaub macht und Stunden am Telefon verbringt, weil ihre Tochter mit ihr reden muss, stammen aus einer Zeit, als die Tochter noch ein Teenager war.

IX

»Was willst du mit mir reden?«

Seine Tochter fragte ihn, während sie die Couch im Wohnzimmer für die Nacht bezog. Er hatte angeboten zu helfen, sie hatte abgelehnt, und er stand mit den Händen in den Taschen da. Sie fragte ihn abweisend.

»Lass uns morgen darüber reden.«

Sie breitete die Decke über das Bett und richtete sich auf. »Seit Mutters Tod haben wir dich eingeladen, und ich habe gedacht, dass es dir und mir gut täte, dass wir uns näherkämen, weil wir beide… Weil du deine Frau verloren hast wie ich meine Mutter, und Georg und die Kinder hätten sich auch gefreut. Du hast unsere Einladungen ausgeschlagen und mir damit sehr weh getan. Jetzt kommst du und willst mit mir reden. Es ist wie früher, wenn du dich monatelang nicht um uns gekümmert hattest und plötzlich am Sonntagmorgen mit uns spazieren gehen und reden wolltest. Uns fiel nichts ein, und du wurdest ärgerlich – ich möchte das gerne hinter mich bringen.«

»War es so schlimm?«

»Ja.«

Er guckte auf seine Schuhe.

»Es tut mir leid. Ich hatte, wenn ich lange viel zu tun hatte, den Kontakt zu euch verloren. Dann hatte ich ein schlechtes Gewissen, wusste aber nicht, was ich euch fragen sollte. Ich war mehr verzweifelt als ärgerlich.«

»Verzweifelt?« Seine Tochter fragte ironisch.

Er nickte. »Ja, wirklich verzweifelt.« Er wollte seiner Tochter erklären, wie sein Leben damals war und dass er den Verlust des Vertrauens seiner Kinder gemerkt und darunter gelitten hatte. Aber er sah im Gesicht seiner Tochter die Ablehnung dessen, was er sagen wollte. Sie war streng und bitter geworden. Zwar konnte er dahinter noch das offene, fröhliche und zutrauliche Mädchen erkennen, das sie einmal gewesen war, aber er konnte es nicht mehr ansprechen und hervorlocken. Er konnte auch nicht fragen, wie das fröhliche Mädchen zur bitteren Frau hatte werden können. Immerhin konnte er die Frage stellen, die er mitgebracht hatte, auch wenn die Antwort wieder abweisend sein würde.

»Hat deine Mutter mit dir über unsere Ehe geredet?«

»Deine Mutter – kannst du nicht einfach ›Mutter‹ sagen, wie andere Männer, oder ›Lisa‹? Dass sie meine Mutter ist, betonst du, als... als...«

»Hat deine... hat Mutter gesagt, dass sie nicht mag, wenn ich so von ihr rede?«

»Nein, sie hat nie gesagt, dass sie nicht mag, was du machst.«

»Erinnerst du dich an die Zeit vor elf Jahren? Du hast Abitur gemacht und im Sommer...«

»Du musst mir nicht sagen, was ich damals gemacht habe, ich weiß es selbst. Im Sommer ist Mutter mit mir zur Feier des Abiturs eine Woche nach Venedig gefahren. Warum?«

»Hat sie auf der Reise über mich gesprochen? Über unsere Ehe? Vielleicht über einen anderen Mann?«

»Nein, hat sie nicht. Und du solltest dich schämen, über Mutter solche Fragen zu stellen. Du solltest dich schämen.« Sie ging kurz in den Flur und kam mit zwei Handtüchern zurück. »Hier. Du kannst ins Bad. Frühstück ist um halb acht, und ich wecke dich um sieben. Gute Nacht.«

Er wollte sie in die Arme nehmen, aber als er auf sie zutrat, winkte sie ihm kurz zu und witschte aus dem Zimmer. Oder winkte sie ihm nicht zu, sondern ab?

Er ging nicht ins Bad. Er hatte Angst; ihn kostete der Weg über den Flur ins Bad mehr Mut, als er hatte. Wenn er sich vertun und plötzlich im Zimmer seiner Tochter und ihres Mannes stehen würde? Oder im Kinderzimmer? Oder im Treppenhaus, bei zugefallener Wohnungstür? Er würde klingeln, sich ausschimpfen lassen und entschuldigen müssen. Er beschloss, nicht auch noch seinen Sohn zu besuchen. Er würde auch Lisas beste Freundin nicht besuchen und nach Rolf fragen.

X

Er fuhr am nächsten Morgen, als das Haus leer, seine Tochter und ihr Mann bei der Arbeit und die Kinder in der Schule waren. Er verabschiedete sich mit einem Gruß auf einem Zettel.

Die Fahrt dauerte vier Stunden. Er kannte die Stadt nicht gut, fand aber die Straße, das Haus am Park und in der Nähe ein Zimmer in einem Hotel. Er hängte seine Kleider in den Schrank und machte einen Spaziergang. Die kleine Straße, an der das Hotel lag, kreuzte eine breite Straße mit breiten Bürgersteigen und mündete in einen kleinen Platz. Von der Bank auf dem Platz konnte er in die Straße schauen, in der der Andere wohnte. Das Haus war eine in Wohnungen aufgeteilte Jugendstilvilla, deren

Rückseite wie die der Nachbarhäuser an einen Bach und den Park grenzte.

Wenn er in den nächsten Tagen auf seinem Spaziergang zur Bank kam, fand er sie leer. Zwar lud das warme Wetter zum Sitzen ein, aber auf den Bänken im Park, zu dem es nur ein paar Schritte waren, saß es sich schöner. Er blieb, bis er die Zeitung gelesen hatte, nicht länger und nicht kürzer, ging danach am Haus des Anderen vorbei und über den Bach in den Park. Er machte die Runde jeden Tag ein bisschen später. Dabei schmiedete er Pläne. Den Anderen ausforschen, einkreisen, seine Gewohnheiten und Neigungen erkunden, sein Vertrauen gewinnen, seinen wunden Punkt finden. Dann – er wusste nicht, was dann kommen, was er dann tun würde. Irgendwie würde er den Anderen aus seinem und Lisas Leben tilgen.

Am Dienstag der zweiten Woche saß er gegen zwölf Uhr auf der Bank, als der Andere aus dem Haus trat. Er trug einen Anzug mit Weste, hatte eine Krawatte umgebunden und ein passendes Tüchlein in die Brusttasche gesteckt. Ein Geck! Er war schwerer als auf den Fotografien, hatte eine stattliche Gestalt und ging mit beschwingtem Schritt. Als er den Platz erreichte, bog er in die kleine Straße und an der Kreuzung in die breite. Nach ein paar hundert Metern setzte er sich auf die Terrasse eines Cafés. Der Kellner brachte ihm unaufgefordert Kaffee, zwei Croissants und ein Schachspiel. Der Andere nahm ein Buch aus der Innentasche, stellte die Figuren auf und spielte eine Partie nach.

Als der Andere am nächsten Tag kam, saß er schon vor einem Schachbrett mit einer Partie von Keres gegen Euwe.

»Indisch?«, fragte der Andere, als er stehen blieb und zusah.

»Ja.« Er schlug mit einem weißen Turm einen schwarzen Bauern.

»Schwarz muss die Dame opfern.«

»Das fand Keres auch.« Er schlug den weißen Turm mit der schwarzen Dame und diese mit der weißen. Er stand auf. »Gestatten Sie, mein Name ist Riemann.«

»Feil.« Sie schüttelten sich die Hände.

»Wollen Sie sich dazusetzen?«

Sie tranken zusammen Kaffee, aßen Croissants und spielten die Partie zu Ende. Dann spielten sie eine Partie gegeneinander. »O Gott, es ist drei, ich muss los.« Der Andere verabschiedete sich hastig. »Sehe ich Sie morgen wieder?«

»Gerne. Ich bleibe noch eine Weile in der Stadt.«

Sie verabredeten sich für den nächsten Tag, dann für den Tag darauf, und dann bedurfte es keiner

Verabredung mehr. Sie trafen sich um halb eins, aßen ein spätes Frühstück und spielten eine Partie. Dann redeten sie. Manchmal schlenderten sie durch den Park.

»Nein, ich war nie verheiratet. Ich bin nicht für die Ehe geschaffen. Ich bin für die Frauen geschaffen, und die Frauen sind's für mich. Aber Ehe – manchmal musste ich rennen, wenn's brenzlig wurde, und ich war immer schnell genug.« Er lachte.

»Sie haben nie eine Frau getroffen, bei der Sie gerne geblieben wären?«

»Klar hat's Frauen gegeben, die bei mir bleiben wollten. Aber wenn's genug war, war's genug. Sie kennen Sepp Herberger: Nach dem Spiel ist vor dem Spiel.«

Oder sie sprachen über den Beruf.

»Wissen Sie, für mich, der jahrelang internationale Verantwortung getragen hat und heute in New York und morgen in Hongkong war, war der Beruf etwas anderes als für jemanden, der Tag um Tag ins selbe Büro geht und dieselbe Arbeit macht.«

»Was haben Sie gemacht?«

»Nennen wir's Troubleshooting. Ich habe in Ordnung gebracht, was andere vermasselt haben. Rebellen entführen die Frau des deutschen Botschafters oder die Tochter des Repräsentanten von Mannesmann, der Dieb bietet der Nationalgalerie das gestohlene Bild zum Rückkauf, die PDS parkt das Vermögen der SED bei der Mafia – Sie verstehen, was ich meine?«

»Sie haben mit den Rebellen, dem Dieb oder der Mafia verhandelt?«

»Einer muss es machen, oder?« Der Andere guckte bedeutend und bescheiden.

Oder sie sprachen über ihre Liebhabereien.

»Lange konnte ich mir ein Leben ohne Polo nicht vorstellen. Sie spielen Golf? Nein? Nun, Polo verhält sich zu Golf wie Reiten zu Laufen.«

»Was Sie nicht sagen!«

»Sie reiten auch nicht? Wie soll ich's Ihnen dann erklären? Es ist das schnellste, härteste und ritterlichste Spiel. Leider habe ich nach dem letzten Sturz aufgeben müssen.«

Oder sie sprachen über Hunde.

»So, Sie haben lange einen Hund gehabt? Was für einen?«

»Einen Mischling. Er hatte ein bisschen Schäferhund, ein bisschen Rottweiler und noch ein bisschen was. Wir haben ihn gekriegt, als er ein oder zwei Jahre alt war, einen rumgeschubsten, geprügelten, depressiven Kerl. Das blieb er auch. Aber er war so glücklich, wie er sein konnte, und hätte sich für die Familie in Stücke hauen lassen. Wenn er nicht vor Angst unter den Sessel gekrochen wäre.«

»Ein Versager. Das ist auch was, das ich nicht leiden kann. Versager. Ich hatte lange einen Dobermann, der Preise gewonnen hat, Preise über Preise. Ein tolles Tier.«

XI

Ein Aufschneider, dachte er, ein Geck und ein Aufschneider. Was hat Lisa an ihm gefunden?

Er rief seine Putzfrau an und bat sie, ihm die Post ins Hotel nachzuschicken.

Nein, meine Braune, so schlimm war es nicht, mir zu helfen. Wir haben gedacht, es würde ein Erfolg werden. Außerdem hast Du gemocht, dass ich Dich gebraucht habe. Für mich war es schlimm, nicht alleine zurechtzukommen.

Es war mir eine Lehre. Inzwischen sieht mein Leben anders aus. Dass ich die Dinge schönrede, ist nicht wahr. Ich sehe in ihnen Schönes, das die anderen nicht sehen. Ich habe auch Dir Schönes gezeigt, das Du nicht gesehen hast, und Dich damit glücklich gemacht.

Lass mich Dir wieder die Augen öffnen und Dich wieder glücklich machen!

Rolf

Aus Angst, sich zu verraten, hatte er dem Anderen nicht gesagt, aus welcher Stadt er kam. Das war unnötig vorsichtig gewesen und nahm ihm überdies Anknüpfungspunkte für Gespräche mit dem Anderen, Angelhaken, die der Andere schlucken und mit denen er ihn fangen konnte. So erwähnte er die Stadt; er habe eine Weile in ihr gelebt.

»Hatte ich auch mal eine Wohnung. Kennen Sie die Häuser am Fluss, zwischen der neuen Brücke und der anderen, noch neueren, deren Namen ich nicht mehr weiß? Da war das.«

»Wir hatten ein Haus im selben Viertel, aber am Feld hinter der Schule.« Er nannte die Straße, seine Straße.

Der Andere runzelte die Stirn. »Erinnern Sie sich an Ihre Nachbarn?«

»Den einen und anderen.«

»Erinnern Sie sich an die Frau, die im Haus Nummer 38 wohnte?«

»Braune Haare, braune Augen, Geigerin, zwei Kinder, der Mann Beamter? Meinen Sie die? Haben Sie sie gekannt?«

Der Andere schüttelte den Kopf. »So ein Zufall, so ein Zufall. Ja, wir haben uns einmal gekannt. Ich meine, wir hatten...« Er schaute auf seine Hände. »Sie ist eine feine Frau.«

Meine Frau war eine feine Frau? Obwohl der

Andere es respektvoll sagte, klang es ihm herablassend und anmaßend. Es ärgerte ihn.

Es ärgerte ihn auch, wenn er im Schach gegen den Anderen verlor. Es passierte selten; der Andere spielte fahrig, hatte die Augen auf der Straße oder bei einer Frau oder einem Hund am Nebentisch, redete viel, lobte die eigenen Züge, nahm sie, wenn sie falsch waren, beleidigt zurück und erklärte, wenn er verlor, wortreich, warum er eigentlich hätte gewinnen müssen. Wenn er gewann, freute er sich und gab an wie ein Kind. Wie klug er den Turm gegen den Springer getauscht oder den Bauer geopfert, wie raffiniert er seinen Damenflügel geschwächt und dadurch sein Zentrum gestärkt hätte – alles, was während des Spiels passiert war, interpretierte und präsentierte der Andere als Beleg seines überlegenen Könnens. In der zweiten Woche pumpte der Andere ihn an. Ob er für ihn zahlen könne? Er habe sein Geld vergessen. Am nächsten Morgen pumpte er ihn wieder an. Er habe sein Geld nicht zu Hause vergessen, wie er gedacht habe. Er müsse es in der Hose gelassen haben, die er in die Reinigung gebracht habe und die er erst nach dem Wochenende abholen könne. Deshalb müsse er auch um einen größeren Betrag bitten, der ihn übers Wochenende bringe. Vierhundert Mark seien wohl zu viel, aber wie stünde es mit dreihundert?

Er gab ihm das Geld. Er ärgerte sich über die Bitte des Anderen. Er ärgerte sich über den Gesichtsausdruck, mit dem der andere um das Geld bat und es nahm. Als tue er ihm, indem er ihn bat und von ihm nahm, einen Gefallen.

Er ärgerte sich darüber, dass er nicht wusste, was er weiter machen sollte. Weiter mit dem Anderen Schach spielen, spazieren gehen, ihm Geld leihen und seine angeberischen Geschichten hören, darunter eines Tags die Geschichte der Affäre mit seiner Frau? Er musste näher an ihn rankommen.

Er schrieb seiner Putzfrau, legte einen Brief an den Anderen bei und bat sie, ihn einzuwerfen.

Ja, vielleicht sollten wir uns wiedersehen. In ein paar Wochen komme ich in Deine Stadt und könnte Dich treffen. Dein Leben sieht anders aus – zeig es mir. Zeig mir Deine Arbeit, Deine Freunde und, wenn es sie gibt, die Frau in Deinem Leben. Da, wo wir damals aufgehört haben, können wir nicht weitermachen. Aber vielleicht gibt es einen Platz in Deinem Leben für mich und in meinem für Dich – im Leben drin und nicht an seinem Rand.
B.

Er besuchte den Anderen. Unaufgefordert und unangekündigt klingelte er bei ihm. Das Schild mit den Namen, Klingeln und der Sprechanlage, in Messing glänzend und zu der Jugendstilfassade und dem Jugendstileingang des gepflegten Hauses passend, führte zuunterst den Namen des Anderen auf. Die Haustür war offen, und als er den Namen des Anderen an den beiden Wohnungstüren im Erdgeschoss nicht fand, ging er die Treppe hinunter, deren Stufen wie der Boden der Eingangshalle aus Marmor und deren Geländer wie das der Treppe zu den oberen Geschossen aus geschnitzter Eiche waren. Es war die Kellertreppe; an ihrem Ende war rechter Hand eine Eisentür mit der Aufschrift Keller. Aber linker Hand war eine Wohnungstür mit dem Namen des Anderen. Er klingelte.

Der Andere rief »Frau Walter?«, nach einer Weile »Ich komme gleich!« und machte nach wieder einer Weile auf. Er stand in ausgebeulten Sporthosen und fleckigem Unterhemd da. Durch die Tür waren ein ebenerdiges Fenster zum Garten, ein ungemachtes Bett, ein Tisch voller Geschirr, Zeitungen und Flaschen, zwei Stühle, ein Schrank und durch eine weitere offene Tür Klo und Dusche zu sehen. »Oh«, sagte der Andere, trat in den Flur und zog die Tür fast zu, »das ist eine Überraschung.«

»Ich wollte einfach einmal...«

»Kolossal, wirklich kolossal. Tut mir leid, dass ich Sie nicht gehörig empfangen kann. Hier ist's zu eng und oben zu lange her, dass ich nach dem Rechten gesehen habe. Ich kampiere seit zwei Monaten im Keller, weil ich mich um die Schildkröten kümmere. Sie mögen Schildkröten?«

»Ich habe nie...«

»Sie haben nie mit Schildkröten zu tun gehabt? Selbst Leute, die welche zu Hause haben, kennen sie nicht. Und wie sollen Sie sie mögen, wenn Sie sie nicht kennen? Kommen Sie mit!« Er führte ihn durch die Eisentür und einen Gang in den Heizungskeller. »Bald können sie raus, aber ich sage mir, lieber zu viel Vorsicht als zu wenig. Das gibt's bei uns fast nie, dass Schildkröten Junge kriegen. Als die Alte im Herbst bei den Büschen gegraben hat, habe ich an alles gedacht, nur nicht daran, dass sie Eier vergräbt. Drei Eier, ich habe sie in den Heizungskeller gelegt, und aus zweien sind kleine Schildkröten geschlüpft.«

Das Licht im Heizungskeller war schwach. Ehe sich seine Augen daran gewöhnten, nahm der Andere seine Linke und setzte eine winzige Schildkröte in seine Handfläche. Er spürte ihre unbeholfen rudernden Beine, ein zartes Kratzen und Kribbeln. Dann sah er sie, gepanzert wie eine große Schildkröte und mit der gleichen faltigen Haut unter dem Kopf und dem gleichen langsamen Lidschlag über den alten, weisen Augen. Zugleich war sie anrührend klein, und als er sie mit den Fingern der Rechten berührte, spürte er, wie weich ihr Panzer noch war.

Der Andere sah ihm zu. Er machte eine lächerliche Figur; die Sporthose hing unter seinem dicken Bauch, die Arme waren kläglich weiß und dünn, und das Gesicht zeigte den innigen Wunsch, bewundert und gelobt zu werden.

Ob das stimmte? Oder hatte der Andere die kleinen Schildkröten gekauft? Konnte man so kleine Schildkröten kaufen? Trug er sonst ein Korsett, das seinen dicken Bauch hielt? Wohnte er in diesem Kellerloch, damit er eine gute Adresse angeben und morgens mit seinem guten Anzug aus einem guten Haus treten konnte?

Die kleine Schildkröte in seiner Hand ließ ihn beinahe weinen. So jung und schon so alt, so schutzlos und unbeholfen und schon so weise. Zugleich ärgerte ihn der Andere. Seine schmuddelige Erscheinung, seine verkommene Wohnung, sein Aufschneiden, seine Gier nach Anerkennung – diesen Versager hatte Lisa ihm vorgezogen?

XII

Ein paar Tage später zog der Andere beim Frühstück den Briefumschlag aus der Jackentasche und legte ihn auf den Tisch. »Ich habe eine wichtige Nachricht bekommen.« Er strich mit der Hand über den Briefumschlag. »Mich wird eine berühmte Geigerin besuchen – dass ich ihren Namen nicht nennen kann, werden Sie verstehen. Ich werde ihr einen Empfang ausrichten. Darf ich Sie einladen?«

Aber es ging weniger um seine Einladung als darum, ihn als finanziellen Förderer zu gewinnen. »Sie können kommen? Wie schön! Darf ich Sie auch bitten, mir aus einer momentanen Schwierigkeit zu helfen? Bei den Immobilien, mit denen ich zurzeit zu tun habe, bin ich in einer schon länger drin, als es mir recht ist. Als Folge davon habe ich ein kleines Cash-flow-Problem, das den Empfang nicht beeinträchtigen soll, nicht wahr?«

»Wie viel Geld brauchen Sie?« Er sah den Anderen an, wieder eine gepflegte Erscheinung mit Anzug, Weste, Krawatte und passendem Brusttuch. Die Krawatten und Tüchlein wechselten oft, Anzüge gab es zwei, und die schwarzen Schuhe mit dem Budapester Lochmuster, die immer makellos glänzten, waren immer dieselben. Erst jetzt kam es ihm zu Bewusstsein.

Erst jetzt kam ihm auch zu Bewusstsein, dass der Andere bei ihren Spaziergängen durch den Park darauf bestand, dass sie auf den geteerten und gekiesten Wegen gingen, auf denen die Schuhe geschont würden. Dass er mit Immobilien zu tun hatte und in einer schon länger drin war, als ihm recht war – war er in der Jugendstilvilla Hausmeister? Er würde ihm Geld geben. Der Empfang mochte eine Gelegenheit sein, seine Freunde und Bekannten kennenzulernen. Eine Gelegenheit, ihn vor seinen Freunden und Bekannten bloßzustellen.

»Sie kennen die Trattoria Vittorio Emanuele zwei Straßen weiter links? Es ist eines der besten italienischen Restaurants, das ich kenne, und den hinteren Raum, den Raum zum Hof, kann man für eine geschlossene Gesellschaft bekommen. Ich kenne den Wirt. Mehr als dreitausend Mark wird er für ein Essen für zwanzig Personen nicht nehmen.«

»Ein Essen? Ich denke, Sie wollen einen Empfang geben.«

»So stelle ich mir's vor. Helfen Sie mir mit dem Geld aus?«

Noch während er nickte, begann der Andere Pläne zu machen. Was es zum Essen geben solle. Dass der Aperitif bei schönem Wetter im Hof serviert werden könne, dass Reden gehalten werden sollten. Wen er einladen wolle.

Wen er einladen wolle – bei jedem weiteren Frühstück ging es darum. Langsam gewann aus den möglichen Gästen, die er benannte und beschrieb, sein Leben Gestalt. Er redete von dem Theater, das er einmal gehabt habe, und von Leuten von Theater und Film, nicht oder nicht mehr berühmt, aber der eine und andere Name klang immerhin bekannt. Er erwähnte einen ehemaligen Polizeipräsidenten, einen Domkapitular, einen Professor und einen Bankdirektor; er habe ihnen einmal einen Gefallen getan, und sie kämen sicher gerne. Was für einen Gefallen? Dem Polizeipräsidenten habe er bei einer Geiselnahme einen Hinweis geben können, der Professor und der Bankdirektor hätten ohne ihn nicht rechtzeitig gemerkt, dass ihre halbwüchsigen Kinder Drogenprobleme hatten, und der Domkapitular habe sich mit dem Zölibat schwergetan. Er wolle auch das erste und zweite Brett der Schachmannschaft einladen, in der er das dritte gewesen war. Unter den Immobilienleuten, mit denen er zurzeit zu tun habe, hätten nur wenige Niveau, aber einen oder zwei könnte er einladen. »Bei meinen internationalen Kontakten muss ich mich leider zurückhalten. Bei ihnen ist Geheimhaltung alles.«

Nachdem der Andere dieselben Namen noch mal und noch mal durchgespielt hatte, sagte er: »Und meinen Sohn.«

»Sie haben einen Sohn?«

»Ich habe mit ihm kaum Kontakt gehabt. Sie werden sich erinnern, wie das mit unehelichen Kindern früher war. Als unehelicher Vater konnte man zahlen, aber Besuche, gemeinsame Tage und Ferien gab's nicht. Immerhin weiß mein Sohn, dass ich sein Vater bin.« Er schüttelte den Kopf. »Ich fürchte, er ist, was mich angeht, ein bisschen voreingenommen. Aber gerade darum wär's gut, wenn er mich in meiner Welt sähe, meinen Sie nicht auch?«

Nach Tagen freudiger Planung wurde er ängstlich. Er hatte einen weiteren Brief mit dem Datum des Besuchs bekommen. »Am Samstag in zwei Wochen. Die Trattoria ist frei; aber ich muss mich mit den Einladungen beeilen. Und was, wenn niemand kommt?«

»Warum bitten Sie auf den Einladungen nicht um Antwort?«

»U. A. w. g. – natürlich kommt das auf die Einladungen. Aber die Antworten können Ab- und Zusagen sein. Schreibe ich: ›Zu Ehren der Violinistin... erlaube ich mir, Sie zu einem Essen in der Trattoria Vittorio Emanuele einzuladen‹, oder schreibe ich: ›Aus Anlass des Aufenthalts der Violinistin... in unserer Stadt erlaube ich mir...‹, oder lasse ich den Namen weg und schreibe: ›Eine alte Freundin und berühmte Violinistin ist zu Besuch in unserer Stadt. Ich erlaube mir, Sie zu einem gemeinsamen Essen...‹, oder stelle ich am Anfang um: ›Eine berühmte Violinistin und alte Freundin...‹«

»Ich würde den Namen weglassen. Ich finde die knappen Einladungen die besten.«

Der Andere ließ den Namen weg, ließ sich aber die berühmte Violinistin und alte Freundin nicht nehmen. Zwei Wochen vor dem Termin waren die Einladungen bei den Empfängern. Es begann das Warten auf die Zu- und Absagen.

Er beobachtete die Vorbereitungen, Hoffnungen und Ängste des Anderen mit gemischten Gefühlen. Wenn er Rache suchte, war die Einladung die Gelegenheit, sie zu nehmen, auch wenn er noch nicht wusste, wie er sie nehmen würde. Also hoffte er mit dem Anderen auf Zusagen. Also half er mit Geld und Rat. Aber zugleich gönnte er dem Anderen nichts, nicht einmal die Zusagen. Der Andere war ein Geck, ein Aufschneider, ein Schönredner, ein Versager. Er war in seine Ehe eingebrochen. Er war vermutlich auch in andere Ehen eingebrochen. Er hatte vermutlich nicht nur ihn angepumpt, sondern auch andere um ihr Geld betrogen.

Eines Abends gingen sie zusammen zur Trattoria Vittorio Emanuele und probierten den Raum und das Menü. Paté tricolore, Lamm mit Polenta und Contorni, Torta di ricotta, dazu Pinot Grigio und Barbera. Das Essen war hervorragend, aber der Andere sorgte sich um alles und jedes: War die Paté nicht zu fest? War genug Rosmarin am Lamm? Sollten die Contorni nicht anders gewählt werden? Er sorgte sich, ob Leute kämen, ob sein Sohn käme und was er dächte, ob ihm die Rede gelänge, wie er den Besuch der berühmten Violinistin und alten Freundin sonst zu einem Erfolg machen könne. Er vertraute sich an: Es handele sich um eine Frau, die ihm und der er einmal sehr nahegestanden habe. Dann fiel ihm ein, dass er einen ehemaligen Nachbarn der Frau vor sich hatte. »Wir haben neulich über sie geredet – erinnern Sie sich? Sie ist eine feine Frau, und Sie sollten keine falschen Schlüsse ziehen.«

XIII

Die meisten sagten ab. Zusagen kamen von ein paar Leuten von Theater und Film, vom Domkapitular, dem zweiten Brett und dem Sohn. An Stelle derer, die absagten, wurden andere eingeladen. Aber von den zusätzlichen Einladungen war der Andere nicht eigentlich überzeugt; er kannte die, die er einlud, kaum, oder er fand, mit ihnen sei kein Staat zu machen.

Mit dem Wachsen der Schwierigkeiten, das Essen zu einem gelungenen Ereignis zu machen, wurde er kleinlauter. »Sie müssen wissen, dass ich mich in letzter Zeit gesellschaftlich zurückgehalten habe. Sie kennen das sicher; manchmal lebt man mehr nach außen und manchmal mehr nach innen. Ich hatte gehofft, mit dem Empfang ins gesellschaftliche Leben zurückzukehren. Gut, dass Sie kommen. Ich kann mich darauf verlassen, nicht wahr?« Eines Tages, beim Weg von der Toilette auf die Terrasse des Cafés, in dem sie frühstückten und Schach spielten, kam er am Telefon vorbei, an dem der Andere gerade von seinem alten Freund, dem ehemaligen Staatssekretär im Innenministerium, sprach. Er fragte nach. »Wer ist der ehemalige Staatssekretär, mit dem Sie befreundet sind?« – »Sie. Haben Sie nicht gesagt, dass Sie im Ministerium gearbeitet haben? Und ein Mann Ihres Formats – ich weiß, was Sache ist, auch ohne dass man's mir sagt.«

Vor wem sollte er den Anderen beim Essen bloßstellen? Vor Gästen, die ebensolche Versager waren wie der Andere selbst? Er hatte sich manchmal ausgemalt, er würde sagen, die berühmte Violinistin, am Kommen leider verhindert, habe ihm als ehemaligem Nachbarn, der ihr in Vorfreude auf das Wiedersehen geschrieben habe, mit einem Brief geantwortet. Sie habe ihn gebeten, den Brief beim

Essen vorzulesen. Im Brief würde er den Anderen der Lächerlichkeit und Verachtung preisgeben, nicht grob und nicht plump, sondern auf scheinbar liebevollste Weise. »Ich freue mich, dass Deine Hoffnungen endlich in Erfüllung gegangen sind. Wie gerne würde ich Deinen Erfolg mit Dir und Euch feiern. Dass ich nicht nur auf Dich, sondern auch auf mich stolz bin – verstehst Du es? Damals, als niemand an Dich geglaubt hat, habe ich an Dich geglaubt und Dir mit meinem Geld helfen können. Und jetzt hast Du's der Welt endlich gezeigt!«

Er war ziemlich sicher, dass das die Hilfe war, die der Andere von Lisa bekommen hatte: Geld. Es war leicht herauszufinden gewesen, dass der Andere mit seinem Theater vor elf Jahren Bankrott gemacht hatte. Er hatte nur mit dem jetzigen Eigentümer sprechen müssen. Lisas Bank hatte er nicht gefragt. Aber von der Erbschaft, die sie gleich nach der Hochzeit gemacht hatte, war nach ihrem Tod nichts übrig gewesen. Er hatte sich, als er ihre Bankkonten aufgelöst hatte, gewundert, denn wenn sie das Geld verbraucht oder den Kindern gegeben hätte, hätte er es mitgekriegt. In den ersten Jahren der Ehe hätte ihnen das Geld das Leben leichter machen können, aber sie hatten sich vorgenommen, es nur anzutasten, wenn es nicht anders ginge. Es ging immer anders; sie verdienten bald mehr, als sie verbrauchten. So hatte er sich gewundert. Aber nachzuforschen, wann und wohin die fünfzigtausend verschwunden waren – danach war ihm nach ihrem Tod nicht gewesen.

Er schrieb den Brief nicht, der den Anderen bloßstellen würde. Er schrieb einzelne Absätze im Kopf, aber wenn er sich hinsetzte, um einen Entwurf zu Papier zu bringen, hatte er keine Energie. Zuerst war es noch zu lange hin. Dann wurde angesichts der zu erwartenden Gäste das Vorhaben überhaupt fraglich.

Aber daran lag es nicht, dass ihm die Energie fehlte. Auch seine Eifersucht und sein Ärger verloren ihre Kraft. Ja, er war betrogen und bestohlen worden. Aber hatte Lisa nicht genug gebüßt? Und hatte sie ihm in den letzten Jahren nicht in einer Weise gehört, von der der Andere keine Ahnung hatte? Wovon hatte der Andere überhaupt Ahnung? Er war ein Versager, ein Blender, und wäre es Lisa damals nicht schlechtgegangen, hätte er bei ihr keine Chance gehabt. Um Eifersucht, Ärger zu wecken, war er zu mies.

Er beschloss abzureisen. Zuerst wollte er den Anderen in seinem Kellerloch besuchen und sich von ihm verabschieden. Dann verschob er es auf das nächste Frühstück.

»Ich reise heute ab.«

»Wann kommen Sie wieder? Es sind nur noch drei Tage.«

»Ich komme nicht wieder. Ich will auch mein Geld nicht wieder. Essen Sie mit denen, die kommen. Lisa wird nicht kommen.«

»Lisa?«

»Lisa, Ihre Braune, meine Frau. Sie ist im letzten Herbst gestorben. Sie haben nicht mit ihr korrespondiert, sondern mit mir.«

Der Andere senkte den Kopf. Er nahm die Hände vom Tisch, legte sie in den Schoß und ließ Kopf und Schultern hängen. Der Zeitungsverkäufer kam, legte wortlos eine Zeitung hin und nahm sie wortlos wieder weg. Die Kellnerin fragte: »Darf's noch was sein?«, und bekam keine Antwort. Ein Cabriolet fuhr an den Straßenrand und hielt im Halteverbot; zwei Frauen stiegen aus, gingen lachend über den Bürgersteig und setzten sich lachend einen Tisch weiter. Ein Terrier schnüffelte von Tisch zu Tisch und an den Beinen des Anderen. »Woran ist sie gestorben?«

»Krebs.«

»War es schlimm?«

»Sie ist ganz dünn geworden, so dünn, dass ich sie auf einem Arm tragen konnte. Die Schmerzen waren nicht schlimm, auch am Ende nicht. Das kriegt man heute in den Griff.«

Der Andere nickte. Dann sah er auf. »Sie haben meinen Brief an Lisa gelesen?«

»Ja.«

»Dann wollten Sie rausfinden, was ich für Lisa war? Wer ich bin? Sie wollten sich an mir rächen?«

»So etwa.«

»Wissen Sie's jetzt?« Als er keine Antwort bekam, fuhr er fort. »Das Rächen hat sich erledigt, weil ich ohnehin ein Versager bin. Stimmt's? Ein Aufschneider, der von den alten Zeiten schwadroniert, als seien sie gut und golden gewesen und nicht Blech und Bankrott und Gefängnis. Was? Das haben Sie noch nicht gewusst? Jetzt wissen Sie's.«

»Warum?«

»Ihre Frau hat meine Schulden und beim zweiten Prozess meinen Verteidiger bezahlt, aber die Bewährung vom ersten war dahin. Ich hatte versucht, mein Theater zu retten.«

»Dafür...«

»...kommt man nicht ins Gefängnis? Kommt man doch, wenn man tut, als wäre alles besser, als es ist, als gäb's Geld, wo keines ist, und Verträge, wo weit und breit nicht einmal Interessenten sind, und Zusagen von Schauspielern, die man noch nie gesehen hat und mit denen man noch nie geredet hat. Aber das wissen Sie doch. Haben Sie mir nicht geschrieben, dass ich die Dinge schönrede? Ja, ich mache sie schön. Ich mache sie schöner, als sie es sonst wären. Ich kann es, weil ich in ihnen Schönes sehe, das Sie nicht darin sehen.«

Der Andere richtete sich auf. »Ich kann nicht sagen, wie leid mir Lisa tut.« Er schaute herausfordernd. »Sie tun mir nicht leid. Denn ich will Ihnen noch etwas sagen. Lisa ist bei Ihnen geblieben, weil sie Sie geliebt hat, noch in schlechten Tagen mehr als mich in guten. Fragen Sie mich nicht, warum. Aber mit mir war sie glücklich. Und ich will Ihnen auch sagen, warum. Weil ich ein Aufschneider bin, ein Schwadroneur, ein Versager. Weil ich nicht das Monster an Effizienz, Rechtschaffenheit und Griesgrämigkeit bin, das Sie sind. Weil ich die Welt schön mache. Sie sehen nur, was sich Ihnen darbietet, und nicht, was sich darunter verbirgt.« Er stand auf. »Ich hätte es merken können. Die Briefe klangen so griesgrämig, wie Sie griesgrämig klingen. Ich habe sie mir schöngelesen.« Er lachte. »Machen Sie's gut.«

XIV

Er fuhr nach Hause. Hinter der Haustür lagen die Briefe, die der Postbote durch den Schlitz geworfen hatte, und Benachrichtigungen über Päckchen, die auf dem Postamt lagerten. Die Putzfrau war, nachdem er sie gebeten hatte, ihm die Post nachzuschicken, nicht mehr im Haus gewesen. Sie hatte auch den Müll stehengelassen, den er bei seiner Abreise aus der Küche geräumt, aber im Flur vergessen hatte. Jetzt stanken Flur und Treppenhaus. Die Blumen, die Lisa geliebt und die er ihr zum Andenken gepflegt hatte, waren grau verdorrtes, geschrumpftes Geranke auf rissiger Erde.

Er machte sich sofort an die Arbeit. Er trug den Müll und die Blumen raus, putzte die Küche, taute den Eisschrank ab und wischte ihn aus, saugte Wohn- und Schlafzimmer, bezog das Bett und wusch Wäsche. Er holte die Päckchen vom Postamt, die noch nicht wieder zurückgeschickt worden waren, kaufte ein und schaute im Garten, worum er sich in den nächsten Tagen und Wochen würde kümmern müssen.

Am Abend war er fertig. Es war spät; als er die letzte Wäsche in der Maschine gewaschen und zum Trocknen aufgehängt hatte, war Mitternacht. Er war zufrieden. Er hatte ein unerfreuliches Kapitel abgeschlossen. Er hatte sein Haus in Ordnung gebracht. Am nächsten Morgen würde er beginnen, wieder sein Leben zu leben.

Aber am nächsten Morgen wachte er auf, wie er aufgewacht war, ehe er zu seiner Reise aufgebrochen war. Die Sonne schien, die Vögel sangen, durch das Fenster kam ein weicher Wind, und die Bettwäsche roch frisch. Er war glücklich, bis ihm alles einfiel: die Briefe, die Affäre, seine Eifersucht und sein Ärger, sein Überdruss. Nein, er hatte nichts abgeschlossen. Er war auch nirgendwo angekommen, weder unten, wo er wieder von vorne anfangen konnte, noch in seinem alten Leben noch in einem neuen. Sein altes Leben war ein Leben mit Lisa gewesen, auch noch nach ihrem Tod, auch noch, nachdem er von der Affäre erfahren hatte und eifersüchtig geworden war. Über der Kampagne gegen den Anderen hatte er Lisa verloren. Sie war ihm fremd geworden, wie ihm der Andere fremd war, ein Posten in seinem Liebes-, Eifersuchts-, Aufklärungs- und Rachekalkül, dessen er nun überdrüssig war. Hier hatte sie neben ihm gelegen und hatte er sie auch nach ihrem Tod so lebendig erinnert, dass ihm manchmal gewesen war, als müsse er nur den Arm ausstrecken und könne sie berühren. Jetzt war neben ihm nur ein leeres Bett.

Er machte sich im Garten an die Arbeit. Er mähte, beschnitt, hackte, jätete, kaufte und setzte neue Pflanzen und sah, dass die Platten des Sitzplatzes unter der Birke neu verlegt und der Zaun an der Straße neu gestrichen werden mussten. Er beschäftigte sich zwei Tage lang im Garten und sah, dass er sich noch drei, vier und fünf Tage lang beschäftigen könnte. Aber dass er mehr als das Beet oder die Rosen oder den Buchs, dass er sein Leben in Ordnung brächte, wenn er mit Hacke, Rechen und Schere arbeitete, glaubte er schon am zweiten Tag nicht mehr.

Er glaubte auch nicht mehr ans Fallen und daran, unten anzulangen und wieder von vorne anzufangen. Er hatte das Bild geliebt und sich den Fall und das Aufkommen schmerz- und schwerelos vorgestellt. Aber Fallen konnte ganz anders sein. Wenn er fiel, dann vielleicht, um krachend aufzuschlagen und mit gebrochenen Gliedern und zerplatztem Schädel liegenzubleiben.

Am dritten Tag hörte er mit der Arbeit auf. Es ging auf Mittag zu; er räumte Farbe und Pinsel weg und hängte das Schild »Frisch gestrichen« an den halbfertigen Zaun. Er schaute im Fahrplan nach den Verbindungen nach der Stadt im Süden. Er musste sich beeilen. Der Empfang sollte um sieben Uhr beginnen; der Andere hatte es ihm oft genug gesagt und auch im letzten Brief an Lisa geschrieben, der unter der Post war.

Als er im Zug saß, fragte er sich, ob er nicht an der nächsten Station aussteigen und umkehren solle, und als er ankam, ob er nicht ins Hotel fahren, ein, zwei Tage in der Stadt verbringen und endlich einfach deren Schönheit genießen solle. Aber die

Adresse, die er dem Fahrer der Taxe gab, war die Adresse der Trattoria Vittorio Emanuele, und dort stieg er aus, ging hinein und in den Raum zum Hof. Die Türen zum Hof waren offen, im Hof standen die Gäste zu zweien und dreien mit Gläsern und kleinen Tellern, und der Andere ging von Gruppe zu Gruppe. Dunkler Seidenanzug, dunkles Hemd, Krawatte und Brusttuch zueinander passend, die vertrauten schwarzen Schuhe mit dem Budapester Lochmuster, das Haar voll und schwarz, das Gesicht lebhaft, Haltung und Bewegungen leicht und sicher – er war der Star. Hatte er den Anzug geliehen? Hatte er die Haare gefärbt? Trug er ein Korsett, oder zog er den Bauch so gut ein? Als er sich das fragte und selbst den Bauch einzuziehen versuchte, sah der Andere ihn und kam zu ihm. »Wie schön, dass Sie gekommen sind!«

Der Andere führte ihn herum und stellte ihn als Staatssekretär a. D. vor. Wenn ich Staatssekretär a.D. bin, wer mag sich hinter dem Domkapitular und den Schauspielern und Schauspielerinnen verbergen? Wer hinter den verlegen lächelnden Kollegen aus der Immobilienbranche und den lauten Frauen von der Haute Couture? Das zweite Brett war echt; ein Rentner, der früher Lastwagen gefahren war und mit denselben ausholenden Armbewegungen, mit denen er Lastwagen durch Kurven gesteuert hatte, seine Erfolge am Schachbrett beschrieb. Echt war auch der Sohn, ein etwa dreißig Jahre alter Fernsehtechniker, der seinen Vater und die Gäste mit interessierter, gelassener Verwunderung betrachtete.

Der Andere war ein vollendeter Gastgeber. Wo ein Glas oder ein Teller leer war, ein Gast alleine stand, das Gespräch stockte – ihm entging nichts, und er brachte den Kellner auf Trab, zog die alleine Stehenden ins Gespräch und gruppierte seine Gäste immer wieder neu, bis alle sich so gefunden hatten, dass sie gerne miteinander redeten. Nach einer halben Stunde war der Hof erfüllt vom Gewirr der Stimmen.

Als es dunkel wurde, bat der Andere seine Gäste hinein. Aus kleinen Tischen war eine große Tafel gestellt worden. Der Andere führte jeden an seinen Platz, setzte am oberen Ende den Staatssekretär a. D. rechts neben sich und den Domkapitular links und neben diese beiden an den Längsseiten zwei Frauen von der Haute Couture. Als alle saßen, blieb er stehen. Seine Gäste sahen es und wurden still.

»Ich hatte Sie eingeladen, weil ich mit Ihnen den Besuch einer alten Freundin feiern wollte. Sie kommt nicht. Sie ist gestorben. Aus dem Wiedersehens- und Willkommensessen ist ein Abschiedsessen geworden.

Das heißt nicht, dass wir nicht fröhlich sein dürfen. Ich selbst bin fröhlich, weil Sie gekommen sind, meine Freundinnen und Freunde, mein Sohn, Lisas Mann.« Er legte ihm die Hand auf die Schulter. »So muss ich nicht einsam Abschied nehmen. Ich muss nicht traurig Abschied nehmen von Lisa, die eine fröhliche Frau war.«

War meine Frau eine fröhliche Frau? Er spürte eine Welle von Eifersucht. Er wollte nicht, dass sie mit dem Anderen fröhlich gewesen war und mit ihm nicht, dass sie mit dem Anderen fröhlicher gewesen war als mit ihm. Mit ihm – er erinnerte sich an Lisa, die strahlte, lachte, glücklich war, die ihn anlachte, ihm zulachte, ihn mit ihrem Glück über die Kinder oder eine Musik oder den Garten anstecken wollte. Es waren seltene Erinnerungen. Eine fröhliche Frau?

Der Andere redete von Lisas Geigenspiel und der Vielfalt ihres Repertoires und ihrer Interpretationen und redete Lisa vom ersten Pult der zweiten Geige zur Solistin schön. Aber dann erzählte er, wie er sie in Mailand die erste Variation des Adagios von Joseph Haydns Streichquartett opus 76 Nr. 3 hatte spielen hören. Er erzählte, als höre er, wie ihre Geige das ruhige Auf und Ab, mit dem die Melodie beginnt, mit spielerischem und zugleich abgemessenem Schritt umtanzt. Wie sie die absinkende Melodie mit dem einen und anderen Schluchzen hinabbegleitet, ehe sie sie ermuntert, sich noch mal mit einem kleinen Schlenker erwartungsvoll aufzurichten. Dann nimmt die Melodie einen neuen Anlauf, beginnt wieder mit einem ruhigen Auf und Ab, steigt danach fordernd auf, verweilt stolz auf einem Akkord wie auf einer Terrasse, steigt dort auf einer breiten Treppe durch einen schönen Garten hinab, voll heiterer Würde, ehe sie sich dankbar und huldvoll mit einem Nicken verabschiedet. Und Lisas Geige umtanzt wieder das Auf und Ab und tritt dann mehrmals tief und fest auf, um der Forderung Nachdruck zu geben, ehe sie dem Stolz, mit dem die Melodie auf der Terrasse verweilt, und der Würde, mit der sie die Treppe hinabsteigt, trotz aller Bewegtheit der Variation ihre Reverenz erweist. Aber bei der Wiederholung schwingt sie sich mit kühnem Sprung zum Terrassenakkord auf, noch ehe die Melodie dort ankommt – wie ein Aufbegehren.

Der Andere machte eine Pause. Hatte er sie das Stück am Abend vor der ersten Begegnung spielen hören? Auf den längeren Tourneen des Orchesters trat immer auch das Quartett auf, das der Konzertmeister mit Lisa, der Bratschistin und dem Cellisten des Orchesters gebildet hatte. Hatte er sie dabei gesehen und sich dabei in sie verliebt? Sich verliebt, weil sie, die zarte Frau, mit einer solchen Kraft,

Klarheit und Leidenschaft gespielt hatte, dass es ihn danach verlangte, etwas davon abzukriegen? So spielte sie. Als sie sich noch nicht lange kannten, hatte er es auch gesehen. Später hatte er nicht mehr aufgepasst. Später war Lisa eben seine Frau, die am ersten Pult der zweiten Geige spielte und oft abends nicht für ihn da war, obwohl er sie gebraucht hätte und sie nicht einmal ordentlich verdiente.

Der Andere hatte Lisa nicht zur Solistin schöngeredet. Er hatte gesehen, was für eine wunderbare Geigerin sie war. Ob Solistin, erste oder zweite Geige, ob mehr oder weniger erfolgreich, mehr oder weniger berühmt – das war ihm ganz unwichtig. Er redete nicht schön, sondern fand schön, fand Schönheit, wo andere sie verstellten und verkannten, und nahm die Attribute, die andere zum Ausdruck ihrer Bewunderung verwendeten, zum Ausdruck seiner eigenen. Wenn die anderen sich nur unter einer berühmten Geigerin eine wunderbare Geigerin vorstellen konnten, dann musste er eben von der wunderbaren als einer berühmten sprechen. Ähnlich sah er wohl in sich das Zeug zum Troubleshooter, zum Polospieler und zum Herren eines preisgekrönten Dobermanns. Vielleicht hatte er auch das Zeug dazu. Denn die Schönheit, die er pries, enthielt nicht nur eine höhere, sondern eine handfeste Wahrheit; immerhin redete er nicht über Auftritte von Lisa als Solistin, auch wenn sein Rühmen und Preisen für die Gäste so klingen mochte und niemand sich daran gestört hatte, sondern über ein Stück, in dem sie ausnahmsweise den entscheidenden, prägenden, leuchtenden Part spielte.

Auch Lisas Fröhlichkeit war wahr. Lisa war nicht mit dem Anderen fröhlich gewesen und mit ihm nicht, war mit dem Anderen nicht fröhlicher als mit ihm gewesen. Lisa hatte auf vielfältige Weise fröhlich gegeben, fröhlich genommen und andere fröhlich gemacht. Die Fröhlichkeit, die sie ihm gegeben hatte, war keine geringere, sondern gerade die, der sich sein schwerfälliges und griesgrämiges Herz öffnen konnte. Sie hatte ihm nichts vorenthalten. Sie hatte ihm alles gegeben, was er zu nehmen fähig gewesen war.

Der Andere war mit der Rede fertig und hob das Glas. Der Sohn stand auf, alle standen auf, und sie tranken im Stehen auf Lisa. Später hielt der Sohn eine kleine Rede auf seinen Vater. Auch der Domkapitular redete; er sprach über die heilige Elisabeth von Ungarn und die heilige Elisabeth von Portugal, die ihren Mann und ihren Sohn miteinander versöhnt hatte. Er hatte zu schnell zu viel getrunken und war verwirrt. Eine Schauspielerin setzte zu einer Rede über die Frauen und die Künste an und kam nach wenigen Worten über die Musik zuerst auf das Theater und dann auf sich zu sprechen. Das zweite Brett erhob sich, schlug klingend mit der Gabel an das Glas und bat mit schwerer Zunge um Aufmerksamkeit. Er sei kein Mann großer Worte, aber wenn die Damenbauer-Eröffnung, an der er seit vielen Jahren arbeite, fertig sei, werde er sie Lisas Eröffnung nennen.

Sie feierten bis in die tiefe Nacht. Als er sich von allen verabschiedet hatte, lief er durch leere Straßen zum Bahnhof. Dort wartete er auf dem Bahnsteig, bis er in den ersten Zug nach Hause steigen konnte. Als der Zug die Stadt hinter sich ließ, dämmerte der Morgen. Er dachte an den nächsten Morgen zu Hause. Er würde aufwachen, die Sonne sehen, die Vögel hören, den Wind spüren, und ihm würde alles wieder einfallen, und es würde in Ordnung sein.

Jakob Arjouni
Notwehr

Am Nachmittag des vierzehnten September 2001 saß Victor Radek – nach Victor Jara, dem chilenischen, von der Militärjunta ermordeten Liedermacher, den Victors Mutter früher verehrt hatte – neben seiner Freundin Natascha auf dem Sofa einer Suite im Kempinski-Hotel und sah im Fernsehen zum x-ten Mal die Bilder, wie die Flugzeuge im World Trade Center einschlugen. Anschließend der amerikanische Präsident, der Vergeltung schwor. Danach ein Interview mit Bin Laden, in dem er verkündete, dass er mit einem heiligen Krieg die islamische Welt retten wolle.

»Wenn er seine Welt weiter so rettet, ist sie bald verschwunden«, sagte Natascha.

Victor nickte abwesend. Morgen hatte er mit seiner Band ein Konzert, und er wusste immer noch nicht, ob sie spielen sollten.

Er konnte sich schlecht vorstellen, morgen Abend *Liebling, lass uns noch was saufen* zu singen.

Eine Weile sahen sie stumm Bin Laden zu, bis

das Telefon klingelte. Victor stand auf und ging zum Schreibtisch.

»Radek.«

»Herr Radek, Rezeption hier. Ein Besuch für Sie.«

»Wer?«

»Ihre Mutter. Ich verbinde...«

»Warten Sie!«

»Ja, bitte?«

Victor zögerte. Dann sagte er: »Das muss ein schlechter Scherz sein. Meine Mutter ist tot.«

»Äh – was?«

»Sie haben's gehört.«

»Das tut mir leid, Herr Radek, wie hätte ich das...«

»Schon gut.«

Victor legte den Hörer auf. Als er sich umdrehte, sah er Nataschas erschrockenes Gesicht.

Der Arzt hatte gesagt, sie müsse sich mehr bewegen. Der Arzt war natürlich ein Idiot. Wer hatte ihr denn immer wieder zu der Operation geraten? Und jetzt, drei Monate danach, brauchte sie immer noch die Krücke.

So ein Heilungsprozess benötigt seine Zeit, Frau Radek. Versuchen Sie, die Situation etwas positiver anzugehen.

Positiver *angehen*, sehr lustig, wo sie kaum laufen konnte! Und so was hatte studiert! Aber einen Mercedes vor der Tür und eine Villa in Zehlendorf! Wenn sie ihre Kunden so beraten hätte, dann besäße sie heute nicht mal ein Moped. Aber bei Ärzten war das ja egal. Die konnten raten und diagnostizieren, was sie wollten, am Abend nach Hause ging's im Mercedes. Nicht dass sie kein gutes Auto gehabt hätte. Volvo. Aber sie hatte sich das ja auch verdient. Abgesehen davon, dass Automarken ihr selbstverständlich völlig egal waren. Für so was hatte sie jedenfalls nicht ein Leben lang gekämpft. Ja, gekämpft!

Unentschieden stand Frau Radek vor dem Schlüsselbrett neben ihrer Wohnungstür. Sollte sie nun den Wagen nehmen oder zu Fuß gehen? Auch wenn der Arzt ein Idiot war, ein bisschen Bewegung täte ihr vielleicht tatsächlich gut. Außerdem hätte sie beim Gehen die Möglichkeit, noch mal alles, was sie Victor sagen wollte, in Ruhe zu überdenken. Gerade auch im Zusammenhang mit den Anschlägen in Amerika. Es würde doch Krieg geben. Krieg! Wie furchtbar! Die ganze Welt war in Gefahr! Somit auch Victor. Und sie. Das relativierte doch alles. Und dann fand man da in der Stadt ja auch niemals einen Parkplatz.

Sie ließ den Autoschlüssel hängen, wandte sich

zur Garderobe und zog einen Mantel an. Also zu Fuß. Natürlich würde sie Schmerzen haben. Und die Leute würden gucken. So eine humpelnde Alte. Aber sollten sie ruhig gucken. Aus den Leuten hatte sie sich noch nie was gemacht. Und geguckt hatten die schon immer. Damals zum Beispiel, 72, bei der Ladeneröffnung, *Bandiera Rossa* in Charlottenburg: Noch während das Schild über der Eingangstür angebracht wurde, gleich der erste Nachbar: »Soll'n dit heißen?«

»Rote Fahne.«

»Ah. Reicht dit heutzutage als Warenanjebot?«

»Das ist ein Schallplattenladen.«

»Und ick dachte... Bisschen irreführend.«

»Wird sich schon rumsprechen.«

»Wat Klassisches ham Se dann wohl nich? Ick hör nämlich jerne Klassik.«

»Haben wir auch.«

»Aber bitte keine Russen. Is mir zu traurich.«

»Wir haben nicht nur russische Komponisten. Außerdem können Sie bei uns alles bestellen.«

»Na, denn. Aber dit mit dem Namen, dit würd ick mir noch mal überlegen. Wissen Se, dit is so 'n Symbol – also mit Schallplatten hat dit nu nicht zu tun.«

Und so ging es in den ersten Monaten tagein, tagaus. Und das war ja noch freundlich gewesen.

Viermal hatten sie ihr das Schaufenster eingeschlagen, sieben- oder achtmal Stinkbomben in den Laden geworfen und jahrelang immer wieder die Fassade vollgeschmiert. Und dann die Touristengruppen aus Nürnberg oder Passau oder sonst woher, die kopfschüttelnd vor dem großen roten Neonröhren-Stern standen und sich lauthals ereiferten, ob das angesichts von Mauer und täglich drohendem Einmarsch der Russen nicht strafbar sei. Doch das alles hatte sie nicht unterkriegen können. Achtundzwanzig Jahre hatte sie *Bandiera Rossa* geführt, und der Laden war bei den Linken in ganz Deutschland ein Begriff. Immer noch. Oft sprachen Leute sie auf der Straße an, die sie kaum kannte, wie schade es sei, dass es *Bandiera Rossa* nicht mehr gebe, stattdessen den tausendsten Feinkost-Italiener. Aber sie hatte beim Hausbesitzer Vorschlagsrecht gehabt, und der Italiener, der keiner war, sondern ein Syrer, hatte nun mal am meisten Abstand gezahlt. War es ihre Schuld, dass sich heutzutage keine jungen Leute mehr fanden, die genug Mut und Moral besaßen, einen politisch engagierten Plattenladen zu führen?

Vielmehr, die Leute *hatten* sie auf der Straße angesprochen. In letzter Zeit kaum noch. Klar, mit der Krücke: Unglück wirkt ansteckend.

Frau Radek humpelte und hangelte sich die

Treppe hinunter. Im Hauseingang warf sie einen Blick in den Briefkasten. Nur Werbung. Wie schnell man vergessen war. Früher hatte sie extra immer nur die Ladenadresse angegeben, damit ihr Briefkasten nicht überquoll. Die vielen kleinen Plattenfirmen, die Musiker, denen sie geholfen und die sie zum Teil entdeckt hatte (Ende der Siebziger, Anfang der Achtziger hatte es sogar ein eigenes *Bandiera-Rossa*-Label gegeben mit Liedermachern aus der ganzen Welt), die Konzertveranstalter, das Haus der Kulturen – die hatten sie doch mit Einladungen und Dankesschreiben überschüttet. Aber jetzt… Sie war nie so gewesen. Sie vergaß keinen und kümmerte sich immer bis zum Ende um alle. Zum Beispiel um Magarete, ihre letzte Angestellte. Gut, den Laden konnte sie ihr nicht überlassen, auch wenn Margarete das gewollt hatte. So ein schüchternes, traumtänzerisches Ding. Für einen solchen Laden brauchte man Macherqualitäten – zupacken, rausreißen, durcharbeiten. Spätestens nach drei Monaten wäre Margarete alles über den Kopf gewachsen, und davor musste sie sowohl den Laden wie Margarete bewahren. Sollte ihr Lebenswerk am Ende etwa einfach pleitegehen, wie irgendein Gemüsegeschäft? Außerdem besaß Margarete keinen Pfennig, um den Abstand zu bezahlen. Aber dafür hatte sie sich ganze Abende Margaretes Zukunft gewidmet, sie zum Wein eingeladen und ihr geholfen, sich darüber klarzuwerden, dass sie, um im Leben voranzukommen, endlich ihren Freund, der sich einbildete, Musiker zu sein, aber nur Drogen nahm und große Reden schwang, verlassen müsse. Da war sie sogar so weit gegangen, ihren Sohn als Beispiel anzuführen.

»Nimm Victor. Hör dir seine Musik an. Seine Texte. Und obwohl ich seine Mutter bin: Kunst kommt durch Arbeit, und das hat Victor nie begriffen. Er hat Talent, von mir aus, aber Talent alleine... Punkrock soll das sein, so was wie *Tote Hosen* – na ja. Ich kenne die Anfänge des Punk, damals, als die ersten Platten aus England kamen. Also, das war aber was anderes! Weil er nicht sorgfältig genug arbeitet.«

»Bei Punkrock...?«

»Ja, auch Punkrock ist eine Kunst, und eine Kunst für Faule gibt's nicht.«

»Aber Victor, ich meine, er hat doch Erfolg und verdient viel Geld...«

»Im Moment noch. Aber warte ab, wenn die Mode wechselt. Dann steht er nämlich da mit seinen Liedern: *Liebling, lass uns noch was saufen* oder *Bitte, kämm dir nie die Haare*. Das ist doch Schlager. Und dieses Private. Kein Anspruch, nichts. Und singt man so was noch mit vierzig, mit zwei

Akkorden? Wie sie ihn dann fallenlassen werden! Wie er auf einmal im wirklichen Leben stehen wird! Noch hin und wieder ein Konzert in Darmstadt oder Reutlingen, ansonsten Künstlersozialversicherung und Klinken putzen.«

»Na ja, aber... Er macht sein Ding, oder?«

»Sein Ding! Mach mal dein Ding, wenn du alt bist und keiner mehr etwas von dir wissen will.«

»Aber wie soll man das denn vorher... Also, wenn man das immer bedenkt, dann –«

»Dann was? Dann stellt man sich den Realitäten und bereitet sich vor – ganz einfach. Aber ich wollte jetzt auch gar nicht über meinen Sohn reden.«

»Ach, das tust du doch oft.«

»Weil ich mir Sorgen mache, nur deshalb. Er will sich ja nichts anhören. Er glaubt ja, das Leben ginge immer so weiter: Erfolg, Geld, scheiß drauf, was die Mutter redet...«

»Ich weiß nicht, aber... Also ich wäre froh, wenn mein Freund mal ›scheiß drauf, was die Mutter redet‹ –«

»Na gut, so oft habe ich deinen Freund ja nicht erlebt. Aber den Eindruck, den ich bisher hatte... Auf jeden Fall musst du ihm helfen, mehr aus sich zu machen.«

»Ach, ich glaube, das will ich gar nicht. Ich bin

schließlich seine Freundin und nicht... Also, Liebe und Helfen, das gehört für mich irgendwie nicht zusammen.«

»Aber gerade in der Liebe. Und überhaupt. Jeder braucht Hilfe. Und Rat. Ich habe mein Leben lang immer allen geholfen.«

Als Frau Radek sich vom Briefkasten abwandte und aus der Haustür treten wollte, versperrte ein Auto den Weg. Dicker Opel, ihr Nachbar aus dem vierten Stock. Dabei war er arbeitslos. Computerspezialist, vor drei Monaten entlassen. Aber weiter sein dickes Auto fahren! Das war ihm wohl das wichtigste. Na, wenn erst mal der Krieg anfing, würde der sich noch umgucken. Benzinpreise und so.

»Hallo!«

Keine Antwort. Der Wagen war leer. Sollte sie sich da durchzwängen? Wo sie kaum laufen konnte?

»Hallo! Ich komme hier nicht vorbei! Da steht ein Auto im Weg!«

Hinter ihr im Treppenhaus schlug eine Tür zu.

»Hallo!«

»Ja, ja! Bin ja schon da!«

Der Herr Computerspezialist! Arbeitslos, aber immer so tun, als ob in Eile und sehr geschäftig. Und das Auto direkt vor der Tür parken, damit es auch ja keiner übersah. Ledersitze, CD-Anlage, lederbezogenes Lenkrad – genau so waren sie, die Männer!

Der Computerspezialist kam die Treppe herunter. Lila Anzug, Fönwelle. »Ach, Sie.«

Frau Radek lächelte bitter. »Sie sehen ja, ich bin zur Zeit nicht allzu beweglich.« Sie hob ihre Krücke in die Luft. »Wenn Sie also bitte das nächste Mal, wenn Sie Ihr Auto stehenlassen, an meine Behinderung denken wollten. Fünf Meter weiter würden schon reichen.«

»Ich hatt's eilig.«

Frau Radek sah ihm an, wie er sie in Gedanken beschimpfte. Er hasste sie, weil sie ihn durchschaute. Die alleinstehende alte Kuh, die kaum gehen konnte, und ausgerechnet die erkannte seine absolute Mittelmäßigkeit. Den jungen Flittchen, die er von Zeit zu Zeit anschleppte, konnte er wohl was vormachen, aber ihr genügte ein Blick in seine selbstsüchtigen, neidischen, cholerischen Augen, um zu wissen, dass es sich hier einfach nur um ein besonders unangenehmes Exemplar der Rasse Mann handelte. Und mit *der* Rasse kannte sie sich aus, o ja! Und hatte nie klein beigegeben! Nicht mal bei Victors Vater, den sie wirklich geliebt hatte. Aber am Ende war er eben auch nur ein Mann, der mehr Aufmerksamkeit, Zuwendung und Lob brauchte als ein ganzer Kindergarten. Und da hatte sie sich entscheiden müssen zwischen ihrer Arbeit und Victor und einer von Vorwürfen, Eifersucht und Alkohol geprägten Liebe. Das hatte sie auch Victor immer gesagt, schon als er noch ganz klein war, damit er verstand, warum sie keine so genannte normale Familie waren: Ich habe deinen Vater für dich verlassen, nur für dich! War das etwa nichts? Und was fiel Victor dazu ein, seit er glaubte, erwachsen zu sein? »Vielen Dank, aber ich möchte lieber nicht so oft hören, dass sich meine Eltern nur meinetwegen getrennt haben.« Von wegen ›Schuldgefühle‹! Wahrscheinlich hatte ihm diesen Psychokram seine damalige Freundin eingeredet. Die war so eine gewesen: Immer noch mal um die Ecke und zweimal hintenrum und Treppe hoch, Treppe runter, bis sie schließlich sagen konnte: »Ich glaube, vielleicht nehme ich doch noch eine zweite Tasse Kaffee, wenn noch was in der Kanne ist.« Aber mit der ging's dann zum Glück bald zu Ende. Obwohl: Weil Victor so traurig war und sich überhaupt nicht mehr aufs Abitur konzentrierte, hatte sie ja sogar noch versucht, die Beziehung zu retten. War extra zu dem Mädchen nach Hause gefahren und hatte ihr erklärt, dass das mit jungen Männern nun mal so sei: Die müssten Erfahrungen sammeln, sich ausprobieren, und sie sollte sich jetzt mal nicht so anstellen, nur weil Victor auch mit anderen schliefe, das sei doch nur

Biologie. Na gut, später kam raus, dass es darum gar nicht gegangen war und dass das Mädchen von Victors Seitensprüngen bis dahin nichts gewusst hatte – aber Tatsache blieb, dass sie den beiden hatte helfen wollen, obwohl sie das Mädchen nicht mal besonders mochte. Konnte sie ahnen, dass die jungen Leute heutzutage so unfrei mit ihrer Sexualität umgingen? Das Mädchen hatte sie fast angesprungen und dann aus der Wohnung geschrien – dabei war ihr noch kurz zuvor durch den Kopf gegangen: Vielleicht können wir nicht so gut miteinander, aber immerhin sind wir beide Frauen, da müsste doch eine gewisse Solidarität möglich sein. Sie hätte nämlich gerne ein paar Sachen über Victors Leben erfahren. Er war ja schon damals immer so verschlossen ihr gegenüber. Aber nein, von Solidarität keine Spur. Und da brauchten sich die jungen Dinger dann nicht zu wundern, wenn sie von den Männern schlecht behandelt wurden.

Der Opel fuhr an, und Frau Radek rief triumphierend: »Vielen Dank.« Dann humpelte sie die Hauseinfahrt hinunter. Immer noch wusste sie sich zu wehren. Und wenn alle sie verließen und sogar ihr Sohn nicht mehr mit ihr sprach – so schnell war sie nicht weg vom Fenster! Sie wandte sich nach rechts Richtung Bayerischer Platz und humpelte kräftig aus. Mit Victor war es ja schon lange schwierig. Ziemlich genau seit seinem dreizehnten Lebensjahr. Pubertät, na klar. Und aus der war er bis heute nicht raus. Dabei hatte vorher alles so wunderbar funktioniert: Wenn er am Wochenende nach Hause gekommen war, hatten sie es sich immer besonders schön gemacht, und einmal jeden Monat war sie mit ihm ins Internat gefahren und hatte nach dem Rechten gesehen. Mit Lehrern und Mitschülern gesprochen und Dinge geregelt. Und da gab's ja was zu regeln! Zum Beispiel wusste niemand, wie sensibel und verletzbar Victor war. Aber auch wie talentiert und intelligent. Das hatte sie den anderen Jungs und Mädchen alles erklären müssen. Victor war das zwar unangenehm gewesen, aber ihre Devise lautete nun mal: die Wahrheit auf den Tisch und ihr ins Gesicht schauen. Victor hatte Heimweh – na gut, konnte man doch drüber reden. Er wollte ja auch nicht weg vom Internat. Hatte sie ihm ja angeboten. Später hatte er mal gesagt, er sei ihr sehr dankbar, dass sie ihn mit neun aufs Internat geschickt habe, so sei er möglicherweise früh genug von ihr weggekommen, und das hätte er schon damals trotz allen Heimwehs geahnt. Tja, so konnte man sich das im Nachhinein natürlich zurechtlügen. Tatsache war ja wohl, dass sie, um das Internat bezahlen zu können, Tag und Nacht gearbeitet hatte. Weil: Es war ja nicht irgendein Internat gewesen, sondern das modernste und beste. Was da schon für Berühmtheiten zur Schule gegangen waren! Da hatten die Leute auch immer geguckt, wenn sie den Namen erwähnte, und dass ihr Sohn dort sei. Immerhin: die Tochter eines Postbeamten und einer Putzfrau, und heute der Sohn auf diesem Internat. Das hatte sie schon auch gerne erzählt. Warum denn nicht? Konnte sie doch stolz drauf sein. Und es war ja auch alles wunderbar gewesen bis – na eben, zur Pubertät. Auf einmal wollte Victor nicht mehr, dass sie ihn vom Internat abholte. Na, da kannte er sie aber schlecht! Sie ließ sich doch von ihm nicht die Sorge um sein Wohlergehen verbieten. Plötzlich war ihm die Mutter peinlich! Ausgerechnet sie: legendäre linke Plattenladenmacherin, bekannt und per du mit vielen Musikern, beliebt bei ihren Kunden, engagiert und aufgeschlossen und jugendlicher als die meisten Jugendlichen. Da war es ja wohl ein Witz, dass ihr Sohn sie wie irgendeine übliche Mutter behandelte. Zumindest im Kopf war sie ja noch jünger als sämtliche Freundinnen, die er in der Zeit zu haben anfing. Wenn sie sich da nur an die mit den Pferdepostern erinnerte. Pferdeposter! Also, da hatte sie einfach dazwischengehen müssen. Ihr Sohn war doch kein Idiot. Hatte sie ihm nicht schon Angela Davis und Che Guevara an die Wand gehängt, als er noch kaum laufen konnte?

Gut, die Eltern dieses Pferdepostermädchens hätte sie vielleicht nicht anrufen sollen. Aber konnte sie wissen, dass die gleich einen Skandal machen? Von wegen das Internat sei ein Bordell! Na ja, Zahnärzte. Auf jeden Fall wären viele von Victors Mitschülern froh gewesen, wenn sie so eine Mutter gehabt hätten wie sie. Das Problem war, dass Victor nicht einsah, dass seine Mutter seine beste Freundin war. Bis heute. Sie war doch der einzige Mensch, der sich wirklich Gedanken um ihn machte. Die ganzen Leute, die jetzt um ihn herumschwirrten, denen durfte er doch nicht trauen. Von denen sagte ihm doch keiner die Wahrheit. Die sahen den Erfolg, das Geld – so wie Margarete. (Ein Glück, dass sie der nicht den Laden überlassen hatte!) Aber dass die Texte schlecht gereimt und die Inhalte zum Teil geradezu reaktionär waren, die Musik jede Kompositionsregel missachtete und dass das ganze Auftreten der Band aus purem Halbstarkengehabe bestand, das wagte doch keiner auszusprechen.

Frau Radek überquerte den Bayerischen Platz. In einem der an der Ampel wartenden Autos erkannte sie einen Konzertmanager, mit dem sie früher ein paarmal zusammengearbeitet hatte. Nein, winken hatte sie nun wirklich nicht nötig. Der war doch sogar mal hinter ihr hergewesen. Der fette Kerl! Na, sollte er sie nur ruhig sehen: humpelnd, aber mit dem Kinn vorneweg. Im BMW! Dabei hatte der doch nie irgendwas hingekriegt. Wahrscheinlich seine Verbindungen zum Senat. Mit dem hatte sie sich ja kaum eingelassen. Männerverein. Oder sollte sie kurz hingehen und sich zum Fenster beugen: »Na, Treppe hochgefallen, BMW gekauft?« So was Freches, Frisches, wie's nun mal ihre Art war. Und dann lustig: »Unsereins kann sich ja nur 'n Volvo leisten.« Was ein Volvo war, wusste er ja wohl.

Aber dann schaltete die Ampel auf Rot, und Frau Radek musste auf der Fußgängerinsel zuschauen, wie der Konzertmanager an ihr vorbeifuhr.

Und auf solche Leute hörte Victor. Zum Beispiel seine Plattenfirma. Eine große, erfolgreiche, berühmte – das schon. Und gegen einige der Musiker, die dort unter Vertrag standen, wollte sie gar nichts sagen. War zwar nicht Bob Dylan darunter oder Randy Newman oder die wunderbare Joan Baez, aber immerhin. Doch was machten sie mit Victor? Beuteten seine momentane Popularität aus, anstatt – so wie sie das früher mit den Musikern des *Bandiera-Rossa*-Labels gemacht hatte – ihn behutsam aufzubauen. Kritische Begleitung, auch mal Einmischung, wenn's nötig war, und immer nach der Regel: lieber keine Platte als eine schlechte. Dafür unbedingte Solidarität, auch wenn's nicht so gut lief. Wenn sie da nur an den Rumänen dachte, wie hieß er noch gleich? Dem hatte sie, als es mit der Zigeunerjazzmode erst mal vorbei war, den Job als Hausmeister besorgt. Na immerhin, sonst hätte er zurück nach Rumänien gemusst. Aber: Wegen Mangel an Undankbarkeit geht die Welt nicht zugrunde. Der Rumäne bewarb sich mit seinen neuen Liedern, die nun überhaupt nichts mit dem zu tun hatten, womit er erfolgreich geworden war, einfach bei einer anderen Plattenfirma. Primitive, rhythmisch völlig unentschiedene, dabei heillos verkitschte Bauernmusik – oder was das gewesen sein sollte. Er hatte sich völlig verrannt. Und sie hatte das erkannt und konnte ihm nun wirklich keinen Vorschuss aufs Scheitern zahlen. Aber die neue Plattenfirma natürlich: Machen wir sofort – ohne Rücksicht auf den Künstler. Und dann ging es richtig bergab. Die CD verkaufte sich phantastisch, und der Rumäne spielte nur noch Kitschmusik. Ein Drama! Inzwischen gab es seine CDs in der ganzen Welt, und er hatte Konzerte in Amerika und sonstwo. Aber der Künstler? Tot. Und auch dann wieder: Dankbarkeit? Von wegen. Oder war es zu viel verlangt, wenn er in seinen Interviews mal darauf hingewiesen hätte, wo er eigentlich herkam und wer immer noch seine ersten CDs vertrieb?

Frau Radek humpelte in den kleinen Park am Bayerischen Platz und beschloss, eine kurze Pause einzulegen. Sie setzte sich auf eine Bank und sah einer Gruppe kahlgeschorener Jugendlicher zu, wie sie Bier soffen, und rumkrakeelten. Die machten sich wohl keine Sorgen wegen des Kriegs. Hauptsache, es war was los. Wenn sie die Brille abnahm, war der Unterschied zu Victors Band nicht auszumachen. Nicht mal zum Gesang. Sie hatte ihm ja angeboten: Komm zu *Bandiera Rossa*, eine bessere Produzentin und Managerin und eine, die dir mehr Arbeit abnimmt, findest du nicht, und nebenbei machst du eine vernünftige Ausbildung am Konservatorium. Wollte er nicht. Selbst als sie ihm die Realität vor Augen führte: dass er sich ins Verderben stürze, dass er als zwanzigjähriger, ungelernter Musiker ohne Abschluss keine Chance habe, dass er nicht mal Noten lesen könne, dass er kein Genie sei und niemand auf einen wie ihn warte, dass die Welt und das Leben grausam seien, dass überall Feinde und Neider lauerten und dass er spätestens mit dreißig, wenn's mit dem Charme der Jugend vorbei sei, mittellos und ohne Zukunft auf der Straße stehen werde. Und genau genommen hatte sie Recht behalten. Mit dreißig hatte er auf jeden Fall *künstlerisch* mittellos und ohne Zukunft dagestanden. Auf der Straße zwar nicht gerade, aber dass diese Luxushotels, in denen ihn seine Plattenfirma immer unterbrachte, gut für einen so jungen Charakter waren, das mochte sie doch lieber bezweifeln. Darum glaubte er ja, er sei sonstwer und könne auf die Ratschläge und die Hilfe seiner Mutter komplett verzichten. Dabei: Wer kannte sich denn in dem Geschäft so gut aus wie sie? Achtundzwanzig Jahre! Sie wusste doch, wovon sie sprach. Und wollte für ihren Sohn nur das Beste. Ganz im Gegensatz zum Chef seiner Plattenfirma. Und darum musste sie dem dann auch mal einen ehrlichen Brief schreiben. Dass Victor daraufhin jeden Kontakt abbrach, war zwar ein Schlag gewesen, aber was nahm sie nicht auf sich, um ihr Kind vor Gefahren zu schützen. (Und so viel Kontakt war ja auch vorher nicht gewesen.) Dabei stand im Grunde gar nichts Besonderes drin im Brief, eigentlich nur ein paar ganz normale Anmerkungen, wie man sie sich im Musikgeschäft auf leitender Ebene, auf der ja alle irgendwie miteinander zu tun hatten, gelegentlich zukommen ließ. Und darum war sie auch so enttäuscht gewesen, dass der Chef der Plattenfirma Victor von dem Brief erzählte. Konnte man denn überhaupt niemandem mehr vertrauen? Und die ganze Aufregung nur, weil sie in Sorge um die Karriere ihres Sohns geraten hatte, Victors CDs bis auf weiteres nicht mehr zu veröffentlichen, weil die inzwischen musikhandwerklich so schlecht wären, dass sein Ruf bald für immer beschädigt sein würde. Na ja, wenn's doch stimmte! Und dabei hatte sie sich alles so schön ausgemalt: wie sie mit Victor irgendwohin aufs Land gefahren wäre und ihm geholfen hätte, sein Selbstvertrauen wiederzufinden, wie sie sich dann gemeinsam hingesetzt und endlich mal über alles gesprochen hätten, was in den letzten Jahren zwischen ihnen schiefgelaufen war, und wie sie schließlich angefangen hätten, an einer neuen CD zu arbeiten. Nebenbei wäre Victor so auch mal für eine Weile von dieser Natascha weggekommen. Unglaublich, was für ein Weibchen! Nur weil ihr Göttergatte damals nicht mehr mit seiner Mutter sprechen wollte, wurde Natascha plötzlich auch so einsilbig am Telefon. Dass es so was heutzutage noch gab. Von Eigenständigkeit und Frauensolidarität keine Spur. Na, und wie konnte so eine Victor helfen? Wahrscheinlich fand sie es schon genial, wenn er *Hänschen klein* pfiff. Aber dabei so hartherzig, dass sie ihr die kleinste Auskunft über ihren Sohn verweigerte: Da solle sie doch Victor direkt fragen. Dumm auch noch! *Ihn direkt fragen* – wo er doch nicht mehr mit ihr sprach.

Frau Radek stand von der Parkbank auf und humpelte weiter. Hinterm Park bog sie in eine Wohnstraße ein. Dort war sie vor einem halben Jahr bei einer Einzimmerwohnungsbesichtigung gewesen, kurz nachdem Victor sich das Haus in

Paris gekauft hatte. Denn, so war ihr damals aufgegangen, was sollte sie noch mit ihren fünf Zimmern, wenn sie doch ein oder zwei Zimmer bei Victor beziehen konnte und sich dann sowieso nur noch hin und wieder in Berlin aufhielt. Das war kurz nach Victors Anruf gewesen. Fast zwei Jahre nichts und dann auf einmal: »Ich hab gehört, du gibst den Laden auf?« Siehst du, hatte sie gedacht, du wolltest das ja nie wahrhaben, aber das ist eben nicht irgendein Laden, sondern *Bandiera Rossa*, und dass es damit vorbei ist, das spricht sich rum. Aber geantwortet hatte sie: »Tja, jetzt bist du traurig, was? Hättest ja noch mal vorbeikommen können.«

»Bin ich nicht. Ich frag mich nur, was du ohne Laden tun willst.«

»Ach, da mach dir mal keine Sorgen. Ich hab tausend Pläne. Vielleicht lern ich noch Gitarre und nehme eine eigene CD auf...«

Sie hatte ein bisschen gelacht, aber natürlich war es ihr damit Ernst gewesen.

»Hmhm«, hatte Victor nur erwidert, aber sie wusste, dass ihm das Eindruck machte. War ja schließlich auch was: die Alte, die allen mal zeigte, wie's ging. Gerade auch textlich hatte sie da schon einige Ideen. Und Melodien – also bitte: Achtundzwanzig Jahre täglicher Umgang mit Musik und

Kunden, da wusste sie doch besser als irgendwer, auf was es ankam, damit die Leute mitwippten. Victor würde sich noch umschauen. Vielleicht reagierte er auch deshalb so zurückhaltend. Konkurrenz von ganz oben sozusagen.

»Na, dann ist ja gut. Dachte, du wärst pleite.«

»Pleite?! Ich?!« Wieder lachte sie. »Das hättest du wohl gerne!«

»Bitte? Nein. Wär mir eigentlich völlig egal. Natascha meinte nur... Ach, schon gut.«

Er klang erschöpft. Wahrscheinlich wegen Natascha. Die war ja auch erschöpfend. Und darum rief er wohl auch an: Wusste nicht mehr so recht weiter im Leben. Und an wen wendete man sich da? An die Person, die einem am nächsten stand natürlich. Trotzdem: So schnell würde sie jetzt nicht klein beigeben, schließlich hatte er sich fast zwei Jahre nicht gemeldet.

Möglichst leichthin sagte sie: »Ich dachte, vielleicht wäre eine Pleite meines Ladens für dich endlich der Triumph über mich gewesen, nach dem du dich offensichtlich seit Jahren sehnst.«

»Ach ja.« Victors Stimme entfernte sich: »Also, wenn du noch mit ihr reden willst...«

»Na, na, nicht gleich wieder flüchten! Victor! Du musst dich den Problemen doch mal stellen! ... Victor!«

»…Hallo?«

Was wollte die denn jetzt? »Hallo, Natascha! Wir haben ja lange nicht mehr miteinander gesprochen.« Immer freundlich. Vor der gab sie sich doch keine Blöße.

»Na ja, ist ja auch alles 'n bisschen schwierig.«

Schwierig? Was war denn daran schwierig, dass Victor und sie einen Streit hatten? So was war immer mal wieder vorgekommen. Aber so ein Weibchen glaubte da wahrscheinlich gleich, die Welt ginge unter.

»Ach, weißt du, ich kenne Victor ja schon ein bisschen länger… Das ist ein ganz normaler Prozess.«

»Aha. Na, jedenfalls geht's dir anscheinend gar nicht so schlecht.«

»Schlecht? Wieso das denn?«

»Wegen dem Laden. War doch dein Leben.«

»Aber meine Liebe! Mein Leben ist so reich, der Laden war da nur ein wichtiger Teil. Aber es gibt noch so viele andere wichtige Teile, und für die habe ich nun endlich Zeit. Ich weiß nicht – kannst du das verstehen?«

Da seufzte sie. Das machte sie ja gerne. Immer so leidend. Am liebsten hätte sie ihr gesagt: Bisschen mehr Spaß am Leben, Mädchen! Bisschen mehr Power. Guck mich an. Mit diesem ewigen

Leidendsein wirst du Victor jedenfalls nicht lange behalten, das kann ich dir versprechen.

»Ich geb mir Mühe«, antwortete Natascha. »Hat dir Victor erzählt, dass wir ein Haus in Paris gekauft haben?«

Für einen Augenblick blieb ihr die Luft weg. »... Was habt ihr gemacht?!«

»Wieso, was ist denn?«

»Ein Haus gekauft?! In Paris?! Wer soll das denn bezahlen?!«

»Na... das ist schon bezahlt.«

»Ist schon bezahlt!« Um Gottes willen – Victor! Denn von wegen: *Wir haben ein Haus gekauft.* Dass sie nicht lachte! Wer hatte denn das Geld dafür? Diese Blutsaugerin etwa? Mit ihrem bisschen Anwaltsgehalt? Anwältin für Asylbewerber. Na, da verdiente man aber was! Ganz bestimmt mehr als genug, um sich Häuser in Paris zu kaufen!

»Und später?«

»Was, und später?«

»Wenn kein Geld mehr da ist? Paris ist ja nun alles andere als billig! Und außerdem: Wenn ihr euch dann trennt, wem gehört das Haus?«

»Hör mal, eigentlich wollte ich dich einladen, ein paar Tage vorbeizukommen, um zu versuchen, vielleicht doch noch einen halbwegs zivilisierten Kontakt hinzukriegen. Aber wenn das so ist...«

Da war sie wieder, hartherzig, mitleidlos!

»Ich werde mir als Mutter ja wohl noch Sorgen machen dürfen! Immerhin steht Victors Zukunft auf dem Spiel!«

»Von mir aus. Überleg dir einfach, ob du uns... vielleicht mal übers Wochenende besuchen willst. Ich geb dir jetzt unsere Festnetznummer hier...«

Na ja, und bevor sie dann nach Paris gefahren war, hatte sie sich die Einzimmerwohnung angeguckt.

Frau Radek erreichte den Tauentzien. Hier war aber was los. Die Läden quollen ja über. Dieser ganze Konsum. Die Leute interessierten sich nur noch fürs Kaufen. Und das in diesen Zeiten. An New York dachte wohl niemand. Frau Radek humpelte Richtung Gedächtniskirche und warf Entgegenkommenden mit besonders vielen Einkaufstüten bittere Blicke zu. In Paris war das ja auch so gewesen. Konsum, Konsum, Konsum. Natascha zum Beispiel. Das war ihr vorher gar nicht so aufgefallen, aber dann in Paris: Was anderes als einkaufen konnte die gar nicht. Hatte sie rumgeschleift von einem Laden zum anderen, von wegen bessere Schuhe. Weil sie angeblich über ihre Hüfte gejammert hätte. Erstens jammerte sie nie, und zweitens: Na, was war denn dann drei Monate später nötig geworden? Operation nämlich. Und da musste sie sich beschimpfen lassen, sie würde jammern. Und als sie nach dem hundertsten Laden freundlich bat: »Setzen wir uns doch lieber mal in ein ruhiges Café und reden darüber, wie's jetzt weitergehen soll«, bekam sie zur Antwort: »Da gibt's zwischen uns nichts zu bereden.« Und so was wollte angeblich bessere Schuhe für sie finden. Das war doch die reinste Berechnung. Schau, Victor, wie nett ich mich um deine Mutter kümmere. Dabei probierte sie vor allem selber Schuhe an. Sicher war sie überhaupt nur deshalb mit ihr losgegangen. Und Victor musste vorgeben, er habe zu arbeiten. Seit sie angekommen war, hatte er zu arbeiten. Wahrscheinlich machte ihm Natascha jeden Abend eine Szene: Du verbündest dich nicht mit deiner Mutter gegen mich! Obwohl das Haus nicht klein war (wären sogar drei Zimmer für sie dagewesen, aber so viel Platz brauchte sie ja gar nicht), hatte sie schon Streitereien mit anhören können. Nicht genau, worum es gegangen war, aber mindestens zweimal hatte Natascha von Victor gefordert, ein bisschen netter zu sein. Sicher ließ er sie spüren, wie sehr sie im Moment störte. Und Natascha war es dann ja auch, die an dem Abend das Theater begann. Dabei war vorher alles ganz ruhig gewesen. Beim Abendessen hatte sie noch ausgiebig das Haus gelobt, auch wenn: »Na ja, direkt in Paris ist es ja nun nicht.«

Vorstadt nämlich, sehr hübsch, aber eben nicht Paris.

»Wir wollten eigentlich aufs Land. Aber immer nur Land... Und dann hat uns jemand hiervon erzählt, und ich hab mich sofort ins Haus verknallt«, sagte Victor.

Was sprach er denn so bemüht? Waren sie denn nicht unter sich? Mehr oder weniger. Hatte er vielleicht Angst vor seiner Natascha? Eifersucht?

»Na ja, ich hab ja nur gedacht, wenn ich mal länger bleiben sollte – ihr wisst, ich hab's an der Hüfte – und wenn ich dann zum Arzt muss, und der wird natürlich in Paris sein...«

Wieso guckten sie jetzt so?

»...Aber abgesehen davon: Paris ist wirklich wunderbar. Und ich möchte dir, Natascha, noch mal ganz herzlich danken für den schönen Ausflug heute.«

Ja, von vorgestern war sie nicht. Lieferte der doch keinen Vorwand, einen Streit anzufangen.

»Das freut mich«, sagte Natascha.

»Auf jeden Fall eine Stadt, an die ich mich gewöhnen könnte.«

Aber da wieder keiner etwas darauf sagte und weil schließlich auch sie ihren Stolz hatte, ging sie dazu über, von den Museen, Ausstellungen und sonstigen Sehenswürdigkeiten zu reden, die sie in

Paris besuchen wollte. Und da entspann sich dann auch ein nettes Gespräch. Weil: Sie wusste viel mehr. Die beiden schienen sich gar nicht für die Stadt zu interessieren, an deren Rand sie lebten. »Waaas, das wisst ihr nicht?«, rutschte es ihr immer wieder raus. Aber wenn sie's nun mal nicht wussten. Leider tranken sie dabei immer mehr Wein, und leider vertrug Natascha den nicht. Als sie nämlich irgendwann wieder aufs Thema zurückkam, indem sie einfach mal frech und direkt in den Raum warf: »Also, wie viele Zimmer hattet ihr denn nun für mich vorgesehen?«, da stand Natascha auf und sagte doch glatt: »Das macht ihr mal besser unter euch aus.« Ja, wie…? Sie dachte, die beiden wären ein Paar. Und alle zusammen wären sie so was wie eine Familie. Hatte sie nicht den ganzen Tag mit Natascha verbracht? Schuhe kaufen? Fast wie Freundinnen. Und jetzt? Sie fand es jedenfalls nicht richtig, das mit Victor allein zu besprechen. Er war ihr an diesem Abend sowieso etwas unheimlich. Wahrscheinlich der Wein.

»Aber Natascha, bitte bleib doch. Das geht uns schließlich alle an.«

»Ich muss noch ein paar Anrufe machen. Außerdem… ich hab gerade keine Lust mehr, der Puffer für dich zu sein, nur weil du Angst hast, mit Victor allein zu reden.«

Sagte diesen Unsinn und verschwand. Das war ja wohl das Irrste, was sie je gehört hatte. Und Victor immer unheimlicher: Trank inzwischen nur noch Wasser, als habe er Angst, die Kontrolle zu verlieren. Na, sie erst mal ganz deeskalierend: »Tja, Victor, dann erzähl doch jetzt mal, woran du im Moment so arbeitest. Darüber haben wir noch gar nicht gesprochen.«

»Sag mal, du glaubst doch nicht ernsthaft, hier auch nur mal länger Ferien machen zu können?«

»Bitte?«

»Das Zeug, das du da redest – was soll das?«

»Bitte Victor: nicht in diesem Ton!«

»Du bist jetzt für drei Tage hier. Und das ist ja schon mal was nach den letzten zwei Jahren. Lass uns sehen, wie's geht, und vielleicht kommst du irgendwann noch mal vorbei.«

»Vielleicht irgendwann? Victor, ich bin eine alte Frau. Du siehst ja wohl, wie ich schon jetzt kaum noch laufen kann.«

»Dann versuch dich so zu benehmen, dass man nicht andauernd Lust hat, dich aus dem Fenster zu schmeißen.«

»*Du* willst *mir* Benimmregeln beibringen? Ich lach mich tot!«

»Von mir aus.«

»... Victor, vielleicht ist dir das nicht bewusst,

aber wenn du so weitermachst, rennst du in dein Unglück.«

»So.«

»Du kannst deine Mutter doch nicht einfach verdrängen.«

Ja, da rieb er sich verzweifelt die Stirn. Vielleicht ging ihm ja endlich ein Licht auf.

Doch dann: »Alles, worum ich dich bitte, ist, einfach nur so freundlich und einigermaßen umgänglich zu sein wie irgendein Nachbar hier. Mehr will ich nicht. Lass uns übers Wetter reden und was man im Garten pflanzt, und vielleicht kannst du einen Kuchen backen oder so – alles andere: Vergiss es.« Stand auf und räumte stumm das Geschirr zusammen.

Übers Wetter reden, Kuchen backen – wofür hielt er sie? Sie, die achtundzwanzig Jahre einen politisch engagierten Plattenladen… Doch plötzlich mochte sie daran gar nicht mehr denken. So weit war es also gekommen: Ihr eigener Sohn erkannte ihr alles ab, was sie im Leben geleistet, gelernt und erfahren hatte, und schob sie aufs Dumme-Alte-Gleis. Das konnte doch wohl nicht wahr sein…

Victor hatte das Geschirr in die Spüle gestellt und ging zur Tür. »Es wäre schön, wenn du begreifen würdest, was ich dir gesagt habe. Gute Nacht.«

Und ließ sie allein. Wie immer. Leise sagte sie

zur Tür: »Gute Nacht.« Und erntete Stille. Mein Gott, war sie traurig! Und kleingemacht. Und vom Leben betrogen. Wenn jemand sie so hätte sehen können – und bei dem Gedanken schossen ihr auch schon die Tränen aus den Augen. Der Mensch, den sie am meisten liebte, für den sie alles getan hatte, dem sie alles geben würde – dieser Mensch, ihr Sohn, wollte sie aus dem Fenster schmeißen... War das die Lehre: Man konnte sich noch so sehr anstrengen, noch so viel Gutes wollen, noch so tapfer sein, am Ende bekam man doch nur Missachtung und den Tod zurück? Denn bestimmt würde sie bald sterben. Sie wollte ja gar nicht mehr. Nichts mehr. Nur noch Wein. Da stand noch eine volle Flasche. Das war jetzt auch schon egal. Wäre sie eben betrunken. Es kümmerte ja sowieso niemanden. Allein kam man auf die Welt, allein ging man von ihr fort. Und das war ihr Besuch bei ihrem Sohn und seiner Freundin in Paris gewesen! Was hatte sie sich im Flugzeug nicht alles ausgemalt. Gemeinsames Frühstück auf den Champs-Élysées, eine Bootsfahrt auf der Seine, klärende Gespräche, Verständnis, Einsicht, Pläne, Freundschaft mit Natascha – ja, vielleicht auch mal einen Kuchen backen, warum nicht, wenn der Rest stimmte. Wenn Victor ihr zum Beispiel mal verzeihen könnte... Sicher, sie hatte ihre Schwächen. Zu dominant und immer gleich mit der Tür ins Haus. Aber sie hatte sich nun mal ein Leben lang hochkämpfen müssen, das hinterließ Spuren, da wurde man hart, das musste Victor doch begreifen. Und dann konnte er doch mal über den einen oder anderen Ausrutscher mit einer Neckerei hinweggehen. Wie unter Freunden… Aber nein, was für ein Unsinn – sie hielt sich also für hart? Gegen die hier war sie doch das reinste Sensibelchen. Wie gingen denn die mit Menschen um? Ihr zweiter Abend in Paris, und sie ließen sie einfach sitzen? In dieser Küche, wo der Putz runterblätterte, keine Ahnung in welchem Vorort? Sie wollte gar nicht noch mal von Sohn und einer Art Schwiegertochter anfangen – kein noch so entfernter Bekannter würde einen doch so behandeln. Eigentlich musste sie sofort weg. Und wenn sie nach Paris fuhr? Konnte sich doch mal ein schickes Hotel leisten. Na, da würden die aber staunen. Fünf Sterne oder sechs oder wie viele es gab. Warum nicht? War sie's etwa nicht wert? Und konnte sie sich's etwa nicht leisten? Und genau das wollte sie jetzt tun: Taxi rufen, das würde sie schon irgendwie hinkriegen, und dann morgen ganz ruhig am Telefon: Tja, ich mochte dann doch ein bisschen mehr von Paris sehen, habt ihr nicht Lust, zu mir auf den Balkon zum Mittagessen zu kommen? Der Blick ist phantastisch.

Und eigentlich hatte sie dann ja auch nichts anderes gemacht.

Frau Radek humpelte über den Platz vor der Gedächtniskirche. Gleich würde sie beim Kempinski sein. Am besten, sie setzte sich noch mal kurz auf die Bank dort. Ein bisschen ausruhen, sammeln – schließlich brauchte sie für das Gespräch mit Victor höchste Konzentration. Jetzt, wo bald richtiger Krieg herrschte, mussten sie ihren doch endlich beenden. Wenn er inzwischen nur nicht ausgegangen war. Als sie vor einer Stunde noch mal bei der Rezeption angerufen hatte, war er jedenfalls noch dagewesen. Victor würde sich natürlich wundern. Er wollte ja nie glauben, was für gute Verbindungen sie im Musikgeschäft besaß. Nach wie vor. Und darum war es für sie auch ein Klacks gewesen herauszubekommen, in welchem Hotel er übernachtete. Was kam denn jetzt der da auf sie zu?

»Nein, ich habe keine Mark übrig!«

War das hier voll mit Asozialen! So, jetzt musste sie noch mal alles durchgehen, was sie Victor sagen wollte. Gut, als Erstes natürlich: Es tat ihr leid – ach was – leid, sie war immer noch völlig verzweifelt. Was da alles hätte passieren können! Zum Glück hatte es ja nur die Küche und die drei Zimmer im Stockwerk drüber erwischt. Und sicher, fast noch Natascha, aber dass die auch mitten in der

Nacht telefonieren musste. Na gut, angeblich war Natascha betrunken gewesen und hatte darum das Feuer unter ihr erst so spät bemerkt. Aber da musste man ja schon im Koma liegen. Egal, dazu würde sie nichts sagen. Rauchvergiftung war Rauchvergiftung. Trotzdem: Sie hatte nichts weiter gemacht, als die Küche zu verlassen, ihre Tasche zu holen und zum Taxi zu gehen. Klar, dass da Kerzen brannten, und vielleicht war sie wirklich beim Hinausgehen ein bisschen an den Tisch gestoßen, sie war ja auch so wütend gewesen, aber gesehen, geschweige denn gerochen hatte sie nichts. Und wenn, dann nicht realisiert im Sinne von: Da brennt's. Sondern höchstens: Ein Unglück liegt in der Luft. Und davor hatte sie ja immer gewarnt.

Als die Fee neben ihr auf die Bank glitt, dachte Frau Radek gerade daran, dass ihre Versicherung für den gesamten Schaden aufgekommen war, und so gesehen... »Guten Tag, ich bin eine Fee und gekommen, Ihnen einen Wunsch zu erfüllen.«

»Was?« Frau Radek wandte unwillig den Kopf.

»Ich bin eine Fee und gekommen –«

»Eine Fee?« Was sollte der Unsinn? Frau Radek musterte das Wesen neben sich von oben bis unten. Eine von den Asozialen? Immerhin, sauberes Kleid – aber was war das? Keine Schuhe? Eigentlich überhaupt nichts unten raus. Etwa barfuß? Wohl irgendeine Sekte. Na, das hatte ihr gerade noch gefehlt. »Wollen Sie mich auf den Arm nehmen? Ich bin zwar schon älter, aber noch nicht verblödet. Und eine Mark hab ich auch nicht für Sie. Außerdem bin ich gerade weiß Gott mit Wichtigerem beschäftigt.«

»Nein, bitte, ich bin wirklich eine Fee, und Sie haben tatsächlich einen Wunsch frei. Folgende Bereiche sind allerdings ausgeschlossen: Unsterblichkeit, Gesundheit, Geld, Liebe.« Die Fee sprach langsam und lächelte viel. Es war ihr erster Tag als Fee, und sie hatte Angst, etwas falsch zu machen.

»Das alles ist ausgeschlossen? Was bleibt denn da noch übrig?«

»Alles Mögliche. Wenn Sie zum Beispiel eine Geschirrspülmaschine wollen –«

»Eine Geschirrspülmaschine? Machen Sie Witze? Ich habe achtundzwanzig Jahre einen linken Plattenladen geführt und davor auch immer gearbeitet, und soll ich Ihnen was sagen? Ich habe nebenbei mein ganzes Leben lang von Hand abgewaschen.«

»Es war ja nur ein Beispiel.«

»Dann sollten Sie sich Ihre Beispiele besser überlegen. Weil: Das war kein Beispiel, sondern eine Beleidigung.«

Sie war ein bisschen in Fahrt. Aber gut so. Etwas

Dampf ablassen, dann würde sie nachher bei Victor um so gelassener sein. »Ich wollte doch nur –«, bemühte sich die Fee, ihren Fehler wiedergutzumachen. Doch weiter kam sie nicht.

»Erstens: Irgendwas *nur* sollte man sowieso nie wollen. Und zweitens: Ich denke, Sie sind eine Fee? Dann wissen Sie ja wohl ein paar Dinge über die Menschen. Einer Frau wie mir eine Geschirrspülmaschine anzubieten heißt, quasi ihr ganzes Leben zu veralbern. Als stünde mir kein gewichtigerer Wunsch zu.«

»Verstehe«, sagte die Fee. »Tut mir leid. Wünschen Sie sich einfach, was Sie wollen.«

»Ja, was dachten Sie denn? Vielleicht was Sie wollen? Sie machen mir Spaß.«

Die Fee sagte erst mal lieber nichts mehr. Sie schwebte reglos neben der Frau mit der dicken, schwarzen Sonnenbrille und hoffte, dass der Wunsch dieser Kundin bald erfüllt sei.

»Wie kommen Sie überhaupt auf mich?«

Die Fee erklärte ihr das System und dass Frau Radek sich offenbar in den letzten Tagen etwas gewünscht hatte.

»Ja, sicher habe ich mir Verschiedenes gewünscht. Es ist ja das Einzige, was einem noch bleibt.«

»Sehen Sie: Und jetzt geht ein Wunsch in Erfüllung, wenn Sie ihn mir sagen.«

»Aha.«

Die Fee wunderte sich ein bisschen, wie selbstverständlich die Frau dieses unverhoffte Geschenk zur Kenntnis nahm und dabei sogar noch schlechte Laune zu bekommen schien. Aber sie kannte sich mit den Reaktionen der Leute ja auch noch kaum aus. Heute Morgen zum Beispiel war einer vor Glück in Tränen ausgebrochen, und am Ende hatte er sich nur gewünscht, seine Freundin hätte vor drei Tagen in den USA einen Flug verpasst. Auch komisch.

»Und er geht wirklich in Erfüllung?«

Frau Radek traute dem, was ihr die Barfüßige da erzählte, zwar nicht wirklich, andererseits: Wenn es stimmte, wäre es dumm, diese Chance zu verpassen. Gerade heute. Und zu verlieren gab's ja nichts. Und über den Wunsch musste sie nicht lange nachdenken. Es war seit Jahren derselbe: dass Victor begriff, wer ihm auf der Welt am nächsten stand und ihm wirklich helfen wollte.

»Wenn er innerhalb der Regeln ist.«

»Also, dann passen Sie gut auf: Ich wünsche mir, dass mein Sohn endlich erkennt, was ich für ihn bin.«

Die Fee seufzte stumm vor Erleichterung. Das war möglich.

»Und Ihr Wunsch ist erfüllt.«

Hartmut Lange

Der Abgrund des Endlichen

Am 30. November 2008 bekam ich folgenden Brief:

»Sehr geehrter Herr«, schrieb da jemand, den ich nicht kannte, »erinnern Sie sich an das Jahr 1948 und an jene Juninacht, in der Ihr Bruder tot im Wald aufgefunden wurde! Nun, ich bin sein Mörder, und ich habe allen Grund, mich Ihnen anzuvertrauen.«

Es folgte so etwas wie ein Gruß und eine Unterschrift, die ich nicht entziffern konnte, und es war vollkommen klar, dass ich annehmen musste, hier hätte sich jemand einen schlechten Scherz erlaubt. Tage später erhielt ich einen zweiten Brief.

»Hätten Sie Zeit sich mit mir zu treffen?«, stand da in derselben, kaum leserlichen Schrift. »Und zwar vor jener Laube in Johannisthal, die Sie, wie ich vermute, noch in Erinnerung haben. Nennen Sie mir einen Termin. Ich werde, wann immer es Ihnen passt, dort sein.«

Ich war betroffen, versuchte nochmals, die Unterschrift zu entziffern, wendete das Kuvert hin und her. Aber da war nirgends ein Absender, nur die Briefmarke mit dem Poststempel, und nun grübelte ich darüber nach, wie es möglich sein sollte, dass jemand über ein Ereignis, das sechzig Jahre zurücklag, offenbar bescheid wusste, und vor allem irritierte es mich, dass er die Laube erwähnte, jene Laube, in der ich tatsächlich mit meiner Mutter und meinem Bruder einige Jahre gewohnt hatte.

Ich hatte die Gegend, nachdem wir dort weggezogen waren, nie wieder gesehen, erinnerte mich aber noch an die Schrebergärten und dass da eine größeres Waldstück gewesen war, und dies wenigstens hatten die beiden Briefe, was auch immer sie bedeuteten, erreicht: Ich nahm mir vor, in den südöstlichen Teil Berlins, nämlich nach Johannisthal zu fahren, griff nach dem Faltplan, um herauszufinden, wie man von Wilmersdorf aus auf dem kürzesten Weg dorthin gelangen konnte. Es gab zwei Möglichkeiten. Entweder man durchquerte die Innenstadt in Richtung Treptow und bog, sowie man Niederschöneweide erreicht hatte, in die Südostallee ein, oder man benutzte die Autobahn in Richtung Neukölln bis zur Neuen Späthstraße und fuhr dann weiter in Richtung Königsheideweg.

Das Wetter war kühl, es begann zu regnen, und nachdem ich ein Arboretum und einen kleinen See passiert hatte, bog ich in jene Chaussee ein, hinter der die Schrebergärten lagen. Ich erkannte einiges wieder: Da war das Restaurant diesseits der Chaussee, und wenn man, ich hatte den Wagen geparkt, die Chaussee überquerte, stand man vor einem Tor mit der Aufschrift »Kolonie Blumenhain«. Ein breiter Weg führte an Holzlauben vorbei, die man links und rechts inmitten von Sträuchern und Obstbäumen aufgestellt hatte, und da es Herbst war und überall das Laub fehlte, wirkten sie armselig und ungeschützt. Die Fenster waren winzig, hier und dort mit Pappe und Plastikfolie ausgebessert. Ich fror bei dem Gedanken, dass ich hier oder weiter dort, wo die nächste Laubenkolonie begann, jahrelang gewohnt haben sollte, und nun fiel mir auch die Adresse wieder ein.

›Kolonie Frohsinn, Nummer 53‹, dachte ich, war aber unfähig weiterzugehen, um nach der Parzelle, deretwegen ich hergefahren war, zu suchen.

Ich fühlte mich unbehaglich. In meinem Rücken war der Wald, und ich hatte allen Grund, diese Gegend zu meiden, denn hier lag der Bombentrichter, in dem man meinen Bruder verscharrt hatte. Dies gehörte zu den wenigen Auskünften, die ich von meiner Mutter bekommen hatte, und dass man nach denen, die meinen Bruder erschlagen hatten, vergeblich suchte, dies hatte meine Phantasie beschäftigt. Aber es war lange her. Jetzt stand ich für Augenblicke an der löchrigen Straße, die Wald und Schrebergärten voneinander trennte, versuchte herauszufinden, wo genau, von welcher Seite aus man den Wald hätte betreten müssen, um zu dem Bombentrichter zu gelangen, ließ es schließlich sein, wohl auch, weil ich glaubte, dass dort inzwischen alles überwachsen und also unauffindbar geworden war. Ich ging zum Wagen zurück, beschloss die Sache zu vergessen, was nicht gelang, denn am nächsten Vormittag bekam ich wieder einen Brief, und wieder stellte sich der Unbekannte als Mörder meines Bruders vor. Er bedauerte, dass es ihm bisher unmöglich gewesen sei, mit mir Kontakt aufzunehmen, und vor allem: Er erwähnte meinen Ausflug nach Johannisthal, und er gab mir den Rat, das nächste Mal nicht vor der löchrigen Straße stehen zu bleiben.

»Betreten Sie ruhig die Königsheide«, schrieb er, »und halten Sie sich strikt an die Straße, die auf das Wasserwerk zuführt. Dann erreichen Sie eine Weggabelung, und weiter nach rechts zu, am Ende eines Trampelpfads, liegen die Bombentrichter. Es sind im Ganzen drei«, versicherte er, »einer aber ist größer als die anderen, und ich versichere Ihnen«, fügte er hinzu, »Sie werden alles, obwohl so viel Zeit vergangen ist, wiedererkennen.«

11

Es gab keinen Zweifel: Ich wurde beobachtet. Denn wie hätte jener, der mir die Briefe schrieb, sonst wissen können, dass ich vor einer löchrigen Straße gestanden hatte und ausgerechnet vor jenem Waldstück, in dem das Verbrechen, dessen sich der Unbekannte bezichtigte, geschehen war.

›Da war niemand außer mir‹, dachte ich. ›Die Lauben waren verlassen, und der Regen war zuletzt derart, dass sich nicht einmal ein Hund ins Freie gewagt hätte. Und doch‹, dachte ich, ›war es ein Fehler, dorthin zu fahren.‹

Auf dem letzten Kuvert konnte ich das Datum entziffern. Es war offenbar noch am selben Tag, nachdem ich jene Gegend mit dem Wald und den Schrebergärten verlassen hatte, aufgegeben worden, und ich glaubte, mich zu erinnern, dass ich in der Nähe des Sterndamms ein Postamt gesehen hatte. Zugegeben, es war albern und für jenen, der mich belästigte, zu viel der Ehre, aber irgendwann war ich wieder auf dem Weg nach Johannisthal, erkundigte mich auf dem Postamt, wo das Kuvert abgestempelt worden war, und nun hatte ich Klarheit.

›Es war genau hier, in der Nähe des Sterndamms. Er hat mich beobachtet und ist anschließend zum Briefkasten gegangen‹, dachte ich und ertappte mich dabei, dass ich mich, nachdem ich das Postamt verlassen hatte, immer wieder umsah.

Kurze Zeit später stand ich vor der Parzelle Nummer 53, die zur Kolonie Frohsinn gehörte, und es war mir gleichgültig, ob ich beobachtet wurde oder nicht. Ich sah über die eiserne Tür hinweg in den Garten, und ich staunte, wie unverändert hier alles war. Links, direkt am Zaun des Nachbarn, standen Stachelbeersträucher, dahinter, auf der Höhe der Laube, glaubte ich Kirschbäume zu erkennen, und der Weg, der zum Eingang der Laube führte, war mit Kies belegt.

›Nur der Komposthaufen und die Beete mit dem Gemüse fehlen‹, dachte ich und bemerkte, dass sich die Gartentür öffnen ließ.

Ich trat ein, ging einige Schritte auf die Laube zu, aber schon der Blick auf die brüchige Fensterfront war mir unangenehm. Ich wusste, dahinter lag ein kaum drei Quadratmeter großer Raum. Auch die Anordnung der übrigen Zimmer fiel mir wieder ein. Da gab es noch eine Art Veranda und dahinter zwei winzige, durch eine Bretterwand getrennte Verschläge.

›Dort haben wir geschlafen‹, dachte ich und erinnerte mich, wie widerwillig die Besitzerin des Grundstücks unserer Einquartierung, es war nach Ende des Krieges, wir waren Flüchtlinge aus dem

Osten, zugestimmt hatte. Und wie misstrauisch sie gewesen war! Immer wieder tauchte sie, die in Rudow wohnte, unvermittelt auf, um zu überprüfen, ob wir etwas von dem Obst, den Kirschen, Pflaumen oder Johannisbeeren, bevor sie es ernten konnte, gestohlen hatten. Und im Winter, wenn wir versuchten, die Laube durch einen winzigen Kanonenofen einigermaßen warm zu halten, wollte sie dies mit dem Hinweis, dass der Schornstein baufällig sei, verhindern. Natürlich:

›Die Frau ist längst gestorben, und was geht mich das Ganze überhaupt noch an!‹, dachte ich, bemerkte, dass die Gardinen an den Fenstern zugezogen waren, und als ich das Grundstück verließ, als ich mich, bevor ich ins Auto stieg, nochmals umdrehte, sah ich, dass ich vergessen hatte, die Gartentür zu schließen.

III

Eine Woche verging, ohne dass man mich weiter belästigte, aber Mitte Dezember, ich hatte meine Reisetasche gepackt, um in den Urlaub zu fahren, Mitte Dezember bekam ich wieder einen Brief.

»Sehr geehrter Herr«, las ich, »leider ist es mir nicht möglich, Ihnen, wenn Sie in Johannisthal unterwegs sind, überallhin zu folgen, und das Taxi, das ich benutze, wird mir auf die Dauer zu teuer. Ich bin nicht geizig, und ich versichere Ihnen, ich habe weder Kosten noch Mühe gescheut, um von Montreal nach Berlin zu fliegen, einzig zu dem Zweck, mit Ihnen ein Gespräch zu führen. Glauben Sie mir, es ist dringend. Ich habe nicht mehr viel Zeit, und fänden Sie es wirklich unzumutbar, wenn ich Sie darum bitte, mir, an welcher Stelle auch immer, eine Nachricht zu hinterlassen, wo ich Sie erwarten darf? – Sorry«, stand da noch. Es fehlte die Unterschrift.

Ich faltete den Brief zusammen, steckte ihn ins Kuvert zurück, sah auf meine Reisetasche. Was sollte ich jetzt tun? Die Sache war ärgerlich und abwegig, und es gab keinen Grund, sich durch einen anonymen Schreiber beunruhigen zu lassen. Aber es ging um meinen Bruder, und es war immerhin möglich, dass sich nach sechzig Jahren jemand meldete, der über sein trauriges Ende Bescheid wusste.

›Ich muss die Sache, so oder so, hinter mich bringen‹, dachte ich, beschloss, auf den Urlaub zu verzichten und schrieb, worum mich der Unbekannte gebeten hatte, ein paar Zeilen, in denen ich mich bereit erklärte, ihn zu treffen. Ich nannte Ort und Zeit, wusste auch schon, wo ich den Zettel, den ich in eine Plastikfolie wickelte, deponieren wollte, und am nächsten Tag war ich das dritte Mal nach Johannisthal unterwegs.

Wer den Berliner Stadtplan zur Hand nimmt und nach der Königsheide sucht, der findet im Südosten ein grün eingezeichnetes Gebiet. Es ist jenes Waldstück, das die Bezirke Baumschulenweg und Johannisthal voneinander trennt, und es ist der kürzeste Weg, um von den Schrebergärten aus zu den S-Bahnhöfen zu gelangen. Der Baumbestand ist dicht, man sieht keinen Himmel, die wenigen Lichtungen sind überwuchert, aufgewühlte, schnurgerade Sandwege führen hierhin und dorthin, so dass man sich leicht verirrt, und wer von der Kolonie Blumenhain, von der löchrigen Straße aus, einen dieser Wege betritt, ist gut beraten, sich von den zahlreichen Kreuzungen, die er passieren muss, nicht beirren zu lassen. Denn in einem hatte der Unbekannte recht: Man musste sich strikt in Richtung Wasserwerk halten, bis man eine Kiefernschonung erreichte, und hinter einer Gabelung, einem Fußweg, der ins Unterholz führte, lagen, auch da hatte der Unbekannte recht, drei Bombentrichter.

Dies hatte ich so nicht in Erinnerung. Denn wenn man damals von der Stelle redete, an der mein Bruder verscharrt worden war, meinte man immer nur jene kreisrunde Vertiefung mit den schrägen, überaus steilen Wänden, die ich als Kind, ich war damals elf Jahre alt, selbst einmal in Augenschein genommen hatte. Jetzt sah ich stattdessen zwei kleinere, bis zur Hälfte zugewachsene Trichter und in deren Mitte, etwas versetzt, ein größeres Gebilde, das tiefer war als die anderen, und an den Rändern wucherte Brombeergestrüpp.

Ich sah mich um, wunderte mich, dass der Fußweg, eine Art Trampelpfad, auf dem mein Bruder seinen Mördern offenbar freiwillig gefolgt war, immer noch, ›und das nach Jahrzehnten‹, dachte ich, zu erkennen war. Ich nahm einen Stein auf, stieg die wenigen Schritte bis in die Mitte des größeren Trichters, und als ich wieder am Rand stand, sah ich, dass der Stein den Zettel, der unter ihm lag, verdeckte.

›Keine Sorge‹, dachte ich. ›Wenn der Unbekannte wirklich der ist, der er zu sein behauptet, wird er keine Mühe haben, ihn zu finden.‹

IV

Wer einen Bruder hat, der sieben Jahre älter ist und der mit achtzehn aus seinem Leben verschwindet, der kann nicht behaupten, er hätte viel über ihn zu erzählen. Es ist eine andere Welt, in die man als der Jüngere nicht gelangen kann, und die Überlegenheit des Älteren wird immer, ob man sich dies eingesteht oder nicht, ein Geheimnis bleiben.

Hinzu kommt: Ich habe meinen Bruder nur selten erlebt. Eine Zeitlang war er auf einem Internat, und als wir, die wir in Polen auf dem Lande lebten, in russische Gefangenschaft gerieten, gelang ihm die Flucht westwärts über die Oder. Nach Berlin zurückgekehrt, fanden wir ihn wieder, aber die zweieinhalb Jahre, die wir mit der Mutter zusammen in einer Laube verbringen mussten, waren viel zu kurz, um irgendwelche Erlebnisse geltend zu machen. Er hatte immer Hunger, begann eine Lehre als Tischler, war unglücklich, wenn die Mutter ihm verbot, sich mit seiner Freundin zu treffen, und nach einer Tanzveranstaltung, er war auf dem Heimweg, hatte man ihn bewusstlos geschlagen und verscharrt.

Die Ermittlungen der Polizei blieben erfolglos. Man wusste nur so viel: Es gab Gründe anzunehmen, dass er mit seinen Mördern bekannt gewesen war. Aber die politischen Verhältnisse im damaligen Berlin ließen es nicht zu, dies endgültig zu klären. »Sie sind nach Kanada geflohen«, hieß es schließlich, und dass der anonyme Briefschreiber von sich behauptete, er käme aus Montreal, dies nahm ich als Beweis, dass es vielleicht doch richtig gewesen war, ihm zu antworten. Natürlich: Meine Antwort in den Bombentrichter zu legen und ihm vorzuschlagen, sich mit mir in der Laube, in der wir gewohnt hatten, zu treffen, dies verriet, dass ich die Sache nicht wirklich ernst nahm. Außerdem: Wie sollte ich ohne die Erlaubnis des jetzigen Besitzers die Laube überhaupt betreten! ›Völlig absurd‹, dachte ich, kam aber von dem Gedanken nicht los, dass das, was ich dem Unbekannten vorgeschlagen hatte, letzten Endes gelten musste.

Und so stand ich zur verabredeten Zeit wieder vor der Gartentür der Parzelle 53, die immer noch halb offenstand. Ich musterte die Fenster, vergewisserte mich, dass auch auf der hinteren Seite der Laube nirgendwo Licht brannte, und nun hielt ich mich zwischen den Kirschbäumen auf, wartete darauf, ob sich der Unbekannte, und zur verabredeten Zeit, zeigen würde.

Ich zog meine Uhr hervor, und kaum hatte ich dies getan, war da schon jemand, der durch die Gartentür eintrat. Seine Bewegungen waren ruhig und gemessen, und offenbar war er gezwungen, einen Krückstock zu benutzen. Aber er hielt sich aufrecht, wirkte keineswegs gebrechlich, und er schien gute Augen zu haben. Er sah in Richtung Kirschbäume, kam langsam näher.

›Es ist ein alter Mann. Aber wie sollte es anders sein‹, dachte ich und erschrak.

Dann standen wir uns gegenüber.

Was weiterhin geschah, lässt sich nur schwer begreifen, und ich kann mich an die erste Begegnung, die ich mit dem Unbekannten hatte, nicht in allen Einzelheiten erinnern. Ich weiß nur, dass er ein Taschentuch hervorzog, mit dem er sich über das Gesicht wischte.

»Sorry«, sagte er, dann kam er sofort zur Sache.

Er wiederholte, was er mir in den Briefen schon geschrieben hatte, nämlich dass er einer der Mörder meines Bruders sei, und er sprach davon, dass die anderen, sie seien damals zu dritt gewesen, inzwischen gestorben seien.

»Aber ich lebe noch, und das ist mein Problem«, versicherte er und wollte sich näher erklären.

Ich fiel ihm ins Wort, wies darauf hin, dass sein Geständnis nach so langer Zeit und unter diesen Bedingungen unglaubwürdig, ja, absurd sei, und nun bat er mich darum, dass ich ihm die Gelegenheit geben sollte, seine Schuld zu beweisen.

»Wie«, fragte ich, »jetzt, mitten in der Nacht?«

Er bestand darauf.

»Dass ich es vorziehe, einen Krückstock zu benutzen, darf Sie nicht irritieren. Ich bin immer noch gut zu Fuß, muss aber darauf achten, die linke Hüfte zu entlasten«, sagte er.

Ich gab schließlich nach, wohl auch, weil es sinnlos war, in einem fremden Garten unter laublosen Kirschbäumen länger herumzustehen, und kurz darauf überquerten wir die Straße, die zur Königsheide führte. Ich hielt Abstand, wunderte mich, wie geschickt der andere mit dem Krückstock hantierte, aber nachdem er etwa hundert Meter auf dem Weg, der in Richtung Wasserwerk bis zur Weggabelung führte, vorausgegangen war, musste er sich setzen. Ich hörte ihn, nachdem er einen Baumstamm gefunden hatte, schwer atmen, achtete aber darauf, ihm auch jetzt, wo er offenbar Hilfe brauchte, nicht zu nahe zu kommen, und so sah ich ihn, nachdem ich stehen geblieben war, aus misstrauischen Augen an. Aber schon war er wieder aufgestanden und beeilte sich, jene Weggabelung zu erreichen, an der das Verbrechen, so viel hatte die Polizei herausgefunden, seinen Anfang genommen hatte, und nun war ich gespannt, ob es dem alten Mann gelingen würde, etwas von dem, was er behauptete, tatsächlich zu beweisen.

Er winkte mir zu, wartete, bis ich endlich nähergekommen war, dann wies er mit dem Krückstock auf den Trampelpfad, der in den Wald führte und sagte:

»Hier haben wir auf ihn gewartet. Wir wussten, dass er, um nach Hause zu kommen, an dieser Stelle vorbeigehen musste. Und so war es denn auch. Ja«, fügte er hinzu, »Ihr Bruder war immer sehr freundlich, und da wir, wenn wir nicht tanzen waren, regelmäßig miteinander Karten spielten, gab es auch an diesem Abend keinen Grund, misstrauisch zu sein. Wir forderten ihn auf, mit uns, wie man so sagt, für ein, zwei Minuten hinter die Büsche zu gehen. Denn wir wollten ihm etwas zeigen.«

Dies sagte er und war schon auf dem Trampelpfad in Richtung der Bombentrichter unterwegs, und nun erklärte er ausführlich, dass er und die anderen zwei mit Bedacht, bevor sie meinem Bruder auflauerten, den größten der Trichter in Augenschein genommen hätten.

»Weil er tief genug war. Wer hier hineingestoßen wurde, der hatte Mühe, lebend wieder herauszukommen. Obwohl«, fügte er hinzu, »Ihr Bruder hat sich lange gewehrt, und wir mussten ihm, der völlig überrascht war, so schnell wie möglich das Maul stopfen. Entschuldigen Sie diesen Ausdruck, aber er rief um Hilfe und kam ständig wieder nach oben und riss mich zuletzt an den Haaren mit in die Tiefe, und zum Glück hatten wir dieses Bleirohr zur Hand, das man mir zuwarf, so dass ich ihm zu guter Letzt den Schädel einschlagen konnte.«

»Und dann habt ihr ihn verscharrt.«

»Ja.«

»Obwohl er noch lebte.«

»Das konnte niemand wissen.«

»Er ist beim Versuch, sich zu befreien, erstickt.«

»So«, sagte der alte Mann und stieg über den Rand des Trichters hinweg.

Das Gefälle war immer noch groß, so dass er, es ging nur Schritt für Schritt, Mühe hatte, die Mitte zu erreichen, und unten angekommen, versuchte er mir zu erklären, um wie viel tiefer dies alles vor sechzig Jahren gewesen sei.

Ich hatte nur noch eine Frage.

»Warum habt ihr ihn umgebracht?« Und: »Wer kam auf den Gedanken, ihm den Anzug auszuziehen?«

»Der Anzug war neu«, sagte der andere.

»Und was für eine Farbe hatte er?«

»Blau.«

V

Es gab keinen Zweifel: Jener dort unten, der sich die Hosenbeine, die voller Sand waren, abzuklopfen begann, der versuchte, sich in der überwucherten Enge zu orientieren, jener, der sich auf einem Krückstock abstützte, weil er gezwungen war, seine linke Hüfte zu schonen, und der zuletzt in der Mitte des Erdlochs ratlos und mit einer Geste des

Bedauerns einfach nur dastand und zu mir hinaufsah, war der Mörder meines Bruders.

Zunächst gelang es mir nicht, nach meinem Handy zu greifen, um die Polizei zu benachrichtigen. Dabei wäre es ein Leichtes gewesen, diesen da, dem ich körperlich überlegen war, daran zu hindern, vor dem Eintreffen eines Streifenwagens den Bombentrichter zu verlassen. Aber mir war speiübel, und so wandte ich mich ab, stolperte quer durch eine Kiefernschonung, und wie ich zuletzt zu meinem Wagen, der in der Johannisthaler Chaussee geparkt war, gelangte, wusste ich nicht zu sagen. Endlich zog ich mein Handy hervor, um zu tun, wozu ich verpflichtet war. Aber kaum hatte ich den Notruf gewählt, klappte ich das Handy wieder zu.

›Er ist längst auf dem Weg zur nächsten S-Bahn-Station‹, dachte ich, sah, wie heftig der Wind die Baumkronen schüttelte und hoffte, dass wieder ein starker Regen einsetzen würde, so dass jener dort, ›wenigstens das‹, dachte ich, gezwungen sein würde, über den morastigen Sand und die Wasserlachen hinwegzusteigen.

Ich sah ihn deutlich vor mir. Er war keine ein Meter sechzig groß, wirkte etwas füllig, sein Gesicht war glatt, das Haar schneeweiß vor Alter, und er hatte gutmütige Augen. Die Hose, die er trug, wirkte irgendwie zu weit, die dunkelrote Weste unter dem Jackett hatte Fäden gezogen, und dem Krückstock, da war ich sicher, fehlte am unteren Ende der Gummipfropfen. Den Mörder hätte ich jetzt beschreiben können, aber meinen Bruder...

›Ich wüsste kaum noch zu sagen, wie er aussah‹, dachte ich und beschloss, sowie ich in meine Wohnung zurückgekehrt sein würde, nach dem Foto, das ich von ihm hatte, zu suchen.

Eine Stunde lang stöberte ich in den Schubladen meines Schreibtischs, wo ich alle wichtigen Papiere und Urkunden aufbewahrt hatte. Ich war sicher, hier auch die letzte Aufnahme, die mein Bruder von sich hatte machen lassen, zu finden, aber wie lange ich auch danach suchte, die Mühe war umsonst, und zuletzt saß ich neben einem Haufen loser Blätter und hatte ein schlechtes Gewissen.

›Wie komme ich dazu‹, dachte ich ›so etwas für so lange Zeit und bis zur Unauffindbarkeit zu vergraben!‹

Denn schließlich war mein Bruder auch sonst nirgendwo mehr aufzufinden, weder in der Königsheide noch auf dem Friedhof, der den Stadtforst nördlich der Südostallee eingrenzt. Dort hatte man die Gräber und damit jede Gelegenheit, sich zu erinnern, eingeebnet, so dass selbst der Mörder, der spät, ja allzu spät aufgetaucht war, kaum noch ein Interesse an seiner Reue geltend machen konnte.

›Und wenn ihm wirklich daran gelegen ist‹, dachte ich, ›müsste er sich beeilen. Denn auch er kann, so sehr er sich auch bemüht, die Anzeichen seiner Hinfälligkeit nicht verbergen.‹

VI

Am nächsten Morgen bekam ich wieder einen Brief.

»Sehr geehrter Herr«, war da zu lesen, »ich bedaure, dass Sie mich ohne ein Wort der Erklärung allein gelassen haben. Ich hatte gehofft, dass Sie, nachdem ich Ihnen den Beweis, den Sie forderten, geliefert habe, dass Sie nun, und es wäre nur recht und billig gewesen, die nötigen Konsequenzen ziehen. Stattdessen musste ich, und bei diesem Regen, zweieinhalb Kilometer bis zum nächsten Briefkasten laufen, um Ihnen eine neue Nachricht zukommen zu lassen. Ich will mich nicht beschweren, aber ich habe nicht mehr die Kraft, dergleichen, Gott sei Dank habe ich einen Koffer, um die Kleider zu wechseln, beliebig oft zu wiederholen.« Es folgte das Wort »Sorry« und die Bitte, mich möglichst bald wieder treffen zu dürfen. »Dann werde ich Ihnen«, schrieb er, »falls dies nötig sein sollte, die Dringlichkeit meines Wunsches nochmals erklären.«

Ich war empört, zerriss den Bogen Papier, der keinerlei Spuren von Nässe aufwies, aber schon in der darauf folgenden Nacht, als ich wach im Bett lag, wurde mir klar, dass sich die Sache so rasch, wie ich es wünschte, nicht erledigen ließ. Es begann damit, dass ich mir Gedanken darüber machte, wo sich der alte Mann, der, wie er schrieb, immer noch seinen Koffer bei sich hatte, die ganze Zeit über aufhielt.

›Vielleicht sitzt er in einem Café, um sich aufzuwärmen‹, dachte ich. ›Und selbst wenn ich mich entschließen würde, seine Bitte doch noch zu erfüllen, ich wüsste nicht, wo ich hinfahren sollte, da er keinen Ort genannt hat, an dem wir uns hätten treffen können.‹

Zwei Tage später gab ich der Versuchung nach, wieder über die Stadtautobahn in Richtung Späthstraße zu fahren. Man kennt solche Stimmungen, die man nicht loswerden kann und die einen, obwohl man sich dagegen wehrt, in gewisse Gewohnheiten treiben, und so bog ich in den Königsheideweg ein.

Ein kurzer Blick auf das Restaurant. Es war geschlossen. Ich passierte die Kolonie Blumenhain, auch dort war niemand unterwegs. Also fuhr ich weiter, bis ich das Postamt jenseits des Sterndamms vor Augen hatte, und als ich, diesmal über Baumschulenweg, zur Stadtautobahn zurückkehren wollte, kam ich an dem Krematorium und dem Friedhof vorbei, den ich seit Jahrzehnten gemieden hatte, weil es für mich keinen Grund mehr gab, hier zu verweilen. Aber da war, wie gesagt, der Stadtforst in unmittelbarer Nähe, und die Straße, die am Wasserwerk vorbei zu den Bombentrichtern führte, nahm hier ihren Anfang, und so fühlte ich mich irgendwie genötigt, in eben diese Straße, obwohl es verboten war, einzubiegen, und nachdem ich die Weggabelung samt Trampelpfad hinter mir hatte, erreichte ich, es war wie ein magischer Kreis, die Johannisthaler Chaussee.

Hier schien es mir selbstverständlich, da ich nun einmal in der Nähe war, auch einen Blick auf die Laube der Parzelle 53 zu werfen. Vorher wollte ich mich vergewissern, ob es noch jenseits der Brücke, die nach Neukölln führte, jenen schmalen Kanal gab, in dem ich mit meinem Bruder in den Sommermonaten gebadet hatte. Ich fand ihn wieder, auch jene Stelle, wo man das Ufer gefahrlos betreten konnte. Und wie hatte ich ihn, den Älteren, bewundert, wenn er mir regelmäßig davonschwamm oder in hohem Bogen und über eine Barriere hinweg ins Wasser sprang! Aber das allzu genaue Erinnern war mir unangenehm.

›Es hat schon seinen Grund, warum man alles vergisst‹, dachte ich, ärgerte mich, dass ich es trotzdem nicht unterließ, auf dem Rückweg an der Kolonie Frohsinn vorbeizugehen. Diesmal brannte in der Laube, die ich im Blick hatte, Licht. Die Gartentür stand wie immer offen. Ich zögerte, betrat aber doch den Kiesweg, und als ich am Fenster war und durch die Gardinen ins Innere sah, traute ich meinen Augen nicht.

Da stand der alte Mann vor einem Tisch und kramte in seinem aufgeklappten Koffer, sortierte mit ruhigen Bewegungen irgendwelche Kleidungsstücke, zog zuletzt ein Paar Strümpfe hervor, setzte sich auf einen Stuhl, wohl in der Absicht, sich die Schuhe auszuziehen.

»Was machen Sie hier!«, rief ich, nachdem ich die Tür zur Veranda aufgerissen hatte. »Sie haben kein Recht, in fremder Leute Wohnung einzudringen«, und als ich die zweite Tür, die angelehnt war und die ins Zimmer führte, aufstieß, erhob sich der andere und ließ die Strümpfe fallen.

Ich sah, dass er barfuß war und fror, und dies war es wohl, was mich davon abhielt, ihn zur Rede zu stellen.

»Verzeihung«, murmelte ich stattdessen, schloss die Tür, um den kalten Luftzug, der entstanden war, zu unterbrechen und trat wieder ins Freie hinaus.

Ich wartete, sah jetzt erst, dass das Gelände ringsherum in einem verwahrlosten Zustand war.

Überall lagen Pflanzenreste und Wasserschläuche herum. Auch das Gebäude selbst wirkte renovierungsbedürftig. Das Holz an den Wänden war brüchig, dem Vordach der Veranda fehlte die Dachpappe, es begann zu faulen. Kein Zweifel, die Laube war, wie in früheren Zeiten, immer noch nicht winterfest und wurde von den Besitzern offenbar nur in den Sommermonaten genutzt. Das beruhigte mich.

›Also wird uns niemand überraschen‹, dachte ich.

Von drinnen hörte man Geräusche, offenbar wurden Möbel verrückt, zuletzt öffnete sich die Zimmertür, und nun verließ auch der alte Mann die Laube. Er hatte sich umgezogen, trug einen hellen, etwas zerknitterten Anzug, darüber einen Wollmantel. Er hatte die Schuhe gewechselt, die frisch geputzt wirkten, hatte sich offenbar rasiert, und er hielt den Koffer in der Hand, dazu den Krückstock, den er nicht benutzte.

»Setzen wir uns«, sagte er und wies auf die Bank unter dem Vordach der Veranda.

Ich folgte seiner Aufforderung, bemerkte noch, dass ein Stück der rechten Kante, auf der ich Platz nahm, abgebrochen war, dann begann der andere, nachdem er den Koffer abgestellt hatte, zu reden.

Er müsse sich, sagte er, obwohl die augenblicklichen Umstände dagegen sprächen, keineswegs schämen. Er sei ein erfolgreicher Geschäftsmann, eigentlich ein Fabrikant. Er stelle Umwicklungen für Elektrokabel her und könne sagen, dass er mit dieser Tätigkeit zu einigem Wohlstand gelangt sei. Er habe ein eigenes Haus inmitten einer kleinen Parkanlage, und er könne seiner Frau, den erwachsenen Söhnen, der Tochter und den vier Enkelkindern immer noch einiges bieten.

»Die ersten Jahre«, fügte er hinzu, »waren nicht leicht, und es machte mir, nachdem ich das Flüchtlingslager in Neukölln verlassen hatte, einige Mühe, in Montreal Fuß zu fassen. Aber wenn man tüchtig ist und sich einiges abverlangt, dann kommt einem der Erfolg, wie man so sagt, entgegen. Und natürlich hatte ich Glück mit meiner Frau, die mir ohne Wenn und Aber den Rücken gestärkt hat, und wenn die Familie erst einmal wächst und gedeiht, weiß man schließlich, dass sich alles, was man jahrzehntelang angepackt hat, am Ende des Lebens irgendwie auszahlt.«

Er sprach noch über dieses und jenes, etwa, dass er die Familie Hals über Kopf und ohne zu erklären, warum, verlassen habe und dass es ihm bisher nicht möglich gewesen sei, sich, und sei es auch nur telefonisch, wieder zu melden.

»Was hätte ich ihnen sagen sollen. Dass ich ein Mörder bin?«, murmelte er, und nun sah er, als hätte er bemerkt, dass er zu redselig gewesen war, vor sich hin und malte mit der Spitze seines Krückstocks kleine Kreise in den Sand, der sich auf dem Zementboden angesammelt hatte.

»Gehen Sie zur Polizei«, sagte ich.

Der alte Mann lächelte. Er wies darauf hin, dass ihm mit einer Verurteilung, gesetzt den Fall, die Sache wäre nicht verjährt, keineswegs geholfen sei.

»Auch Ihrem Bruder nicht«, fügte er hinzu. »Auge um Auge, Zahn um Zahn. Ich war es schließlich, der ihn erschlagen hat, und glauben Sie mir, es war überaus schwierig, Ihre Adresse herauszufinden. Aber nun bin ich hier, und wir sitzen einander gegenüber, und vielleicht gelingt es Ihnen jetzt, in diesem Garten und eine Veranda im Rücken, das zu tun, was Ihnen im Bombentrichter offenbar nicht möglich war. Sie allein sind verpflichtet, verzeihen Sie mir, dass ich Ihnen dies in aller Offenheit sage, den Mord an Ihrem Bruder zu sühnen.«

VII

Den Mord an meinem Bruder zu sühnen?

›Ja, will er auch mich zum Mörder machen! Glaubt er tatsächlich, ich wäre in der Lage, zum nächstbesten Holzknüppel zu greifen, um ihn zu erschlagen!«, dachte ich und staunte, dass jemand, dem es gelungen war, seine Schuld ein Leben lang zu verbergen, dass ein Mörder, der in Ehren grau geworden war, plötzlich nicht mehr in der Lage sein sollte, es dabei zu belassen.

Ich selbst hatte weder die Zeit noch die Kraft, mich mit einem Geschehen, das sechs Jahrzehnte zurücklag, ernsthaft zu beschäftigen. Damals, ja damals hatten alle gehofft, man würde die Mörder so rasch wie möglich finden, aber jetzt beschloss ich, an der Sache nicht mehr zu rühren, in der Hoffnung, der andere würde, da ihm nichts weiter übrigblieb, zu seiner Familie zurückkehren. Ich vermied es, in den Briefkasten zu sehen, bemerkte aber sehr wohl, dass dort nicht nur die übliche Post lag.

›Falls er mir wieder etwas geschickt hat‹, dachte ich, ›ist er immer noch nicht abgereist.‹

Ich öffnete den Briefkasten, fand tatsächlich ein graugrünes Kuvert vor. Diesmal waren es nur wenige Zeilen. »Helfen Sie mir. Ich habe Angst«, las ich und: »Es ist mir nicht möglich, ohne Sühne zu sterben.«

›Gut‹, dachte ich und spürte, dass der letzte Rest meiner Geduld aufgebraucht war.

Ich ging in den Keller, kramte in einer Kiste und zog einen Strick hervor. Ich prüfte, ob er lang genug war. Er war aus unverwüstlichem Nylon. Ich verstaute ihn in einer Plastiktüte, und am späten Nachmittag desselben Tages war ich wieder im Berliner Südosten unterwegs. Es hatte den ersten Frost gegeben, so dass man aufpassen musste, auf den gefrorenen Wasserlachen nicht auszurutschen. Ich war ohne Mantel, hatte die leuchtfarbene Unfalljacke aus dem Kofferraum gezogen, aber mit der Zeit wurde mir warm, da ich gezwungen war, zwischen der Laubenkolonie und dem Wald hin und her zu gehen.

Zunächst hatte ich geglaubt, der Unbekannte wäre wieder in der Laube. Aber da war niemand, nur die angelehnte Tür zur Veranda erinnerte mich daran, dass dies vor kurzem anders gewesen war. Ich ging zur Kolonie Blumenhain zurück, zögerte, über die löchrige Straße hinweg den Wald zu betreten. Es schien mir aussichtslos, inmitten dieser weitläufigen Unübersichtlichkeit nach jemandem zu suchen, der offenbar darauf aus war, mit meiner Hilfe zu sterben.

›Er kann nur‹, dachte ich, ›entweder in der Laube oder in der Nähe des Bombentrichters sein.‹

Aber nun sah ich schon, ich war auf der Straße in Richtung Wasserwerk, etwas auf dem gefrorenen Sand liegen. Es war der Krückstock, den der alte Mann, davon hatte ich mich überzeugt, immer bei sich trug. Ich sah mich um.

»Hier haben Sie, was Sie brauchen, falls Sie den Mord an meinem Bruder unbedingt sühnen wollen!«, rief ich und zog den Strick aus der Plastiktüte. »Aber denken Sie nicht, dass ich Ihnen dabei behilflich sein werde«, fügte ich hinzu.

Und nun geschah, womit ich gerechnet hatte: Der alte Mann verließ das Unterholz und trat auf die Straße hinaus. Er ging, und, wie mir schien, mit unsicheren Schritten auf mich zu, bückte sich nach dem Krückstock.

»Ich danke Ihnen«, sagte er, und als ich ihm den Strick hinhielt und fragte: »Kommen Sie allein zurecht«, sagte er: »Nein.«

»Dann«, antwortete ich, »bringe ich Sie jetzt zum Flughafen.«

VIII

Keine halbe Stunde später saß der alte Mann in dem Restaurant an der Johannisthaler Chaussee. Ich hatte ihn gedrängt, etwas Warmes zu essen. Ich selbst ging währenddessen auf dem Bürgersteig auf und ab, ließ seinen Koffer, den er am Eingang abgestellt hatte, nicht aus den Augen, und als er endlich, nachdem er gezahlt und noch ein Bier getrunken hatte, die wenigen Stufen, die ins Freie führten, hinabstieg, nahm ich den Koffer auf und ging damit zum Wagen, dessen Beifahrertür geöffnet war.

Ich schob den Koffer auf den Sitz, bat den anderen, im Fond Platz zu nehmen. Ich half ihm nicht, sah zu, wie er Mühe hatte, der Krückstock war ihm im Weg, ins Innere des Wagens zu gelangen, dann startete ich, kaum dass er saß, den Motor und fuhr in den Königsheideweg.

Ich sah sein Gesicht im Rückspiegel und versicherte ihm, dass wir in einer halben Stunde in Tegel sein würden.

Er bedankte sich.

Wie er denn jetzt, und ohne Reservierung, nach Montreal kommen könne, wollte ich wissen.

»Über Frankfurt am Main. Aber darüber sollten Sie sich keine Gedanken machen«, sagte der alte Mann, öffnete eine Schachtel und schob sich eine Tablette in den Mund, die er, mit einer Miene, als würde sie ihm nicht bekommen, zerbiss.

Er sah unglücklich aus, fragte, ob es möglich sei, noch einmal nach Neukölln zu fahren.

»Aber ja doch«, sagte ich und lenkte den Wagen, statt nach links abzubiegen, ich hatte schon die Auffahrt zur Autobahn erreicht, geradeaus weiter bis zur Buschkrugallee.

Er sah hinaus, versuchte sich zu orientieren, bat mich, in den Britzer Damm einzubiegen, und kurz vor der S-Bahn-Station Hermannstraße, zeigte er plötzlich nach rechts und sagte:

»Hier waren wir untergebracht. Es waren drei, vier Baracken. Und hier haben wir mit Ihrem Bruder Karten gespielt.«

Ich hielt den Wagen an, er stieg aus, und nun ging er, während ich mit laufendem Motor am Straßenrand wartete, ein paar Schritte auf ein Hochhaus zu, blieb, wo früher offenbar auf freiem Feld ein Barackenlager für Flüchtlinge gewesen war, mit einem Ausdruck von Ratlosigkeit stehen.

»Vielleicht habe ich mich geirrt«, sagte er, nachdem er wieder eingestiegen war. »Aber so viel ist sicher: Hier oder anderswo haben wir uns gestritten, und von hier aus, es waren immerhin sechs Kilometer, sind wir gemeinsam zur Tanzveranstaltung gegangen. Und am nächsten Morgen«, fügte er hinzu, »bin ich, leichtsinnig genug, mit einem Fahrrad nochmals zum Bombentrichter gefahren.«

»Verstehe«, sagte ich, und mir fiel ein, dass die Mörder damals tatsächlich Reifenspuren am Tatort zurückgelassen hatten.

Aber ich musste mich konzentrieren, denn nun fuhr ich kreuz und quer durch einige Nebenstraßen, verirrte mich, in dem Bemühen, über die Oberlandstraße zur Tempelhofer Autobahn, die nach Tegel führte, zurückzufinden, während mein

Fahrgast auf dem Rücksitz über Details seiner Flucht nach dem Mord zu reden begann.

Er habe, versicherte er, immer damit gerechnet, entdeckt zu werden, habe das Fahrrad, mit dem man ihn hätte überführen können, verkauft und habe dann lange, ja allzu lange auf das Visum nach Kanada warten müssen.

Als wir die Autobahn erreicht hatten, war die Sicht wieder frei. Man sah den Horizont und, als wäre da noch ein Rest von Sonne, ein seltsames Spiel unterschiedlicher Farben. Unten, über der Silhouette der Stadt, war alles dunkelgrau, darüber eine Schicht, die blau aufleuchtete und wieder darüber ein strahlendes Rosa, das sich in der Dunkelheit des Himmels verlor.

»Sehen Sie«, sagte ich und deutete mit der Hand durch die Windschutzscheibe, »wie ungewöhnlich die Stadt um diese Jahreszeit ist«, bemerkte aber, dass der andere mit den Gedanken woanders war.

»Denken Sie an Ihre Familie?«, fragte ich.

Ich bekam keine Antwort.

»Gibt es jemanden, auf den Sie sich besonders freuen, wenn Sie wieder in Kanada sind?«

Der andere beugte sich nach vorn, als wollte er mir etwas anvertrauen. Aber im selben Augenblick erreichten wir eine Autobahnzufahrt, und ich war, weil ich immer wieder auf den Horizont sah oder im Rückspiegel den alten Mann im Blick hatte, unaufmerksam genug, einen einbiegenden Sattelschlepper zu übersehen, und nun bog ich, um einen Zusammenstoß zu vermeiden, nach links aus, streifte die mittlere Leitplanke, und es dauerte einige Sekunden, bis ich den schleudernden Wagen im Griff hatte.

»Oh Gott«, hörte ich noch, dann, nachdem alles überstanden war und die Fahrt in ruhigem Tempo weiterging, sah ich, dass der alte Mann in sich zusammengesunken war.

Er war aschfahl im Gesicht, rang nach Atem, hatte offenbar nicht damit gerechnet, dass ihm jetzt, und völlig unvorbereitet, eben das, was er sich gewünscht hatte, passieren würde. Was hatte er mir doch geschrieben?

»Helfen Sie mir. Ich habe Angst.« Und: »Es ist mir nicht möglich, ohne Sühne zu sterben.«

Guy de Maupassant
Das Glück

Es war zur Teestunde, bevor die Lampen hereingebracht wurden. Die Villa lag hoch über dem Meer. Die Sonne war untergegangen und hatte den Himmel auf ihrer Bahn ganz rosig, wie mit Goldstaub übergossen, zurückgelassen, und das Mittelmeer lag spiegelglatt, ohne ein Fältchen da, ohne dass eine Welle seine Oberfläche kräuselte. Es leuchtete noch immer im verdämmernden Tag wie eine riesige polierte Metallscheibe.

In der Ferne zur Rechten zeichneten die gezackten Berge ihr schwarzes Profil auf dem verblassten Purpurrot des abendlichen Himmels ab.

Wir sprachen von der Liebe, erörterten dieses alte, unerschöpfliche Thema, sagten dieselben Dinge wieder, die schon so oft gesagt worden waren. In der sanften Schwermut der Dämmerstunde fielen die Worte langsam und zögernd, die Herzen waren grundlos weich gestimmt, und das Wort *Liebe,* das immer wieder, bald von einer kräftigen Männerstimme, bald von einer hellen Frauenstimme ausgesprochen, zu hören war, schien den kleinen Salon zu erfüllen und gleich einem Vogel darin umherzuflattern oder wie ein Geist darüber zu schweben.

Kann man Jahre hindurch treu lieben?

»Ja«, behaupteten die einen.

»Nein«, versicherten die andern.

Man sichtete die unterschiedlichen Fälle, grenzte sie gegeneinander ab, führte Beispiele an, und alle, Männer und Frauen, fühlten verwirrende, lebendige Erinnerungen in sich aufsteigen, die sich ihnen auf die Lippen drängten und die sie doch nicht anführen konnten. Sie waren sichtlich ergriffen, sprachen mit tiefer Bewegung und glühender Anteilnahme von dieser alltäglichen, allgewaltigen Sache, dem innigen, rätselhaften Einklang zweier Wesen.

Doch plötzlich rief jemand, den Blick in die Ferne gerichtet: »Oh! sehen Sie dort hinten? Was ist das?«

Über dem Meer tauchte ganz hinten am Horizont eine riesige graue, undeutliche Masse auf.

Die Frauen waren aufgestanden und betrachteten verständnislos diese überraschende Erscheinung, die sie nie zuvor gesehen hatten.

Da sagte jemand: »Das ist Korsika. So kann man die Insel zwei- oder dreimal jedes Jahr unter gewissen außergewöhnlichen atmosphärischen Bedingungen wahrnehmen, wenn die Luft vollkommen klar und sichtig ist und die Insel nicht mehr von den Dunstnebeln eingehüllt ist, die sonst immer die Ferne verschleiern.«

Man unterschied undeutlich die Bergkämme, glaubte, den Schnee auf den Gipfeln zu erkennen. Und alle waren überrascht, verwirrt, fast erschreckt durch das jähe Auftauchen einer Welt, durch dieses Phantom, das aus dem Meer emporgestiegen war. Vielleicht erlebten solch geisterhafte Gesichte die Männer, die wie Kolumbus durch unerforschte Weltmeere fuhren.

Da sprach ein alter Herr, der sich bisher nicht am Gespräch beteiligt hatte: »Wissen Sie, ich habe auf dieser Insel, die sich vor uns aufrichtet, als wollte sie selbst auf alles, was wir sagten, Antwort geben und mir eine seltsame Erinnerung wieder wachrufen… ich habe dort ein wunderbares Beispiel einer standhaften Liebe, einer unwahrscheinlich glücklichen Liebe kennengelernt.

Hören Sie.

Vor nunmehr fünf Jahren machte ich eine Reise nach Korsika. Diese wilde Insel ist unbekannter und weiter von uns entfernt als Amerika, obwohl wir sie, wie heute, zuweilen von der französischen Küste aus sehen können.

Stellen Sie sich eine Welt vor, die noch im Chaos ist, ein wildes Sturmwetter von Bergen, dazwischen

Schluchten, in denen Sturzbäche tosen, nirgends eine ebene Stelle, aber unermesslich hohe granitene Wogen und riesenhafte Bodenwellungen, bedeckt mit Buschwald oder hohen Kastanien- und Pinienwäldern. Es ist jungfräulicher Boden, unbebaut, öde, obschon man zuweilen ein Dorf erblickt, das aussieht wie ein Haufen Felsen auf dem Gipfel eines Berges. Kein Ackerbau, keine Industrie, keine Kunst. Nie trifft man auf ein bearbeitetes Stück Holz, einen behauenen Stein, nirgendwo auf die Erinnerung an den kindlichen oder verfeinerten Geschmack der Vorfahren für gefällige und schöne Dinge. Gerade das fällt einem in diesem herrlichen und kargen Land am meisten auf: die vererbte Gleichgültigkeit gegen das Streben nach gefälligen Formen, gegen das, was man eben Kunst nennt.

Italien, wo jeder Palazzo, selbst ein Meisterwerk, mit Meisterwerken vollgestopft ist, wo Marmor, Holz, Bronze, Eisen, Metalle und Steine für den schöpferischen Geist des Menschen zeugen, wo die kleinsten altertümlichen Gegenstände, die in alten Häusern herumstehen, jenes göttliche Sichbemühen um anmutige Formen offenbaren, Italien ist für uns alle das heilige Vaterland, das wir lieben, weil es uns Anstrengung, Größe, Macht und Triumph des schöpferischen Geistes zeigt und beweist.

Diesem Land gegenüber ist das wilde Korsika

unverändert geblieben, was es in seinen ersten Tagen gewesen ist. Dort lebt der Mensch immer noch in seiner rohen Behausung, gleichgültig gegen alles, was nicht sein eigenes Dasein oder die Händel seiner Sippe angeht. Noch immer hat er Fehler und Vorzüge der ungesitteten Rassen. Er ist gewalttätig, hasssüchtig, blutdürstig, ohne sich ein Gewissen daraus zu machen, aber auch gastfreundlich, großherzig, treu ergeben, arglos. Er öffnet seine Tür jedem, der vorbeikommt, und schenkt seine treue Freundschaft für den geringsten Beweis von Sympathie.

Seit einem Monat wanderte ich also durch diese herrliche Insel und hatte dauernd das Gefühl, ich sei am Ende der Welt. Keine Gasthöfe, keine Wirtshäuser, keine Landstraßen. Auf Maultierpfaden erreicht man die Dörfchen, die am Hang der Berge kleben, hoch über gewundenen Abgründen, aus denen man abends das unablässige Tosen, die dumpfe, tiefe Stimme des Wildbachs heraufönen hört. Man klopft an die Türen der Häuser, bittet um Obdach und Nahrung bis zum nächsten Morgen. Und dann setzt man sich an den bescheidenen Tisch und schläft unter dem armseligen Dach; am Morgen dann drückt man dem Gastgeber die Hand, der einem bis zur Dorfgrenze das Geleite gibt.

Eines Abends nun erreichte ich nach zehnstündiger Wanderung ein einsames Häuschen unten in einer engen Talmulde, die eine Meile weiter jäh ins Meer abfiel. Die beiden steilen Berghänge, mit Buschwald, Geröll und großen Bäumen bedeckt, schlossen wie zwei düstere Mauern diese jammervoll traurige Schlucht ein.

Rings um die Hütte ein paar Rebstöcke, ein Gärtchen, und nicht weit davon mehrere hohe Kastanienbäume, genug zum Leben, für dieses arme Land ein großer Reichtum.

Die Frau, die mich empfing, war alt, sie sah streng und, ausnahmsweise, sauber aus. Der Mann saß auf einem Strohstuhl; als ich eintrat, stand er auf, begrüßte mich und setzte sich dann wieder hin, ohne ein Wort zu sagen. Seine Lebensgefährtin sagte: ›Verübeln Sie es ihm nicht; er ist stocktaub. Jetzt ist er zweiundachtzig.‹

Sie sprach ein tadelloses Französisch. Ich war überrascht und fragte sie: ›Sie sind nicht aus Korsika?‹

›Nein‹, antwortete sie, ›wir kommen von drüben. Aber wir wohnen seit fünfzig Jahren hier.‹

Ein angstvolles, beklemmendes Gefühl überlief mich beim Gedanken an die fünfzig Jahre, die hier in diesem finsteren Loch, so fern jeder Stadt, in der Menschen leben, verflossen waren. Da kam ein alter Schafhirte nach Hause, und man ging zu Tisch. Es gab ein einziges Gericht, eine dicke Suppe aus Kartoffeln, Speck und Kohl. Als das kurze Mahl beendet war, setzte ich mich vor die Tür; mein Herz war beklommen vor dieser melancholischen, düsteren Landschaft, bedrückt von jenem Angstgefühl, das den Reisenden zuweilen an gewissen trübseligen Abenden, an bestimmten trostlosen Orten befällt. Es kommt einem dann vor, als wäre jetzt gleich alles zu Ende, das eigene Dasein und die ganze Welt. Mit einem Schlag erkennt man das schaurige Elend des Lebens, die Gottverlassenheit aller Menschen, die Nichtigkeit aller Dinge und die schwarze Einsamkeit des Herzens, das sich mit Träumen einlullt und sich selbst bis zum Tode betrügt.

Die alte Frau kam zu mir heraus und fragte mich, von jener Neugier gequält, die stets auch in den schicksalergebensten Seelen fortlebt: ›Sie kommen also aus Frankreich?‹

›Ja, ich reise zu meinem Vergnügen.‹

›Sind Sie vielleicht aus Paris?‹

›Nein, ich bin aus Nancy.‹

Ich hatte den Eindruck, sie sei ungewöhnlich erregt. Wie ich das gesehen oder eher gespürt habe, weiß ich nicht.

Sie wiederholte gedehnt: ›Sie sind aus Nancy?‹

Da erschien ihr Mann unter der Tür, unbeteiligt wie alle Tauben.

Sie fuhr fort: ›Er stört uns nicht. Er hört nicht, was wir sprechen.‹

Nach einer Weile fragte sie: ›Kennen Sie viele Leute in Nancy?‹

›Ja, fast die ganze Stadt.‹

›Die Familie de Sainte-Allaize?‹

›Ja, sehr gut sogar. Sie waren mit meinem Vater befreundet.‹

›Wie heißen Sie denn?‹

Ich nannte meinen Namen. Sie blickte mich starr an und sagte dann leise, als stiegen Erinnerungen in ihr auf: ›Ja, ja, ich erinnere mich gut. Und die Brisemares, was ist aus ihnen geworden?‹

›Sie sind alle gestorben.‹

›Ah, und die Sirmonts... Sie kennen sie doch?‹

›Gewiss, der Letzte ist General.‹

Da sagte sie bebend vor Erregung, vor Angst und Qual, aus ich weiß nicht welchem unklaren, mächtigen, heiligen Gefühl heraus, aus irgendeinem Bedürfnis, sich auszusprechen, alles zu sagen, sich alle die Dinge vom Herzen zu reden, die sie bis dahin tief in sich verschlossen hatte, von den Leuten zu sprechen, deren Name ihre Seele aufgewühlt hatte:

›Ja, Henri de Sirmont. Ich weiß schon. Er ist mein Bruder.‹

Ich schaute zu ihr auf, sprachlos vor Verblüffung. Und auf einmal entsann ich mich wieder.

Das war einmal früher ein großer Skandal in der vornehmen Gesellschaft Lothringens gewesen. Ein schönes, reiches junges Mädchen, Suzanne de Sirmont, war von einem Husarenunteroffizier des Regiments, das ihr Vater kommandierte, entführt worden. Er war ein schmucker Bursche, Sohn von Bauern, dem aber der blaue Dolman gut stand, dieser Soldat, der die Tochter seines Obersts verführt hatte. Wahrscheinlich hatte sie zugeschaut, wie die Schwadronen vorbeidefilierten, hatte ihn gesehen, er war ihr aufgefallen, und sie hatte sich in ihn verliebt. Doch wie hatte sie mit ihm sprechen können, wie hatten sie sich sehen, sich verständigen können? Wie hatte sie gewagt, ihm zu zeigen, dass sie ihn liebte? Das erfuhr man nie.

Niemand hatte etwas geahnt, niemand hatte es kommen sehen. Eines Abends, als der Soldat seine Zeit abgedient hatte, verschwand er mit ihr. Man suchte sie, sie blieben unauffindbar. Man hörte nie wieder von ihnen und nahm an, sie sei tot.

Jetzt fand ich sie hier in diesem düsteren Tal.

Da sagte ich zu ihr: ›Ja, ich weiß noch gut. Sie sind Mademoiselle Suzanne.‹

Sie nickte. Tränen fielen aus ihren Augen. Sie deutete mit einem Blick auf den Greis, der regungslos unter der Tür seines Hauses stand, und sagte: ›Das ist er.‹

Und da wurde mir klar, dass sie ihn immer noch liebte, dass sie ihn noch immer mit verliebten Augen sah.

Ich fragte: ›Sind Sie wenigstens glücklich gewesen?‹

Mit einer Stimme, die aus dem tiefsten Herzen kam, antwortete sie: ›O ja, sehr glücklich. Er hat mich sehr glücklich gemacht. Ich habe nie etwas bereut.‹

Ich sah sie traurig an, überrascht und überwältigt von der Allmacht der Liebe. Dieses reiche Mädchen war dem Mann, einem Bauern, gefolgt. Sie war selbst eine Bäuerin geworden, hatte sich in ihr Leben ohne Annehmlichkeiten, ohne Luxus, ohne jedes Wohlbehagen irgendwelcher Art gefunden und sich in ihre einfache Lebensweise geschickt. Sie liebte ihn immer noch, war eine Bäuerin geworden in Haube und Linnenrock. Sie aß aus einer irdenen Schüssel an einem hölzernen Tisch, auf einem Strohstuhl sitzend, ein Mus aus Kohl, Kartoffeln und Speck. Sie schlief auf einem Strohsack an seiner Seite.

Nie hatte sie an etwas anderes gedacht als an ihn! Sie hatte weder Schmuck noch schöne Stoffe vermisst, weder Behaglichkeit, weiche Sessel und die duftende Wärme mit herrlichen Wandbehängen ausgeschlagener Gemächer, noch linde Daunenkissen, in denen der Leib, wenn er ruhen will, versinkt. Sie hatte immer nur ihn gebraucht; wenn er nur da war, hatte sie nach nichts anderem Verlangen.

Ganz jung noch hatte sie das Leben und die Welt aufgegeben, die Menschen, die sie erzogen und geliebt hatten. Allein mit ihm war sie in dieses wilde Tal gekommen. Er hatte ihr alles bedeutet, alles, was man ersehnt, alles, was man erträumt, alles, was man unaufhörlich erwartet, ohne Unterlass erhofft. Er hatte ihr Leben mit Glück erfüllt, vom Anfang bis zum Ende.

Sie hätte nicht glücklicher sein können.

Und die ganze Nacht hörte ich auf den rauhen Atem des alten Soldaten, der auf seiner armseligen Lagerstatt neben der Frau lag, die ihm so weit, bis hierher gefolgt war. Ich dachte über dieses seltsame und schlichte Erlebnis nach, über dieses vollkommene Glück, das so anspruchslos und sich selbst genug war.

Als der Tag anbrach, nahm ich Abschied von den beiden alten Ehegatten und drückte ihnen die Hand.«

Der Erzähler schwieg. Eine Frau meinte: »Schön und gut, aber sie hatte eben doch ein gar zu billiges Ideal, zu primitive Bedürfnisse und stellte nicht allzu hohe Ansprüche. Sie wird wohl eine dumme Gans gewesen sein.«

Doch eine andere sagte nachdenklich: »Was tut's? Sie war glücklich.«

Weit hinten am Horizont versank Korsika in der Nacht, trat langsam ins Meer zurück, entschwand wieder mit seinem großen, dunklen Schatten, der aufgetaucht war, als wollte er selbst die Geschichte der beiden bescheidenen Liebenden erzählen, die an seinen Gestaden Zuflucht gefunden hatten.

Arthur Schnitzler

Die Frau des Weisen

Hier werde ich lange bleiben. Über diesem Orte zwischen Meer und Wald liegt eine schwermütige Langeweile, die mir wohltut. Alles ist still und unbewegt. Nur die weißen Wolken treiben langsam; aber der Wind streicht so hoch über Wellen und Wipfel hin, dass das Meer und die Bäume nicht rauschen. Hier ist tiefe Einsamkeit, denn man fühlt sie immer; auch wenn man unter den vielen Leuten ist, im Hotel, auf der Promenade. Die Kurkapelle spielt meist melancholische schwedische und dänische Lieder, aber auch ihre lustigen Stücke klingen müd und gedämpft. Wenn die Musikanten fertig sind, steigen sie schweigend über die Stufen aus dem Kiosk herab und verschwinden mit ihren Instrumenten langsam und traurig in den Alleen.

Dies schreibe ich auf ein Blatt, während ich mich in einem Boote längs des Ufers hinrudern lasse.

Das Ufer ist mild und grün. Einfache Landhäuser mit Gärten; in den Gärten gleich am Wasser Bänke; hinter den Häusern die schmale, weiße Straße, jenseits der Straße der Wald. Der dehnt sich ins Land, weit, leicht ansteigend, und dort, wo er aufhört, steht die Sonne. Auf der schmalen und langgestreckten gelben Insel drüben liegt ihr Abendglanz. Der Ruderer sagt, man kann in zwei Stunden dort sein. Ich möchte wohl einmal hin. Aber hier ist man seltsam festgehalten; immer bin ich im nächsten Umkreis des kleinen Orts; am liebsten gleich am Ufer oder auf meiner Terrasse.

Ich liege unter den Buchen. Der schwere Nachmittag drückt die Zweige nieder; ab und zu hör' ich nahe Schritte von Menschen, die über den Waldweg kommen; aber ich kann sie nicht sehen, denn ich rühre mich nicht, und meine Augen tauchen in die Höhe. Ich höre auch das helle Lachen von Kindern, aber die große Stille um mich trinkt alles Geräusch rasch auf, und ist es kaum eine Sekunde lang verklungen, so scheint es längst vorbei. Wenn ich die Augen schließe und gleich wieder öffne, so erwache ich wie aus einer langen Nacht. So entgleite ich mir selbst und verschwebe wie ein Stück Natur in die große Ruhe um mich.

Mit der schönen Ruhe ist es aus. Nicht im Ruderboot und nicht unter den Buchen wird sie wiederkommen. Alles scheint mit einem Male verändert. Die Melodien der Kapelle klingen sehr heiß und lustig; die Leute, die an einem vorbeigehen, reden viel; die Kinder lachen und schreien. Sogar das liebe Meer, das so schweigend schien, schlägt nachts lärmend an das Ufer. Das Leben ist wieder laut für mich geworden. Nie war ich so leicht vom Hause abgereist; ich hatte nichts Unvollendetes zurückgelassen. Ich hatte mein Doktorat gemacht; eine künstlerische Illusion, die mich eine Jugend hindurch begleitet, hatte ich endgültig begraben, und Fräulein Jenny war die Gattin eines Uhrmachers geworden. So hatte ich das seltene Glück gehabt, eine Reise anzutreten, ohne eine Geliebte zu Hause zu lassen und ohne eine Illusion mitzunehmen. In der Empfindung eines abgeschlossenen Lebensabschnittes hatte ich mich sicher und wohl gefühlt. Und nun ist alles wieder aus; – denn Frau Friederike ist da.

Spätabends auf meiner Terrasse; ich hab' ein Licht auf meinen Tisch gestellt und schreibe. Es ist die Zeit, über alles ins Klare zu kommen. Ich zeichne mir das Gespräch auf, das erste mit ihr nach sieben Jahren, das erste nach jener Stunde…

Es war am Strand, um die Mittagszeit. Ich saß auf einer Bank. Zuweilen gingen Leute an mir vorüber. Eine Frau mit einem kleinen Jungen stand auf der Landungsbrücke, zu weit, als dass ich die

Gesichtszüge hätte ausnehmen können. Sie war mir übrigens durchaus nicht aufgefallen; ich wusste nur, dass sie schon lange dort gestanden war, als sie endlich die Brücke verließ und mir immer näher kam. Sie führte den Knaben an der Hand. Nun sah ich, dass sie jung und schlank war. Das Gesicht kam mir bekannt vor. Sie war noch zehn Schritte von mir; da erhob ich mich rasch und ging ihr entgegen. Sie hatte gelächelt, und ich wusste, wer sie war.

»Ja, ich bin es«, sagte sie und reichte mir die Hand.

»Ich habe Sie gleich erkannt«, sagte ich.

»Ich hoffe, das ist nicht zu schwer gewesen«, erwiderte sie. »Und Sie haben sich eigentlich auch gar nicht verändert.«

»Sieben Jahre...«, sagte ich.

Sie nickte. »Sieben Jahre.«...

Wir schwiegen beide. Sie war sehr schön. Jetzt glitt ein Lächeln über ihr Gesicht, sie wandte sich zu dem Jungen, den sie noch immer an der Hand hielt, und sagte: »Gib dem Herrn die Hand.« Der Kleine reichte sie mir, schaute mich aber dabei nicht an.

»Das ist mein Sohn«, sagte sie.

Es war ein hübscher brauner Bub mit hellen Augen.

»Es ist doch schön, dass man einander wieder

begegnet im Leben«, begann sie, »ich hätte nicht gedacht...«

»Es ist auch sonderbar«, sagte ich.

»Warum?«, fragte sie, indem sie mir lächelnd und das erste Mal ganz voll in die Augen sah. »Es ist Sommer... alle Leute reisen, nicht wahr?«

Jetzt lag mir die Frage nach ihrem Mann auf den Lippen; aber ich vermochte es nicht, sie auszusprechen.

»Wie lange werden Sie hier bleiben?«, fragte ich.

»Vierzehn Tage. Dann treffe ich mit meinem Manne in Kopenhagen zusammen.«

Ich sah sie mit einem raschen Blick an; der ihre antwortete unbefangen: ›Wundert dich das vielleicht?‹ Ich fühlte mich unsicher, unruhig beinahe. Wie etwas Unbegreifliches erschien es mir plötzlich, dass man Dinge so völlig vergessen kann. Denn nun merkte ich erst: An jene Stunde vor sieben Jahren hatte ich seit lange so wenig gedacht, als wäre sie nie erlebt worden.

»Sie werden mir aber viel erzählen müssen«, begann sie aufs Neue, »sehr, sehr viel. Gewiss sind Sie schon lange Doktor?«

»Nicht so lange – seit einem Monat.«

»Sie haben aber noch immer Ihr Kindergesicht«, sagte sie. »Ihr Schnurrbart sieht aus, als wenn er aufgeklebt wäre.«

Vom Hotel her, überlaut, tönte die Glocke, die zum Essen rief.

»Adieu«, sagte sie jetzt, als hätte sie nur darauf gewartet.

»Können wir nicht zusammen gehen?«, fragte ich.

»Ich speise mit dem Buben auf meinem Zimmer, ich bin nicht gern unter so vielen Menschen.«

»Wann sehen wir uns wieder?«

Sie wies lächelnd mit den Augen auf die kleine Strandpromenade. »Hier muss man einander doch immer begegnen«, sagte sie – und als sie merkte, dass ich von ihrer Antwort unangenehm berührt war, setzte sie hinzu: »Besonders, wenn man Lust dazu hat. – Auf Wiedersehen.«

Sie reichte mir die Hand, und ohne sich noch einmal umzusehen, entfernte sie sich. Der kleine Junge blickte aber noch einmal nach mir zurück.

Ich bin den ganzen Nachmittag und den ganzen Abend auf der Promenade hin und her gegangen, und sie ist nicht gekommen. Am Ende ist sie schon wieder fort? Ich dürfte eigentlich nicht darüber staunen.

Ein Tag ist vergangen, ohne dass ich sie gesehen. Den ganzen Vormittag hat es geregnet, und außer mir war fast niemand auf der Promenade. Ein paar

Mal bin ich an dem Haus vorbei, in dem sie wohnt; ich weiß aber nicht, welches ihre Fenster sind. Nachmittag ließ der Regen nach, und ich machte einen langen Spaziergang auf der Straße längs des Meeres bis zum nächsten Orte. Es war trüb und schwül.

Auf dem Wege habe ich an nichts anderes denken können als an jene Zeit. Alles habe ich deutlich wieder vor mir gesehen. Das freundliche Haus, in dem ich gewohnt, und das Gärtchen mit den grünlackierten Stühlen und Tischen. Und die kleine Stadt mit ihren stillen weißen Straßen. Und die fernen, im Nebel verschwimmenden Hügel. Und über all dem lag ein Stück blassblauer Himmel, der so dazugehörte, als wenn er auf der ganzen Welt nur dort so blass und blau gewesen wäre. Auch die Menschen von damals sah ich alle wieder; meine Mitschüler, meine Lehrer, auch Friederikens Mann. Ich sah ihn anders, als er mir in jenem letzten Augenblick erschienen war; – ich sah ihn mit dem milden, etwas müden Ausdruck im Gesicht, wie er nach der Schule auf der Straße an uns Knaben freundlich grüßend vorüberzuschreiten pflegte, und wie er bei Tische zwischen Friederike und mir, meist schweigend, gesessen; ich sah ihn, wie ich ihn oft von meinem Fenster aus erblickt hatte: im Garten vor dem grünlackierten Tisch, die Arbeiten von uns Schülern korrigierend. Und ich erinnerte mich, wie Friederike in den Garten gekommen, ihm den Nachmittagskaffee gebracht und dabei zu meinem Fenster hinaufgeschaut, lächelnd, mit einem Blicke, den ich damals nicht verstanden... bis zu jener letzten Stunde. – Jetzt weiß ich auch, dass ich mich oft an all das erinnert habe. Aber nicht wie an etwas Lebendiges, sondern wie an ein Bild, das still und friedlich an einer Wand zu Hause hängt.

Wir sind heute am Strand nebeneinander gesessen und haben miteinander gesprochen wie Fremde. Der Bub spielte zu unseren Füßen mit Sand und Steinen. Es war nicht, als wenn irgendetwas auf uns lastete: wie Menschen, die einander nichts bedeuten und die der Zufall des Badelebens auf kurze Zeit zusammengeführt, haben wir miteinander geplaudert; über das Wetter, über die Gegend, über die Leute, auch über Musik und über ein paar neue Bücher. Während ich neben ihr saß, empfand ich es nicht unangenehm; als sie aber aufstand und fortging, war es mir mit einem Mal unerträglich. Ich hätte ihr nachrufen mögen: Lass mir doch etwas da; aber sie hätte es nicht einmal verstanden. Und wenn ich's überlege, was durfte ich anderes erwarten? Dass sie mir bei unserer ersten Begegnung so freundlich entgegengekommen, war offenbar nur in der Überraschung begründet; vielleicht auch in dem frohen Gefühl, an einem fremden Orte einen alten Bekannten wiederzufinden. Nun aber hat sie Zeit gehabt, sich an alles zu erinnern wie ich; und was sie auf immer vergessen zu haben hoffte, ist mächtig wieder aufgetaucht. Ich kann es ja gar nicht ermessen, was sie um meinetwillen hat erdulden müssen, und was sie vielleicht noch heute leiden muss. Dass sie mit ihm zusammengeblieben ist, seh' ich wohl; und dass sie sich wieder versöhnt haben, dafür ist der vierjährige Junge ein lebendiges Zeugnis; – aber man kann sich versöhnen, ohne zu verzeihen, und man kann verzeihen, ohne zu vergessen. – – Ich sollte fort, es wäre besser für uns beide.

In einer seltsamen, wehmütigen Schönheit steigt jenes ganze Jahr vor mir auf, und ich durchlebe alles aufs Neue. Einzelheiten fallen mir wieder ein. Ich erinnere mich an den Herbstmorgen, an dem ich, von meinem Vater begleitet, in der kleinen Stadt ankam, wo ich das letzte Gymnasialjahr zubringen sollte. Ich sehe das Schulgebäude deutlich wieder vor mir, mitten in dem Park mit seinen hohen Bäumen. Ich erinnere mich an mein ruhiges Arbeiten in dem schönen geräumigen Zimmer, an die freundlichen Gespräche über meine Zukunft, die ich bei Tisch mit dem Professor führte und denen Friederike lächelnd lauschte; an die Spaziergänge mit

Kollegen auf die Landstraße hinaus bis zum nächsten Dorf, und alle Nichtigkeiten ergreifen mich so tief, als wenn sie meine Jugend zu bedeuten hätten. Wahrscheinlich würden alle diese Tage im tiefen Schatten des Vergessens liegen, wenn nicht von jener letzten Stunde ein geheimnisvoller Glanz auf sie zurückfiele. Und das Merkwürdige ist: seit Friederike in meiner Nähe weilt, scheinen mir jene Tage sogar näher als die vom heutigen Mai, in welchen ich das Fräulein liebte, das im Juni den Uhrmacher geheiratet hat.

Als ich heute frühmorgens an mein Fenster trat und auf die große Terrasse hinunterblickte, sah ich Friederike mit ihrem Buben an einem der Tische sitzen; sie waren die ersten Frühstücksgäste. Ihr Tisch war grade unter meinem Fenster, und ich rief ihr einen guten Morgen zu. Sie schaute auf. »So früh schon wach?«, sagte sie. »Wollen Sie nicht zu uns kommen?«

In der nächsten Minute saß ich an ihrem Tisch. Es war ein wunderbarer Morgen, kühl und sonnig. Wir plauderten wieder über so gleichgültige Dinge als das letzte Mal, und doch war alles anders. Hinter unseren Worten glühte die Erinnerung. Wir gingen in den Wald. Da fing sie an, von sich zu sprechen und von ihrem Heim.

»Bei uns ist alles noch gerade so wie damals«,

sagte sie, »nur unser Garten ist schöner geworden; mein Mann verwendet jetzt viel Sorgfalt auf ihn, seit wir den Buben haben. Im nächsten Jahr bekommen wir sogar ein Glashaus.«

Sie plauderte weiter. »Seit zwei Jahren gibt es ein Theater bei uns, den ganzen Winter bis Palmsonntag wird gespielt. Ich gehe zwei-, dreimal in der Woche hinein, meistens mit meiner Mutter, der macht es großes Vergnügen.«

»Ich auch Theater!«, rief der Kleine, den Friederike an der Hand führte.

»Freilich, du auch. Sonntagnachmittag«, wandte sie sich erklärend an mich, »spielen sie nämlich manchmal Stücke für die Kinder; da gehe ich mit dem Buben hin. Aber ich amüsiere mich auch sehr gut dabei.«

Von mir musste ich ihr mancherlei erzählen. Nach meinem Beruf und anderen ernsten Dingen fragte sie wenig; sie wollte vielmehr wissen, wie ich meine freie Zeit verbrächte, und ließ sich gern über die geselligen Vergnügungen der großen Stadt berichten.

Die ganze Unterhaltung floss heiter fort; mit keinem Wort wurde jene gemeinschaftliche Erinnerung angedeutet – und doch war sie ihr gewiss ununterbrochen so gegenwärtig wie mir. Stundenlang spazierten wir herum, und ich fühlte mich beinahe glücklich. Manchmal ging der Kleine zwischen uns beiden, und da begegneten sich unsere Hände über seinen Locken. Aber wir taten beide, als wenn wir es nicht bemerkten, und redeten ganz unbefangen weiter.

Als ich wieder allein war, verflog mir die gute Stimmung bald. Denn plötzlich fühlte ich wieder, dass ich nichts von Friederike wusste. Es war mir unbegreiflich, dass mich diese Ungewissheit nicht während unseres ganzen Gesprächs gequält, und es kam mir sonderbar vor, dass Friederike selbst nicht das Bedürfnis gehabt, davon zu sprechen. Denn selbst wenn ich annehmen wollte, dass zwischen ihr und ihrem Manne seit Jahren jener Stunde nicht mehr gedacht worden war – sie selbst konnte sie doch nicht vergessen haben. Irgendetwas Ernstes musste damals meinem stummen Abschied gefolgt sein – wie hat sie es vermocht, nicht davon zu reden? Hat sie vielleicht erwartet, dass ich selbst beginne? Was hat mich davon zurückgehalten? Dieselbe Scheu vielleicht, die ihr eine Frage verbot? Fürchten wir uns beide, daran zu rühren? – Das ist wohl möglich. Und doch muss es endlich geschehen; denn bis dahin bleibt etwas zwischen uns, was uns trennt. Und dass uns etwas trennt, peinigt mich mehr als alles andere.

Nachmittag bin ich im Walde herumgeschlendert, dieselben Wege wie morgens mit ihr. Es war in mir eine Sehnsucht wie nach einer unendlich Geliebten. Am späten Abend ging ich an ihrem Haus vorbei, nachdem ich sie vergebens überall gesucht. Sie stand am Fenster. Ich rief hinauf, wie sie heute früh zu mir: »Kommen Sie nicht herunter?«

Sie sagte kühl, wie mir vorkam: »Ich bin müd. Gute Nacht« – und schloss das Fenster.

In der Erinnerung erscheint mir Friederike in zwei verschiedenen Gestalten. Meist seh' ich sie als eine blasse, sanfte Frau, die, mit einem weißen Morgenkleid angetan, im Garten sitzt, wie eine Mutter zu mir ist und mir die Wangen streichelt. Hätte ich nur diese hier wiedergetroffen, so wäre meine Ruhe gewiss nicht gestört worden und ich läge nachmittags unter den schattigen Buchen wie in den ersten Tagen meines Hierseins.

Aber auch als eine völlig andere erscheint sie mir, wie ich sie doch nur einmal gesehen; und das war in der letzten Stunde, die ich in der kleinen Stadt verbrachte.

Es war der Tag, an dem ich mein Abiturientenzeugnis bekommen hatte. Wie alle Tage hatte ich mit dem Professor und seiner Frau zu Mittag gespeist, und, da ich nicht zur Bahn begleitet werden wollte, hatten wir einander gleich beim Aufstehen vom Tische adieu gesagt. Ich empfand durchaus keine Rührung. Erst wie ich in meinem kahlgeräumten Zimmer auf dem Bette saß, den gepackten Koffer zu meinen Füßen, und zu dem weit offenen Fenster hinaus über das zarte Laub des Gärtchens zu den weißen Wolken sah, die regungslos über den Hügeln standen, kam leicht, beinahe schmeichelnd, die Wehmut des Abschiedes über mich. Plötzlich öffnete sich die Tür. Friederike trat herein. Ich erhob mich rasch. Sie trat näher, lehnte sich an den Tisch, stützte beide Hände nach rückwärts auf dessen Kante und sah mich ernst an. Ganz leise sagte sie: »Also heute?« Ich nickte nur und fühlte das erste Mal sehr tief, wie traurig es eigentlich war, dass ich von hier fort musste. Sie schaute eine Weile zu Boden und schwieg. Dann erhob sie den Kopf und kam näher auf mich zu. Sie legte beide Hände ganz leicht auf meine Haare, wie sie es ja schon früher oft getan, aber ich wusste in diesem Moment, dass es etwas anderes bedeutete als sonst. Dann ließ sie ihre Hände langsam über meine Wangen heruntergleiten, und ihr Blick ruhte mit unendlicher Innigkeit auf mir. Sie schüttelte den Kopf mit einem schmerzlichen Ausdruck, als könnte sie irgendetwas nicht fassen. »Musst du denn schon heute weg?«, fragte sie leise. »Ja«, sagte ich. – »Auf immer?«, rief sie aus. »Nein«, antwortete ich. –

»O ja«, sagte sie mit schmerzlichem Zucken der Lippen, »es ist auf immer. Wenn du uns auch einmal besuchen wirst... in zwei oder drei Jahren – heute gehst du doch für immer von uns fort.« – Sie sagte das mit einer Zärtlichkeit, die gar nichts Mütterliches mehr hatte. Mich durchschauerte es. Und plötzlich küsste sie mich. Zuerst dachte ich nur: das hat sie ja nie getan. Aber als ihre Lippen sich von den meinen gar nicht lösen wollten, verstand ich, was dieser Kuss zu bedeuten hatte. Ich war verwirrt und glücklich; ich hätte weinen mögen. Sie hatte die Arme um meinen Hals geschlungen, ich sank, als wenn sie mich hingedrängt hätte, in die Ecke des Divans; Friederike lag mir zu Füßen auf den Knien und zog meinen Mund zu dem ihren herab. Dann nahm sie meine beiden Hände und vergrub ihr Gesicht darin. Ich flüsterte ihren Namen und staunte, wie schön er war. Der Duft von ihren Haaren stieg zu mir auf; ich atmete ihn mit Entzücken ein... In diesem Augenblicke – ich glaubte vor Schrecken starr zu werden – öffnet sich leise die Tür, die nur angelehnt war, und Friederikens Mann steht da. Ich will aufschreien, bringe aber keinen Laut hervor. Ich starre ihm ins Gesicht – ich kann nicht sehen, ob sich irgendwas in seinem Ausdruck verändert – denn noch im selben Augenblick ist er wieder verschwunden und die

Tür geschlossen. Ich will mich erheben, meine Hände befreien, auf denen noch immer Friederikens Antlitz ruht, will sprechen, stoße mühsam wieder ihren Namen hervor – da springt sie selbst mit einem Male auf – totenbleich – flüstert mir beinahe gebieterisch zu: »Schweig!«, und steht eine Sekunde lang regungslos da, das Gesicht der Türe zugewandt, als wolle sie lauschen. Dann öffnet sie leicht und blickt durch die Spalte hinaus. Ich stehe atemlos. Jetzt öffnet sie ganz, nimmt mich bei der Hand und flüstert: »Geh, geh, rasch.« Sie schiebt mich hinaus – ich schleiche rasch über den kleinen Gang bis zur Stiege, dann wende ich mich noch einmal um – und sehe sie an der Türe stehen, mit unsäglicher Angst in den Mienen, und mit einer heftigen Handbewegung, die mir andeutet: fort! fort! Und ich stürze davon.

An das, was zunächst geschah, denke ich wie an einen tollen Traum. Ich bin zum Bahnhof geeilt, von tödlicher Angst gepeinigt. Ich bin die Nacht durchgefahren und habe mich im Coupé schlaflos herumgewälzt. Ich bin zu Hause angekommen, habe erwartet, dass meine Eltern schon von allem unterrichtet seien, und bin beinahe erstaunt gewesen, als sie mich mit Freundlichkeit und Freude empfingen. Dann habe ich noch tagelang in heftiger Erregung hingebracht, auf irgendetwas Schreckliches gefasst;

und jedes Klingeln an der Türe, jeder Brief machte mich zittern. Endlich kam eine Nachricht, die mich beruhigte: es war eine Karte von einem Schulkameraden, der in der kleinen Stadt zu Hause war, und der mir harmlose Neuigkeiten und lustige Grüße sandte. Also, es war nichts Entsetzliches geschehen, zum mindesten war es zu keinem öffentlichen Skandal gekommen. Ich durfte glauben, dass sich zwischen Mann und Frau alles im Stillen abgespielt, dass er ihr verziehen, dass sie bereut habe.

Trotzdem lebte dieses erste Abenteuer in meiner Erinnerung anfangs als etwas Trauriges, beinahe Düsteres fort, und ich erschien mir wie einer, der ohne Schuld den Frieden eines Hauses vernichtet hat. Allmählich verschwand diese Empfindung, und später erst, als ich in neuen Erlebnissen jene Stunde besser und tiefer verstehen lernte, kam zuweilen eine seltsame Sehnsucht nach Friederike über mich – wie der Schmerz darüber, dass eine wunderbare Verheißung sich nicht erfüllt hätte. Aber auch diese Sehnsucht ging vorüber, und so war es geschehen, dass ich die junge Frau beinahe völlig vergessen hatte. – Nun aber ist mit einem Mal alles wieder da, was jenes Geschehnis damals zum Erlebnis machte; und alles ist heftiger als damals, denn ich liebe Friederike.

Heute scheint mir alles so klar, was mir noch in den letzten Tagen rätselhaft gewesen ist. Wir sind spätabends am Strand gesessen, wir zwei allein; der Junge war schon zu Bette gebracht. Ich hatte sie am Vormittag gebeten, zu kommen; ganz harmlos; nur von der nächtlichen Schönheit des Meeres hatte ich gesprochen, und wie wunderbar es wäre, wenn alles ganz still ringsum, am Ufer zu sein und in die große Dunkelheit hinauszublicken. Sie hatte nichts gesagt, aber ich wusste, dass sie kommen würde. Und nun sind wir am Strand gesessen, beinahe schweigend, unsere Hände ineinander geschlungen, und ich fühlte, dass Friederike mir gehören musste, wann ich wollte. Wozu über das Vergangene reden, dachte ich – und ich wusste, dass *sie* von unserem ersten Wiedersehen an so gedacht. Sind wir denn noch dieselben, die wir damals waren? Wir sind so leicht, so frei; die Erinnerungen flattern hoch über uns, wie ferne Sommervögel. Vielleicht hat sie noch manches andere erlebt während der sieben Jahre, wie ich; – was geht es mich an? Jetzt sind wir Menschen von heute und streben zueinander. Sie war gestern vielleicht eine Unglückliche, vielleicht eine Leichtsinnige; heute sitzt sie schweigend neben mir am Meer und hält meine Hand und sehnt sich, in meinen Armen zu sein.

Langsam begleitete ich sie die wenigen Schritte

bis zu ihrem Hause. Lange schwarze Schatten warfen die Bäume längs der Straße.

»Wir wollen morgen früh eine Fahrt im Segelboot machen«, sagte ich.

»Ja«, erwiderte sie.

»Ich werde an der Brücke warten, um sieben Uhr.«

»Wohin?«, fragte sie.

»Zu der Insel drüben... wo der Leuchtturm steht, sehen Sie ihn?«

»O ja, das rote Licht. Ist es weit?«

»Eine Stunde; – wir können sehr bald zurück sein.«

»Gute Nacht«, sagte sie und trat in die Hausflur.

Ich ging. – – In ein paar Tagen wirst du mich vielleicht wieder vergessen haben, dachte ich, aber morgen ist ein schöner Tag.

Ich war früher auf der Brücke als sie. Das kleine Boot wartete; der alte Jansen hatte die Segel aufgespannt und rauchte, am Steuer sitzend, seine Pfeife. Ich sprang zu ihm hinein und ließ mich von den Wellen schaukeln. Ich schlürfte die Minuten der Erwartung ein wie einen Morgentrunk. Die Straße, auf die ich meinen Blick gerichtet hatte, war noch ganz menschenleer. Nach einer Viertelstunde erschien Friederike. Schon von weitem sah ich sie, es schien mir, als ginge sie rascher als sonst: als sie die

Brücke betrat, erhob ich mich; jetzt erst konnte sie mich sehen und grüßte mich mit einem Lächeln. Endlich war sie am Ende der Brücke, ich reichte ihr die Hand und half ihr ins Boot. Jansen machte das Tau los und unser Schiff glitt davon. Wir saßen eng beieinander, sie hing sich in meinen Arm. Sie war ganz weiß gekleidet und sah aus wie ein achtzehnjähriges Mädchen.

»Was gibt's auf dieser Insel zu sehen?«, fragte sie.

Ich musste lächeln.

Sie errötete und sagte: »Der Leuchtturm jedenfalls?«

»Vielleicht auch die Kirche«, setzte ich hinzu.

»Fragen Sie doch den Mann…« Sie wies auf Jansen.

Ich fragte ihn. »Wie alt ist die Kirche auf der Insel?«

Aber er verstand kein Wort Deutsch; und so konnten wir uns nach diesem Versuch noch einsamer miteinander fühlen als früher.

»Dort drüben«, sagte sie und wies mit den Augen hin – »ist das auch eine Insel?«

»Nein«, antwortete ich, »das ist Schweden selbst, das Festland.«

»Das wär noch schöner«, sagte sie.

»Ja«, erwiderte ich – »aber dort müsste man bleiben können… lang… immer –«

Wenn sie mir jetzt gesagt hätte: Komm, wir wollen zusammen in ein anderes Land und wollen nie wieder zurück – ich wäre darauf eingegangen. Wie wir so auf dem Boote hinglitten, von der reinen Luft umspielt, den hellen Himmel über uns und um uns das glitzernde Wasser, da schien es mir eine festliche Fahrt, wir selbst ein königliches Paar, und alle früheren Bedingungen unseres Daseins abgefallen.

Bald konnten wir die kleinen Häuser auf der Insel unterscheiden; die weiße Kirche auf dem Hügel, der sich, allmählich ansteigend, der ganzen Insel entlang hinzog, bot sich in schärferen Umrissen dar. Unser Boot flog geradewegs der Insel entgegen. In unserer Nähe zeigten sich kleine Fischerkähne; einige, an denen die Ruder eingezogen waren, trieben lässig auf dem Wasser hin. Friederike hatte den Blick meist auf die Insel gerichtet; aber sie *schaute* nicht. In weniger als einer Stunde fuhren wir in den Hafen ein, der rings von einer hölzernen Brücke umschlossen war, so dass man sich in einem kleinen Teich vermeinen konnte.

Ein paar Kinder standen auf der Brücke. Wir stiegen aus und gingen langsam ans Ufer; die Kinder hinter uns; aber die verloren sich bald. Das ganze Dorf lag vor uns; es bestand aus höchstens zwanzig Häusern, die rings verstreut waren. Wir sanken fast in den dünnen, braunen Sand ein, den das Wasser hier angeschwemmt hat. Auf seinem sonnenbeglänzten freien Platz, der bis ans Meer hinunterreichte, hingen Netze, zum Trocknen ausgebreitet; ein paar Weiber saßen vor den Haustüren und flickten Netze. Nach hundert Schritten waren wir ganz allein. Wir waren auf einen schmalen Weg geraten, der uns von den Häusern fort dem Ende der Insel zuführte, wo der Leuchtturm stand. Zu unserer Linken, durch ärmliches Ackerland, das immer schmäler wurde, von uns getrennt, lag das Meer; zu unserer Rechten stieg der Hügel an, auf dessen Kamm wir den Weg zur Kirche laufen sahen, die in unserem Rücken lag. Über all dem lag schwer die Sonne und das Schweigen. – Friederike und ich hatten die ganze Zeit über nichts gesprochen. Ich fühlte auch kein Verlangen darnach; mir war unendlich wohl, so mit ihr in der großen Stille hinzuwandeln.

Aber sie begann zu sprechen.

»Heute vor acht Tagen«, sagte sie...

»Nun –?«

»Da hab ich noch nichts gewusst... noch nicht einmal, wohin ich reisen werde.«

Ich antwortete nichts.

»Ah, ist's da schön«, rief sie aus und ergriff meine Hand.

Ich fühlte mich zu ihr hingezogen; am liebsten hätte ich sie in meine Arme geschlossen und auf die Augen geküsst.

»Ja?«, fragte ich leise.

Sie schwieg und wurde eher ernst.

Wir waren bis zu dem Häuschen gekommen, das an den Leuchtturm angebaut war; hier endete der Weg; wir mussten umkehren. Ein schmaler Feldweg führte ziemlich steil den Hügel hinan. Ich zögerte.

»Kommen Sie«, sagte sie.

Wie wir jetzt gingen, hatten wir die Kirche im Auge. Ihr näherten wir uns. Es war sehr warm. Ich legte meinen Arm um Friederikens Hals; sie musste ganz nahe bei mir bleiben, wenn sie nicht abgleiten wollte. Ich berührte mit der Hand ihre heißen Wangen.

»Warum haben wir eigentlich die ganze Zeit nichts von Ihnen gehört?«, fragte sie plötzlich – »ich wenigstens«, setzte sie hinzu, indem sie zu mir aufschaute.

»Warum«, wiederholte ich befremdet.

»Nun ja!«

»Wie konnte ich denn?«

»O *darum*«, sagte sie. »Waren Sie denn verletzt?«

Ich war zu sehr erstaunt, um etwas erwidern zu können.

»Nun, was haben Sie sich eigentlich gedacht?«

»Was ich mir – «

»Ja – – oder erinnern Sie sich gar nicht mehr?«

»Gewiss, ich erinnere mich. Warum sprechen Sie jetzt davon?«

»Ich wollte Sie schon lange fragen«, sagte sie.

»So sprechen Sie«, erwiderte ich tief bewegt.

»Sie haben es für eine Laune gehalten« – »o gewiss!«, setzte sie lebhaft hinzu, als sie merkte, dass ich etwas entgegnen wollte –, »aber ich sage Ihnen, es war keine. Ich habe mehr gelitten in jenem Jahr, als ein Mensch weiß.«

»In welchem?«

»Nun... als Sie bei uns... Warum fragen Sie das? – Anfangs habe ich mir selbst... Aber warum erzähle ich Ihnen das?«

Ich fasste heftig ihren Arm. »Erzählen Sie... ich bitte Sie... ich habe Sie ja lieb.«

»Und ich dich«, rief sie plötzlich aus; nahm meine beiden Hände und küsste sie – »immer – immer.«

»Ich bitte dich, erzähle mir weiter«, sagte ich; »und alles, alles...«

Sie sprach, während wir langsam den Feldweg in der Sonne weiterschritten.

»Anfangs habe ich mir selbst gesagt: er ist ein Kind... wie eine Mutter habe ich ihn gern. Aber je näher die Stunde kam, um die Sie abreisen sollten...«

Sie unterbrach sich eine Weile, dann sprach sie weiter:

»Und endlich war die Stunde da. – Ich habe nicht zu dir wollen – ich weiß nicht, was mich hinaufgetrieben hat. Und wie ich schon bei dir war, hab ich dich auch nicht küssen wollen – aber...«

»Weiter, weiter«, sagte ich.

»Und dann hab ich dir plötzlich gesagt, dass du gehen sollst – du hast wohl gemeint, das Ganze war eine Komödie, nicht wahr?«

»Ich verstehe dich nicht.«

»Das habe ich die ganze Zeit gedacht. Ich habe dir sogar schreiben wollen... Aber wozu?... Also... der Grund, dass ich dich weggeschickt habe, war... Ich hatte mit einem Mal Angst bekommen.«

»Das weiß ich.«

»Wenn du das weißt – warum hab ich nie wieder von dir gehört?«, rief sie lebhaft aus.

»Warum hast du Angst bekommen?«, fragte ich, allmählich verstehend.

»Weil ich glaubte, es wäre jemand in der Nähe.«

»Du glaubtest? Wie ist das?«

»Ich meinte Schritte auf dem Gang zu hören. Das war's. Schritte! Ich dachte, er wär es... Da hat mich die Furcht gepackt – denn es wäre entsetzlich gewesen, wenn er – oh, ich will gar nicht daran denken. – Aber niemand war da – niemand. Erst spät am Abend ist er nach Hause gekommen, du warst längst, längst fort.« –

Während sie das erzählte, fühlte ich, wie irgendetwas in meinem Innern erstarrte. Und als sie geendet hatte, schaute ich sie an, als müsste ich sie fragen: Wer bist du? – Ich wandte mich unwillkürlich nach dem Hafen, wo ich die Segel unseres Bootes glänzen sah, und ich dachte: Wie lange, wie unendlich lange ist es her, dass wir auf diese Insel gekommen sind? Denn ich bin mit einer Frau hier gelandet, die ich geliebt habe, und jetzt geht eine Fremde an meiner Seite. Es war mir unmöglich, auch nur ein Wort zu sprechen. Sie merkte es kaum; sie hatte sich in meinen Arm gehängt und hielt es wohl für zärtliches Schweigen. Ich dachte an ihn. Er hat es ihr also nie gesagt! Sie weiß es nicht, sie hat es nie gewusst, dass er sie zu meinen Füßen liegen sah. Er hat sich damals von der Tür wieder davongeschlichen und ist erst später... stundenlang später zurückgekommen und hat ihr nichts gesagt! Und er hat die ganzen Jahre an ihrer Seite weitergelebt, ohne sich mit einem Worte zu verraten! Er hat ihr verziehen – und sie hat es nicht gewusst!

Wir waren in der Nähe der Kirche angelangt; kaum zehn Schritte vor uns lag sie. Hier bog ein steiler Weg ab, der in wenigen Minuten ins Dorf führen musste. Ich schlug ihn ein. Sie folgte mir.

»Gib mir die Hand«, sagte sie, »ich gleite aus.« Ich reichte sie ihr, ohne mich umzuwenden. »Was hast du denn?« fragte sie. Ich konnte nichts antworten und drückte ihr nur heftig die Hand, was sie zu beruhigen schien. Dann sagte ich, nur um etwas zu reden: »Es ist schade, wir hätten die Kirche besichtigen können.« – Sie lachte: »An der sind wir ja vorüber, ohne es zu merken!«

»Wollen Sie zurück?«, fragte ich.

»O nein, ich freue mich, bald wieder im Boot zu sitzen. Einmal möchte ich mit Ihnen allein so eine Segelpartie machen, ohne diesen Mann.«

»Ich verstehe mich nicht auf Segeln.«

»O«, sagte sie und hielt inne, als wäre ihr plötzlich 'was eingefallen, was sie doch nicht sagen wollte. – Ich fragte nicht. Bald waren wir auf der Brücke. Das Boot lag bereit. Die Kinder waren wieder da, die uns beim Kommen begrüßt hatten. Sie sahen uns mit großen blauen Augen an. Wir segelten ab. Das Meer war ruhiger geworden; wenn man die Augen schloss, merkte man kaum, dass man sich in Bewegung befand.

»Zu meinen Füßen sollen Sie liegen«, sagte Friederike, und ich streckte mich am Boden des Kahnes aus, legte meinen Kopf auf den Schoß Friederikens. Es war mir recht, dass ich ihr nicht ins Gesicht sehen musste. Sie sprach, und mir war, als klänge es aus weiter Ferne. Ich verstand alles und konnte doch zugleich meine Gedanken weiter denken.

Mich schauderte vor ihr.

»Heute Abend fahren wir zusammen aufs Meer hinaus«, sagte sie. Etwas Gespenstisches schien mir um sie zu gleiten.

»Heut Abend aufs Meer«, wiederholte sie langsam, »auf einem Ruderboot. Rudern kannst du doch?«

»Ja«, sagte ich. Mich schauderte vor dem tiefen Verzeihen, das sie schweigend umhüllte, ohne dass sie es wusste.

Sie sprach weiter. »Wir werden uns ins Meer hinaustreiben lassen – und werden allein sein. – Warum redest du nicht?«, fragte sie.

»Ich bin glücklich«, sagte ich.

Mir schauerte vor dem stummen Schicksal, das sie seit so vielen Jahren erlebt, ohne es zu ahnen.

Wir glitten hin.

Einen Augenblick fuhr es mir durch den Sinn: Sag es ihr. Nimm dieses Unheimliche von ihr; dann wird sie wieder ein Weib sein für dich wie andere, und du wirst sie begehren. Aber ich durfte es nicht. – Wir legten an.

Ich sprang aus dem Boot; half ihr beim Aussteigen.

»Der Bub wird sich schon nach mir sehnen. Ich

muss rasch gehen. Lassen Sie mich jetzt allein.«

Es war lebhaft am Strand; ich merkte, dass wir von einigen Leuten beobachtet wurden.

»Und heute Abend«, sagte sie, »um neun bin ich... aber was hast du denn?«

»Ich bin sehr glücklich«, sagte ich.

»Heute Abend«, sagte sie, »um neun Uhr bin ich hier am Strand, bin ich bei dir. – Auf Wiedersehen!«

Und sie eilte davon.

»Auf Wiedersehen!«, sagte auch ich und blieb stehen. – Aber ich werde sie nie wiedersehen.

Während ich diese Zeilen schreibe, bin ich schon weit fort – weiter mit jeder Sekunde; ich schreibe sie in einem Coupé des Eisenbahnzuges, der vor einer Stunde von Kopenhagen abgefahren ist. Eben ist es neun. Jetzt steht sie am Strande und wartet auf mich. Wenn ich die Augen schließe, sehe ich die Gestalt vor mir. Aber es ist nicht eine Frau, die dort am Ufer im Halbdunkel hin und her wandelt – ein Schatten gleitet auf und ab.

Charles Baudelaire
Der Balkon

Du, der Erinnerung Quell, du Frau der Frauen,
Die all mein Leid und all mein Glück gebracht!
Kannst du im Geist die Freuden neu erbauen,
Des Herdes Süßigkeit, den Rausch der Nacht?
Du, der Erinnrung Quell, du Frau der Frauen.

In stillen Nächten bei der Kohle Glut,
Auf dem Balkon, vom rosigen Duft umgeben,
Wie war dein Busen süß, dein Herz mir gut,
Wir tauschten Worte, ewig wie das Leben,
In stillen Nächten bei der Kohle Glut!

An heißen Abenden wie schön die Sonne!
Der Raum so tief! Das Herz voll Kraft und Mut!
Ich neigte mich zu dir, o Königin der Wonne,
Und trank den Duft, den Duft von deinem Blut, –
An heißen Abenden wie schön die Sonne!

Dann sank die Welt in nächt'ge Dunkelheit,
Mein Auge suchte deins. Die Nacht ward stummer,
Ich trank dein Atem, Gift voll Süßigkeit,
In meinen Bruderhänden lag dein Schlummer,
Dann sank die Welt in nächt'ge Dunkelheit.

Ich kann sie wecken, jene holden Zeiten,
Da all mein Glück in deinem Schoß geruht,
Denn wer kann wehmutvollre Lust bereiten,
Als es dein Leib, dein sanftes Herze tut?
Ich kann sie wecken, jene holden Zeiten.

Ihr Schwüre, Düfte, Küsse steigt hervor,
Steigt aus dem tiefen Abgrund meiner Qualen,
Wie Sonnen, die aus Meeresgrund empor
Zum Firmament in junger Schönheit strahlen;
Ihr Schwüre, Düfte, Küsse steigt hervor!

Rainer Maria Rilke

Dame auf einem Balkon

Plötzlich tritt sie, in den Wind gehüllt,
licht in Lichtes, wie herausgegriffen,
während jetzt die Stube wie geschliffen
hinter ihr die Türe füllt

dunkel wie der Grund einer Kamee,
die ein Schimmern durchlässt durch die Ränder;
und du meinst der Abend war nicht, ehe
sie heraustrat, um auf das Geländer

noch ein wenig von sich fortzulegen,
noch die Hände, – um ganz leicht zu sein:
wie dem Himmel von den Häuserreihn
hingereicht, von allem zu bewegen.

Nachweis

Jakob Arjouni (*8.Oktober 1964, Frankfurt am Main)
Notwehr. Aus: Jakob Arjouni, *Idioten. Fünf Märchen.*
Copyright © 2003 by Diogenes Verlag, Zürich
Charles Baudelaire (9. April 1821, Paris – 31. August 1867, Paris)
Der Balkon. Aus dem Französischen von Terese Robinson.
Aus: Charles Baudelaire, *Die Blumen des Bösen.* Diogenes Verlag, Zürich, 1982. Copyright © 1925 by Langen-Müller in der F.A. Herbig Verlagsbuchhandlung, München
Doris Dörrie (*26. Mai 1955, Hannover)
Financial Times. Aus: Doris Dörrie, *Mitten ins Herz und andere Geschichten.* Copyright © 2004 by Diogenes Verlag, Zürich
Almudena Grandes (*7. Mai 1960, Madrid)
Balkongespräch. Aus dem Spanischen von Sybille Martin. Aus: Almudena Grandes, *Sieben Frauen.* Copyright © 1996 by Almudena Grandes. Published by arrangement with Tusquets Editores, S.A., Barcelona, Spain. Copyright der deutschen Übersetzung © 1997 by Scherz Verlag, Bern. Alle Rechte vorbehalten S. Fischer Verlag, Frankfurt am Main
Axel Hacke (*20. Januar 1956, Braunschweig)
Sommerfest bei T. Aus: Axel Hacke, *Auf mich hört ja keiner.* Copyright © 1999 by Antje Kunstmann Verlag, München. Abdruck mit freundlicher Genehmigung

Jaroslav Hašek (30. April 1883, Prag – 3. Januar 1923, Lipnice nad Sázavou)
Mein Geschäft mit Hunden. Aus dem Tschechischen von Grete Reiner. Aus: *Das Hašek Lesebuch.* Diogenes Verlag, Zürich, 2008

Hermann Hesse (2. Juli 1877, Calw – 9. August 1962, Montagnola/Schweiz)
Die Frau auf dem Balkon. Aus: Hermann Hesse, *Sämtliche Werke, Band 13. Betrachtungen und Berichte 1899–1926.* Copyright © 2003 by Suhrkamp Verlag, Frankfurt am Main. Abdruck mit freundlicher Genehmigung

Patricia Highsmith (19. Januar 1921, Fort Worth/Texas – 4. Februar 1995, Locarno/Tessin)
Vögel vor dem Flug. Aus dem Amerikanischen von Melanie Walz. Aus: Patricia Highsmith, *Die stille Mitte der Welt.* Copyright © 2003 by Diogenes Verlag, Zürich

Erich Kästner (23. Februar 1899, Dresden – 29. Juli 1974, München)
Zwischen hier und dort. Aus: Erich Kästner, *Die kleine Freiheit. Chansons und Prosa 1949–1953.* Copyright © 1986 by Atrium Verlag, Zürich. Abdruck mit freundlicher Genehmigung

Hartmut Lange (*31. März 1937, Berlin)
Der Abgrund des Endlichen. Aus: Hartmut Lange, *Der Abgrund des Endlichen.* Copyright © 2009 by Diogenes Verlag, Zürich

David Herbert Lawrence (11. September 1885, Eastwood/Nottinghamshire – 2. März 1930, Bandol/Toulon)
Zwei blaue Vögel. Aus dem Englischen von Elisabeth Schnack. Aus: D.H. Lawrence, *Verliebt Geschichten von Liebe und Leidenschaft.* Diogenes Verlag, Zürich, 2007

Guy de Maupassant (5. August 1850, Schloß Miromesnil/Seine-Inférieure – 7. Juli 1893, Passy bei Paris)

Das Glück. Aus dem Französischen von Walter Widmer. Aus: Maupassant, *Im Frühling und andere Geschichten von Lust und Leidenschaft.* Diogenes Verlag, Zürich, 2008

Ingrid Noll (*26. September 1935, Shanghai)
Die Sekretärin. Aus: Ingrid Noll, *Falsche Zungen. Gesammelte Geschichten.* Copyright © 2004 by Diogenes Verlag, Zürich

Alfred Polgar (17. Oktober 1873, Wien – 24. April 1955, Zürich)
Auf dem Balkon. Aus: Alfred Polgar, *Irrlicht, Kleine Schriften, Band 3.* Copyright © 1982 by Rowohlt Verlag GmbH, Reinback bei Hamburg. Abdruck mit freundlicher Genehmigung

Rainer Maria Rilke (4. Dezember 1875, Prag – 29. Dezember 1926, Valmont/Schweiz)
Dame auf einem Balkon. Aus: Rainer Maria Rilke, *Die Gedichte.* Insel Verlag, Frankfurt, 2005

Joseph Roth (2. September 1894, Brody bei Lemberg – 27. Mai 1939, Paris)
Stationschef Fallmerayer. Aus: J. Roth, *Der Leviathan und andere Meistererzählungen.* Diogenes Verlag, Zürich 2010

Bernhard Schlink (*6. Juli 1944, Bielefeld)
Der Andere. Aus: Bernhard Schlink, *Liebesfluchten.* Copyright © 2000 by Diogenes Verlag, Zürich

Arthur Schnitzler (15. Mai 1862, Wien – 21. Oktober 1931, Wien)
Die Frau des Weisen. Aus: Arthur Schnitzler, *Gesammelte Werke. Die erzählenden Schriften in 2 Bänden.* S. Fischer Verlag, Frankfurt, 1970

Kurt Tucholsky (9. Januar 1890, Berlin – 21. Dezember 1935, Göteborg)
Lottchen beichtet 1 Geliebten. Aus: *Das Tucholsky Lesebuch.* Diogenes Verlag, Zürich, 2007

*Bitte beachten Sie
auch die folgenden Seiten*

Und falls es auf dem Balkon
zu dunkel zum Lesen ist:

Kopfkissenbuch

Spannende und entspannende Geschichten von
F. Scott Fitzgerald, Carson McCullers, Patricia Highsmith,
John Irving, Ingrid Noll, Donna Leon, Bernhard Schlink,
Patrick Süskind, Urs Widmer, Martin Suter und anderen

»Im Bett sollte man nur leichte und unterhaltende Lektüre zu sich nehmen sowie spannende und beruhigende, ferner ganz schwere, wissenschaftliche und frivole sowie mittelschwere und jede sonstige, andere Arten aber nicht«, rät Kurt Tucholsky. Das *Kopfkissenbuch* versammelt 22 spannende und unterhaltsame Geschichten, die man lesen kann, wenn man freiwillig im Bett liegt (vor dem Einschlafen etwa), aber auch, wenn man das Bett wegen einer Krankheit hüten muss. Im ersten Fall wünschen wir einen gesunden Schlaf, im zweiten Fall gute Besserung, in beiden Fällen aber vor allem: Viel Spaß beim Lesen!

Hinterhältige Geschichten im Diogenes Verlag

Früher war mehr Strand
Hinterhältige Reisegeschichten
Auch als Diogenes Hörbuch erschienen, gelesen von Cordula Trantow, Doris Dörrie, Martin Suter, Hans Korte, Urs Widmer und Christian Ulmen

Früher war noch mehr Strand
Hinterhältige Reisegeschichten
Auch als Diogenes Hörbuch erschienen, gelesen von Jochen Striebeck, Anna König, Martin Suter, Doris Dörrie und Cordula Trantow

Nicht schon wieder Stau!
Hinterhältige Reisegeschichten
Auch als Diogenes Hörbuch erschienen, gelesen von Anna König und Tommi Piper

Nicht schon wieder Ostern!
Hinterhältige Ostergeschichten
Auch als Diogenes Hörbuch erschienen, gelesen von Tommi Piper

Früher war mehr Herz
Hinterhältige Liebesgeschichten
Auch als Diogenes Hörbuch erschienen, gelesen von Claus Biederstaedt, Ursula Illert und Hannelore Hoger

Früher war mehr…
Hinterhältige erotische Geschichten
Auch als Diogenes Hörbuch erschienen, gelesen von Jochen Striebeck, Anna König und Tommi Piper

Früher waren mehr Tore
Hinterhältige Fußballgeschichten sowie zwei Dialoge und zwei Gedichte

Früher war mehr Bescherung
Hinterhältige Weihnachtsgeschichten

Früher war mehr Lametta
Hinterhältige Weihnachtsgeschichten
Auch als Diogenes Hörbuch erschienen, gelesen von Uta Hallant, Anna König und Martin Suter

Früher war noch mehr Lametta
Hinterhältige Weihnachtsgeschichten
Auch als Diogenes Hörbuch erschienen, gelesen von Anna König, Martin Suter, Hans Korte und Cordula Trantow

Früher war noch viel mehr Lametta
Hinterhältige Weihnachtsgeschichten
Auch als Diogenes Hörbuch erschienen, gelesen von Jochen Striebeck und Anna König

Nicht schon wieder Wellen
Hinterhältige Geschichten vom Meer
Auch als Diogenes Hörbuch erschienen, gelesen von Sabine Kastius und Jochen Striebeck

Nicht schon wieder Weihnachten!
Hinterhältige Weihnachtsgeschichten

Früher war mehr Herz
Hinterhältige Liebesgeschichten
Auch als Diogenes Hörbuch erschienen, gelesen von Ursula Illert und Hannelore Hoger

Nicht schon wieder Essen!
Hinterhältige kulinarische Geschichten

Jakob Arjouni
im Diogenes Verlag

»Ein großer, phantastischer Schriftsteller, der genau und planvoll und lesbar schreibt.«
Maxim Biller/Tempo, Hamburg

»Seine Virtuosität, sein Humor, sein Gespür für Spannung sind ein Lichtblick in der Literatur jenseits des Rheins, die seit langem in den eisigen Sphären von Peter Handke gefangen ist.« *Actuel, Paris*

»Seine Texte haben Qualität. Sie sind ambitioniert, unaufdringlich-provokativ, höchst politisch.«
Barbara Müller-Vahl/General-Anzeiger, Bonn

»Arjouni weiß als Dramatiker genauso wie als Krimiautor, wie er Spannung erzielt, ohne platt zu wirken.«
Christian Peiseler/Rheinische Post, Düsseldorf

Happy birthday, Türke!
Ein Kayankaya-Roman
Auch als Diogenes Hörbuch erschienen, gelesen von Rufus Beck

Mehr Bier
Ein Kayankaya-Roman

Ein Mann, ein Mord
Ein Kayankaya-Roman
Auch als Diogenes Hörbuch erschienen, gelesen von Rufus Beck

Magic Hoffmann
Roman

Ein Freund
Geschichten
Daraus vier Geschichten auch als Diogenes Hörbuch erschienen: *Schwarze Serie*, gelesen von Gerd Wameling

Kismet
Ein Kayankaya-Roman

Idioten. Fünf Märchen

Hausaufgaben
Roman

Chez Max
Roman
Auch als Diogenes Hörbuch erschienen, gelesen von Jakob Arjouni

Der heilige Eddy
Roman
Auch als Diogenes Hörbuch erschienen, gelesen von Jakob Arjouni

Ingrid Noll
im Diogenes Verlag

»Sie ist voller Lebensklugheit, Menschenkenntnis und verarbeiteter Erfahrung. Sie will eine gute Geschichte gut erzählen, und das kann sie.«
Georg Hensel/Frankfurter Allgemeine Zeitung

»Weit mehr als für Leichen interessiert sich die Autorin für die psychologischen Verstrickungen ihrer Figuren, für die Motive und Zwangsmechanismen, die zu den Dramen des Alltags führen.«
Klaus Reitz/Mannheimer Morgen

Der Hahn ist tot
Roman

Die Häupter meiner Lieben
Roman

Die Apothekerin
Roman

Der Schweinepascha
in 15 Bildern. Illustriert von der Autorin

Kalt ist der Abendhauch
Roman

Röslein rot
Roman

Selige Witwen
Roman

Rabenbrüder
Roman

Falsche Zungen
Gesammelte Geschichten
Ausgewählte Geschichten auch als Diogenes Hörbücher erschienen:
Falsche Zungen, gelesen von Cordula Trantow, sowie *Fisherman's Friend*, gelesen von Uta Hallant, Ursula Illert, Jochen Nix und Cordula Trantow

Ladylike
Roman
Auch als Diogenes Hörbuch erschienen, gelesen von Maria Becker

Kuckuckskind
Roman
Auch als Diogenes Hörbuch erschienen, gelesen von Franziska Pigulla

Ehrenwort
Roman
Auch als Diogenes Hörbuch erschienen, gelesen von Peter Fricke

Außerdem erschienen:

Die Rosemarie-Hirte-Romane
Der Hahn ist tot / Die Apothekerin
Ungekürzt gelesen von Silvia Jost
2 MP3-CD, Gesamtspieldauer 15 Stunden

Hartmut Lange
im Diogenes Verlag

»Hartmut Langes Phantasien verstören ebenso wie sie betören. Seine klare, schnörkellose Sprache, sein bis auf das Wesentliche, das Notwendigste verknappter Stil vermögen eine Dramatik zu erzeugen, die überrascht und in den Bann schlägt. Nur wenige beherrschen die hohe Kunst der Novelle wie er. Zeitlose Prosa.« NDR *Kultur, Hannover*

»Die mürbe Eleganz seines Stils sucht in der zeitgenössischen Literatur ihresgleichen.«
Frankfurter Allgemeine Zeitung

Die Waldsteinsonate
Fünf Novellen

Die Selbstverbrennung
Roman

Das Konzert
Novelle
Auch als Diogenes Hörbuch erschienen, gelesen von Charles Brauer

Tagebuch eines Melancholikers
Aufzeichnungen der Monate Dezember 1981 bis November 1982

Die Ermüdung
Novelle

Vom Werden der Vernunft
und andere Stücke fürs Theater

Die Stechpalme
Novelle

Schnitzlers Würgeengel
Vier Novellen

Der Herr im Café
Drei Erzählungen

Eine andere Form des Glücks
Novelle

Die Bildungsreise
Novelle

Das Streichquartett
Novelle

Irrtum als Erkenntnis
Meine Realitätserfahrung als Schriftsteller

Gesammelte Novellen
in zwei Bänden

Leptis Magna
Zwei Novellen

Der Wanderer
Novelle

Der Therapeut
Drei Novellen

Der Abgrund des Endlichen
Drei Novellen